Anne Brewer

Schöpferische Macht

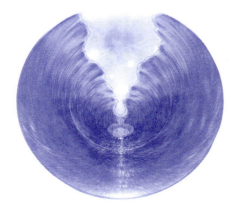

Anne Brewer

Schöpferische Macht

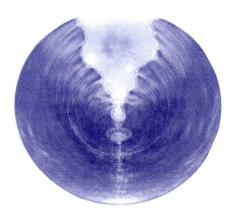

Ein Wunscherfüllungsbuch
für Lichtarbeiter

Amerikanische Originalausgabe erschien unter dem Titel
Breaking Free to Health, Wealth and Happiness
by Sunstar Publishing, Ltd.
© 1999 Anne Brewer

© für die deutsche Ausgabe
2000 by Hans-Nietsch-Verlag
Alle Rechte vorbehalten

Nachdruck, auch auszugsweise, sowie Verwertung durch Funk,
Fernsehen, photomechanische Wiedergabe, Tonträger jeder Art,
elektronische Medien sind nur mit ausdrücklicher Genehmigung
des Verlags zulässig.

Übersetzung: Isabella Kowatsch
Lektorat: Petra Danner
Umschlaggestaltung: Doris Arndt unter Verwendung
einer Vorlage von IVOI
Satz und Innengestaltung: Hans-Nietsch-Verlag
Druck und Bindung: FINIDR, s.r.o., Tschechien

Hans-Nietsch-Verlag, Poststrasse 3, D-79098 Freiburg
E-Mail: info@nietsch.de
Internet: www.nietsch.de

ISBN: 3-934647-26-X

Inhalt

Einführung 7
Vorbemerkungen 20
Hinweise zum besseren Verständnis 25

Ausgeglichenheit und Wohlbefinden

Ein Leben in Glückseligkeit 29
Akzeptieren, der Weg zur Ausgeglichenheit 34
Trotz schnellerer Energiezyklen das
Gleichgewicht bewahren 39
Das fehlende Stück 44
Ihre persönliche Ermächtigung 49
Harmonische Resonanz 54
Verwirrung und wie man sie minimieren kann 58

Liebe, Partnerschaft und Beziehungen

Der Mythos von den Seelenpartnern 67
Zwei hoch zehn 73
Ihre Mission und die Ihres Partners, in guten
wie in schlechten Tagen 81
Das geschlechtliche Gleichgewicht und
seine Auswirkung auf Beziehungen 85
Wie man energetisch kompatibel wird 92
Der weibliche Sexualtrieb – fakultativ
oder obligatorisch? 96

Weg und Ziel

Die Missionen der drei Teile Ihrer Seele
aufeinander abstimmen 105
Ihre Perspektive erweitern 115
Den Antichristen überwinden, um Ihr wahres
Selbst zu finden 120
Wahrheit: Wie man sie auf allen Ebenen erkennt 126

Manifestieren – Wünsche Wirklichkeit werden lassen

Sie verdienen es, in Fülle zu leben 133
Opferverhalten 138
Die richtige Zeit finden,
um Wünsche zu manifestieren 142
Mühelos seinen Lebensunterhalt verdienen 145
Warum Geld ein flüchtiges Gut ist 150
Warum die Reichen reicher
und die Armen ärmer werden 155

Spiritualität

Polarität kontra göttliche Einheit 161
Spirituell korrekt 168
Die Freiheit, Sie selbst oder nur
ein Abbild Ihrer selbst zu sein 171
Sexualität als kreativer Ausdruck 177
Schönheit, Weisheit oder beides? 182

Neue Erkenntnisse und Einsichten im Bereich Lichtarbeit

Hoppla! Wann war der Übergang? 189
Astralreisen – die Verbindung zwischen
Physischem und Spirituellem 194
Channeln: Wer sind wir? 200
Ein neues Millennium bricht an 204
Was hatten Sie vor, als Sie hierher kamen? 208

Begriffs- und Namenserklärungen 213
Über die Autorin 222

Einführung

Wie oft schon haben wir eine Reihe von Ereignissen im nachhinein betrachtet und über die perfekte Synchronizität der Geschehnisse gestaunt? Sicherlich, in den Augenblicken, da wir versuchen, eine richtige Entscheidung zu treffen, die uns schließlich ans Ziel bringen soll, fühlen wir uns für gewöhnlich verwirrt und ratlos. Wenn wir allerdings die Zügel etwas lockern und den Dingen ihren natürlichen Lauf lassen, in dem Wissen, daß die göttliche Perfektion immer gegenwärtig ist, dann wird sich alles zum Guten wenden. Genau das passierte mir im Jahre 1995.

Ich verdanke es in der Tat der Synchronizität, daß ich von einer frustrierten New-Age-Anhängerin, die sich sehnlichst wünschte, Informationen aus anderen Dimensionen zu empfangen, zu einem Medium wurde, das sechsundsiebzig wundersame Wesen channelt. Meine Reise begann damit, daß mir eine meiner spirituellen Beraterinnen vorschlug, ihre Kosmetikerin Lori aufzusuchen, weil sie wußte, daß ich jemanden suchte, der mit Naturlocken umgehen und diese richtig schneiden konnte. Meine Bekannte dachte, daß Lori die Richtige für meine Haare sei. Wir unterschätzten jedoch beide, welchen Einfluß sie auf mein Leben haben würde. Tatsächlich war es so, daß ich eigentlich nur zur Friseurin gehen wollte, doch dann veränderte sich mein Leben drastisch.

Die Veränderungen kamen schon früher in jenem Jahr in Gang, indem ich ein neues Haus kaufte. Ja, alles begann damit, daß ich ein Haus kaufte, das prompt auseinanderfiel. Es war nicht der sichere Hafen, den ich mir vorgestellt hatte. Seit dem Kauf hatte ich beinahe 2 000 Dollar für eine Vielzahl ungewöhnlicher elektrotechnischer Reparaturen ausgegeben. Ich hatte mir auch einen Wasserschaden in einem Keller eingehandelt, in dem es nie zuvor Wasserprobleme gegeben hatte. Abgesehen von den teuren Reparaturen besaß ich auch noch einen zwölf Meter langen Swimmingpool, den mein neun Jahre alter Sohn, der sehr gerne schwimmt, auf keinen Fall betreten wollte. Er behauptete, er sei ihm „unheimlich", und bestand darauf, daß ich ihn in das nächste Schwimmbad brachte, statt daß er sich in unserem privaten Paradies vergnügte. Als ich meiner neuen Kosmetikerin Lori von meinem finanziellen Fiasko mit meinem neuen Heim und von der irrationalen Angst meines Sohnes vor Wasser berichtete, rief diese aus: ‚Anne, was Sie brauchen, ist eine Grundstücksreinigung! Das sind zu viele Probleme in zu kurzer Zeit, als daß es sich um Zufälle handeln könnte.“

Da ich Lori über eine Freundin kennengelernt hatte, d e sich für Esoterik interessierte, erschien es mir nicht ungewöhnlich, daß sie von Ereignissen sprach, die sich auf einer Ebene abspielen, die über unser rationales Verständnis hinausgeht. Eine andere Kosmetikerin hätte mich wegen dieser Vorfälle wahrscheinlich bedauert und wäre dann zu einem anderen Thema übergegangen. Lori jedoch erzählte mir, daß sie sich schon seit vielen Jahren mit Medialität und Spiritualität beschäftige und mit einigen der besten Lehrern des Landes zusammenarbeite. Ich spürte sofort, daß Lori etwas sehr Wichtiges angesprochen hatte, wenn ich auch keine Ahnung hatte, was es war. Noch nie hatte ich etwas von einer „Grundstücksreinigung“ gehört und wußte nicht, wie man so etwas bewerkstelligt. Aufgrund meiner eigenen Beschäftigung mit Medialität und Spiritualität verstand ich jedoch das Prinzip, daß man etwas, das negative Energie enthält, „reinigen“ kann. Ich fragte Lori, wie man denn eine Grundstücksreinigung durchführe, und sie gab mir die Telefonnummer einer Frau namens Venessa Rahlston in Alamosa, Colorado. Lori versicherte mir, Venessa wisse, was ich brauche, denn sie sei auf solche ungewöhnlichen Situationen spezialisiert. Ich ahnte nicht, daß ich innerhalb der nächsten zwei Jahre selbst zu einer Spezialistin auf diesem Gebiet werden würde.

Gleich nachdem ich heimgekommen war, wählte ich die Nummer, die Lori mir gegeben hatte. Statt Venessa zu erreichen, sprach ich mit ihrer Assistentin, die mich aufforderte, das Grundstück einschließlich aller Gebäude wie etwa eines Schuppens oder einer Hütte zu beschreiben und diese Notizen gemeinsam mit einem Scheck über 75 Dollar an Venessas Adresse zu schicken. Offenbar führte Venessa ihre Untersuchungen und die Reinigung durch, bevor sie ihre Erkenntnisse ihren Klienten mitteilte, und so vereinbarten wir einen Termin für ein Telefongespräch, das ein paar Wochen später stattfinden sollte. Ich war sehr gespannt auf ihre Informationen und

Einführung

hoffte, daß diese Investition in mein Haus die letzte Ausgabe für lange Zeit sein würde.

Meine Sitzung mit Venessa war der Auftakt für eine neue Denkweise und schließlich für ein neues Leben. Venessa war äußerst erfahren darin, dunkle Energien zu reinigen, denn sie hatte dieses Thema viele Jahre lang studiert. Sie wußte eingehend über die Schattenwesen Bescheid, die auf den negativen Astralebenen leben, die mit der Erde verbunden sind, und sie war darauf spezialisiert, sowohl Häuser als auch Menschen von dunklen Energien zu reinigen. Laut Venessa hatte ich ein Haus gekauft, das sich in der Nähe eines Tors oder Eingangs zu einer negativen Astralebene befindet. Offenbar gibt es sieben negative Astralebenen im Bereich der Erde, und es gibt Tore, die durch schwarze Magie oder Teufelsrituale überall auf der Welt geöffnet worden sind. Die meisten Menschen leben nicht über oder in der Nähe eines solchen Tors, weshalb viele gar nicht glauben, daß diese Energie existiert. Ich hatte jedoch das „Vergnügen", diese Art von Energie kennenzulernen, weil ich Nachbar eines unangenehmen Dämons war, eines sogenannten Torhüters, der die Schattenwesen bei ihrem Ein- und Austritt durch ein Portal in unserem Garten begrüßte.

Es überraschte mich kaum zu erfahren, daß sich das Tor unterhalb unseres Swimmingpools befand. Ich wußte, daß mein Sohn nicht übermäßig weltfremd war, und wenn er sich vor etwas fürchtete, so hatte dies nichts mit jugendlicher Phantasie zu tun. Wie dem auch sei, der Eindruck, den diese Informationen hinterließen, sowie Venessas Ausdrücke für Tore und Torhüter, die ich nicht kannte, waren verwirrend. Was versuchte sie mir zu sagen? Was für eine Sprache verwendete sie da? In meinen eigenen Studien waren mir diese Ausdrücke bisher noch nie untergekommen. In der Tat hatte ich mich als Kind im Dunkeln gefürchtet und schlief mit der Decke über dem Kopf. Ich ging nicht einmal allein in das Spielzimmer im Keller wegen dieses unangenehmen Gefühls, bei dem sich mir die Nackenhaare aufstellten und Angstschauer über meinen Rücken liefen. Ich war mir nicht sicher, ob ich Venessas Informationen über meine neuen Nachbarn überhaupt hören wollte, aber ich war auch fasziniert davon!

Venessa und ich verbrachten am Telefon beinahe eine Stunde damit, die Auswirkungen des Tors auf das Wohlbefinden meines Hauses und seiner Bewohner zu erörtern. Da ein

SCHÖPFERISCHE MACHT

solches Tor ein Zugang zu einer negativen Astralebene ist, der als Ein- und Ausgang für Schattenwesen dient, welche die Erde aufsuchen möchten, tummeln sich in seiner Umgebung Schattenwesen, denen es Freude bereitet, positive Wesen, die auf der Erde leben, zu schikanieren. Wir können diese Dinge nicht sehen, weil sie sich in einer anderen Dimension oder Frequenz abspielen. Das ist ähnlich wie bei einem Radiosender: Wir wissen, daß auf 101,5 Megahertz vierundzwanzig Stunden lang gesendet wird, aber wenn wir diesen Sender nicht einstellen, hören wir nichts. Jene, die sich medial auf die Astralebene einstellen, können diese negativen Wesen „sehen". Dem Rest von uns wird einfach „anders", wenn wir ihre negative Präsenz spüren oder wenn die Dinge nicht gut für uns laufen, wie zum Beispiel dann, wenn wir aufgrund ihrer Streiche viel Geld für Reparaturen ausgeben müssen.

Venessa erklärte mir, daß solche Tore für gewöhnlich mit Hilfe schwarzmagischer Zeremonien geöffnet werden. Anders ausgedrückt: Es gibt Menschen, die ein Tor zur Unterwelt öffnen möchten, um diese negativen Energien als Kraftquelle für ihre eigenen dämonischen Aktivitäten wie schwarzmagische Hexerei oder Satanskult zu nutzen. Venessa schätzte, daß das Tor in meinem Garten gegen Ende des 19. Jahrhunderts geöffnet worden war. Es bestand also schon seit langer Zeit! Sie erklärte mir, daß sich die aus diesem Bereich ausströmende negative Energie auf Häuser und deren Bewohner im Umkreis von etwa vierhundert Metern auswirke. Ich vermutete, daß dieses Viertel in Kansas City lange Zeit eine wahre Goldgrube für Handwerker gewesen war, wenn die negativen Wesen auch anderen Leuten ähnliche Streiche gespielt hatten. Ich fragte mich, ob das Farmhaus gegenüber, das aus dem 19. Jahrhundert stammte, im Vorjahr *zufällig* durch ein wildes Feuer zerstört worden war. Die Eigentümer waren dabei, ihr Haus an der Rückseite durch ein Wohnzimmer zu erweitern, als eine Flamme aus einer Lampe, die man zum Entfernen von Farbe verwendet hatte, auf das Haus übersprang und das historische Gebäude innerhalb von dreißig Minuten vom Feuer verschlungen wurde. Ich fragte mich auch, ob die negativen Wesen die Eigentümer, die beschlossen hatten, ein neues Haus zu bauen, noch immer schikanierten – denn die Bauarbeiten waren von zahlreichen Problemen begleitet.

Einführung

Bei ihrer Reinigung schloß Venessa das Tor, schickte den Hüter des Tors auf seine wohlverdiente negative Astralebene zurück und riet mir, beim nächsten Hauskauf 75 Dollar für eine Reinigung auszugeben, *bevor* es zu Reparaturen in Höhe von 2 000 Dollar aufgrund unharmonischer Energien kommen würde. Zwar ließ ich seit Venessas Grundstücksreinigung noch ein paar Reparaturen infolge der normalen Abnutzung ausführen, aber die übermäßigen und bizarren Probleme mit den Elektroinstallationen hörten sofort auf, und auch das Wasserproblem im Keller verschwand. Im darauffolgenden Sommer schwamm mein Sohn mit seinen Freunden in unserem Pool und genoß sein privates Shangri-La ohne jegliche Angst. Obwohl ich ihm nie vom Tor erzählt hatte, spürte er, daß der Pool jetzt sicher war, und zögerte nicht, ihn zu benutzen, wie er das noch im vorangegangenen Sommer getan hatte.

Ich war enorm neugierig auf Venessa und die Art ihrer Arbeit, weil ich in all meinen esoterischen Büchern noch nie auf ihre Terminologie und ihre Methoden gestoßen war. Wie mein Sohn konnte auch ich den Unterschied in der Energie spüren, die unser Haus umgab. Einige Monate vergingen, bis ich beschloß, sie wieder anzurufen und zu fragen, welche anderen Dienste sie anbiete. Ihre Assistentin erklärte mir, daß Venessa sich in erster Linie mit Seelenreinigung beschäftige. Ich nahm an, die Seelenreinigung sei der Grundstücksreinigung ähnlich und entferne negative Energie von mir, so wie sie es beim Haus gemacht hatte. Wenn ich meine Arztbesuche mit den Hausreparaturen verglich, so konnte ich fast darauf wetten, daß mein Energiefeld toxische Substanzen enthielt. Ich machte einen weiteren Termin aus, diesmal für eine Seelenreinigung. Venessas Assistentin bat mich um ein Foto und um meinen vollen Namen und mein Geburtsdatum in Handschrift. Diesmal sollte ich 125 Dollar für die Sitzung überweisen. Ich zögerte und fragte mich, ob ich wirklich 125 Dollar ausgeben wollte. Ich hielt Venessas Assistentin hin, indem ich ihr sagte, ich habe kein gutes Foto von mir. Sie versicherte mir, Venessa schaue sich mein *Energiefeld* an und werde nicht darauf achten, wie ich aussehe; also könne ich ihr mein schlechtestes Bild schicken und werde dennoch ein treffendes „Reading" bekommen. Ich lachte über meine unangebrachte Knausrigkeit und Eitelkeit, packte alles, was sie brauchte, zusammen und brachte es zur Post.

SCHÖPFERISCHE MACHT

Mein zweites Telefongespräch mit Venessa war genauso horizonterweiternd wie das erste. Wiederum wurde ich mit Begriffen bombardiert, die ich nicht verstand. Sie sagte mir, ich sei Mitglied der „Großen Weißen Bruderschaft". War ich unwissentlich einem sexistischen, rassistischen Verein beigetreten, der eigentlich meinen Überzeugungen widersprach? Nein, erklärte sie, die Große Weiße Bruderschaft sei eine Gemeinschaft von Lichtarbeitern, und zwar sowohl von männlichen als auch weiblichen, positiven (folglich weißen) Wesen, die sich darauf konzentrieren, den Planeten im ganzen Universum Liebe, Licht und Wahrheit zu bringen. Ich sei auch Mitglied verschiedener anderer Seelengemeinschaften mit ähnlich verwirrenden Namen. Venessa erklärte mir, daß wir als positive Wesen *zwischen* unseren Inkarnationen auf positive Astraleben en gehen, um bei unseren Führern und Lehrern zu lernen. Offenbar gönnt man den Toten keine Ruhe!

Die Informationen jedoch, die mein Leben deutlich verändern sollten, standen noch aus. Während der vorangegangenen acht Jahre hatte ich bei verschiedenen Lehrern esoterische Lehren studiert und so viele Esoterikbücher gelesen, wie ich finden konnte. Ich war bei zahlreichen Medien und Heilern gewesen und hatte versucht, meinen eigenen medialen Kanal zu öffnen. Ich hatte allerdings keine Fortschritte gemacht, denn die verschiedenen von meinen Lehrern vorgeschlagenen Therapien ließen meine medialen Fähigkeiten nicht zum Vorschein kommen. Ich war fürchterlich frustriert darüber, daß ich weiterhin andere Leute dafür bezahlen mußte, mediale Informationen über mich zu erhalten, die ich eigentlich selbst anzapfen wollte. Ich wußte, ich hatte das Potential, um eine beträchtliche Menge nichtirdischer Informationen zu empfangen. Es gab da allerdings eine Barriere, die ich anscheinend nicht erkennen oder beseitigen konnte. Jetzt war ich im Begriff zu erfahren, daß die Blockade, die mir so viel Kummer und Frustration bereitet hatte, endlich entdeckt und entfernt worden war.

Venessa erzählte mir, daß sie in meinem „dritten Auge" ein Implantat gefunden habe. Das Implantat sei absichtlich in meinem medialen Kanal plaziert worden, um zu verhindern, daß ich mediale Botschaften empfangen könne. Offenbar war ich eine begabte Seherin. Ich hatte *zwei* „göttliche Funken", wie Venessa es nannte. Üblicherweise haben wir *einen* göttlichen

Einführung

Funken in unserer Thymusdrüse, der uns mit der göttlichen Quelle verbindet. Einige Menschen jedoch bekommen einen zweiten göttlichen Funken in ihrem dritten Auge oder Stirn-chakra. Den zweiten göttlichen Funken hatte ich bekommen, um damit meine medialen Fähigkeiten zu verstärken. Dieses Vorhaben wurde allerdings durch das Implantat, das sich dort befand, vereitelt, offenbar von Wesen, die andere Absichten hatten und damit versuchten, mein Vorankommen zu behin-dern.

Ich war erleichtert und gleichzeitig verblüfft. Ich war froh die Erklärung dafür zu hören, warum ich keine medialen Informationen empfangen konnte. Meine monatelangen Be-mühungen, meinen Kanal für mediale Botschaften zu ent-wickeln, waren wegen der durch das Implantat verursachten Blockade umsonst gewesen. Endlich war ich nicht mehr fru-striert darüber, daß ich anstatt der gechannelten Mitteilungen, die ich gar nicht mehr zu erhalten hoffte, einfach nichts emp-fing. Ich war allerdings auch verblüfft über dieses Implantat. Was war ein Implantat? Wem konnte etwas daran liegen, mein Vorankommen zu behindern? Wer konnte daran Interes-se haben?

Venessa erklärte, daß ein Implantat für gewöhnlich auf eine Entführung durch Außerirdische zurückzuführen sei, und fragte mich, ob ich mich an solch einen Vorfall erinnern könne. Ich war wie betäubt. Ich hatte ihr nichts von meinen Ängsten aus meiner Jugendzeit erzählt, die dazu geführt hat-ten, daß ich mit der Decke über meinem Kopf schlief. Was mich gequält hatte waren meine „Alpträume" von grauen, ameisenähnlichen Geschöpfen mit mandelförmigen Augen. Ich hatte diese Erinnerungen zum größten Teil unterdrückt. Als ich jedoch von hypnotischen Rückführungen erfuhr, beschloß ich, meine früheren Leben zu erforschen, die sich auf mein gegenwärtiges, emotionales Wohlbefinden auswirk-ten. Während einer dieser Rückführungen ging es um die Ent-führungen, die ich in diesem Leben als Kind erlebt hatte. Dies hatte sich abgespielt, lange bevor Whitney Schreiber seine Bücher über diese Art von Entführungen schrieb, die ich ohnehin nicht gelesen hätte, weil die auf dem Umschlag abge-bildeten Wesen tiefe Ängste in mir auslösten. Während der hypnotischen Rückführungen, die ich fünf Jahre zuvor hatte machen lassen, hatte ich gezittert und geweint, als ich das

Wissen, das ich seit meiner Kindheit in meinem Unterbewußtsein festgehalten hatte, noch einmal Revue passieren ließ. Ich durchlebte noch einmal den Horror, wie ich von den „Grauen" mit ihren ameisenartigen Armen in einen „Operationssaal" getragen wurde. Ich konnte mich nicht bewegen, als sie mich auf ihren Untersuchungstisch legten und Nadeln und Röhrchen in mich hineinbohrten.

Nach und nach konnte ich diese Vorfälle mit Hilfe der Rückführungstherapie emotional auflösen. Ich wußte jedoch nicht, daß noch immer etwas davon zurückgeblieben war. Ich hatte angenommen, der psychische Schaden sei behoben, und hätte nie vermutet, daß es auch noch physische Übergriffe gegeben hatte. Venessa sagte, daß meine verstärkten medialen Fähigkeiten aufgrund des zweiten göttlichen Funkens dazu bestimmt seien, einen positiven Einfluß auf den Planeten zu nehmen. Sie sagte, ich hätte einen Seelenvertrag abgeschlossen, nach dem ich bestimmte Lehren auf der Erde verbreiten solle, indem ich Informationen von nicht verkörperten Wesen aus anderen Dimensionen weitergebe. Sie meinte, daß diese Außerirdischen, die mich entführt hatten, sich vielleicht durch mein Potential bedroht fühlten. Ich lachte, weil ich daran denken mußte, wie sehr ich mich nach diesen nichtirdischen Informationen sehnte. Meiner Ansicht nach war ich keine große Bedrohung. Ich konnte mir gar nicht vorstellen, welche bedeutenden Informationen ich erhalten und an andere weitergeben sollte.

Venessa riet mir, mich nicht länger eingeschränkt zu fühlen, denn diese Einschränkungen bestünden nicht mehr. Sie sagte, ich solle mich damit beschäftigen, meinen medialen Kanal freizulegen, indem ich meine ungenutzte Zirbeldrüse in meinem Stirnchakra trainiere, um mein drittes Auge in Höchstform zu bringen. Sie gab mir ein paar Tips zum automatischen Schreiben, um Informationen von nicht verkörperten Wesen zu empfangen. Venessa empfahl mir, eine Frage aufzuschreiben und dann meinen Kopf von meinem Gedankenwirrwarr zu befreien, um in den Alphazustand zu gelangen und die Antwort zu empfangen. Sie warnte mich davor, die empfangenen Informationen zu bewerten, denn dadurch gelange man in den Betazustand und störe den Informationsfluß. Ich bedankte mich am Ende unserer Sitzung überschwenglich bei Venessa. Ich fragte mich jedoch auch, ob ich die 125 Dollar klug angelegt hatte oder ob diese Informationen

Einführung

mich wieder in eine enttäuschende mediale Sackgasse führen würden.

Ich befolgte Venessas Anweisungen und verbrachte in den nächsten Wochen viel Zeit damit, am Computer zu sitzen, Fragen einzugeben und auf Antworten zu warten. Ich war erstaunt darüber, daß ich gleich beim ersten Mal Informationen erhielt. Ich fragte mich, ob ich die Informationen selbst fabriziert oder ob ich tatsächlich etwas von meinen Führern empfangen hatte. Nach weiteren Tagen des Frage-und-Antwort-Spiels nahm mein Selbstvertrauen jedoch aus mehreren Gründen zu. Erstens waren die Informationen nützlich und gingen weit über meine eigenen Vorstellungen hinaus. Anders ausgedrückt: Die übermittelten Ideen waren mir neu und enthielten Konzepte, die faszinierend, aber auch sehr komplex waren. Ich hatte nicht das Gefühl, sie mir einbilden zu können, weil sie immer eine überraschende Wendung nahmen, die nicht meinem bewußten Repertoire entstammte. Zweitens konnte ich mich nachher an nichts erinnern, was ich geschrieben hatte. Ich mußte alles noch einmal durchlesen, um mich daran zu erinnern, was gesagt worden war. Ich konnte mehrere Stunden am Computer verbringen, ohne mich zu entsinnen, was ich geschrieben hatte – wenn ich nicht den Ausdruck las. Schließlich reagierten meine spirituellen Lehrer, denen ich vertraute und denen ich die empfangenen Botschaften zeigte, sehr positiv darauf. Sie ermutigten mich sogar dazu, einige meiner Aufzeichnungen an esoterische Zeitschriften zu senden, und da alle sofort veröffentlicht wurden, gab dies meinem Selbstvertrauen erneut Auftrieb.

Mit etwas Übung wurde ich sehr gut darin, meine Führer zu hören. Ich wurde sogar so bewandert darin, daß ich ein paar neue Führer bekam, die mir Informationen darüber übermittelten, wie man zwölf DNS-Stränge erhält, denn diese Anzahl benötigt man, um zu einem voll bewußten Wesen zu werden und aufsteigen zu können. Ich zeichnete diese Informationen sorgfältig ein Jahr lang auf und veröffentlichte sie in meinem Buch *Zwölfstrang-DNS. Das Erbe des Lichts*. Aufgrund dieser DNS-Neukodierung verbesserten sich meine medialen Fähigkeiten noch einmal erheblich, denn ich arbeitete von da an auf zwölf statt auf zwei Ebenen des Bewußtseins. Meine mediale Veranlagung wurde klarer und deutlicher. Mit mir ging es voran!

SCHÖPFERISCHE MACHT

Während ich daran arbeitete, meine DNS zu erweitern, erhielt ich einen Brief von Venessa, in dem sie mir anbot, an einem Einführungsworkshop teilzunehmen, in dem man die Seelen- und Grundstücksreinigung lernt. Ich war sofort begeistert davon, den Vorgang zu erlernen, der mein eigenes Leben in so kurzer Zeit derart drastisch verändert hatte. Nachdem ich mich acht Jahre lang vergeblich im Channeln versucht hatte, konnte ich innerhalb weniger Wochen nach meiner Seelenreinigung mediale Verbindungen herstellen. Ich wußte, daß ich anderen dabei helfen konnte, Barrieren zu beseitigen, die ihre Seelenentwicklung behinderten, indem ich Venessas äußerst wirksame Reinigungsrituale lernte. Nachdem ich bei ihr in die Lehre gegangen war, eröffnete ich meine eigene Praxis mit dem Namen *InterLink*, die sowohl national als auch international weit über meine ursprünglichen Vorstellungen hinausgewachsen ist.

Anfangs ging ich genauso vor, wie Venessa es uns beigebracht hatte. Ich mußte erst Vertrauen in meine eigenen Fähigkeiten entwickeln. Wenngleich ihre Lehren immer noch Teil meiner Arbeit sind, erhalte ich jetzt Informationen von meinen eigenen Führern und Lehrern, die ich für meine Klienten nutze. Im Laufe der Zeit nahm das Vertrauen in meine gechannelten Botschaften zu, und zwar auch aufgrund der positiven Rückmeldungen, die ich von meinen Klienten bekomme. Die in diesem Buch wiedergegebenen Informationen konnten mir meine Führer nur übermitteln, damit ich sie mit anderen teile und nachdem Venessa das Implantat in meinem dritten Auge entfernt hatte.

Die Informationen behandeln eine ganze Reihe von Themen. Das Hauptaugenmerk liegt immer darauf, wesentliche Blockaden oder Barrieren, die uns unglücklich machen zu entdecken und zu entfernen, denn ich habe mit meinen Führern vereinbart, daß dies das primäre Ziel von *InterLink* ist. Schließlich wünschen wir uns doch alle Gesundheit, Wohlstand und Glück. Die Informationen werden zumeist durch wirksame Reinigungsrituale unterstützt. Meine Klienten sind oft, vor allem wenn sie die Energie unvorbereitet trifft, von der Stärke dessen überrascht, was sie entweder während des Rituals oder nach der Reinigung spüren.

Anfangs arbeitete ich mit meinen Führern, die mich darum baten, sie Bund der Schutzengel zu nennen, wenn ich ihre

16

Einführung

Botschaften veröffentlichte. Später hörte ich jedoch von Esther Hicks und davon, daß sie eine Gruppe von Wesen mit hoher Energie namens Abraham channelt. Aufgrund der hervorragenden Qualität der Informationen, die Esther erhielt, beschloß ich, mir ebenfalls Zugang zu dieser hohen Informationsebene zu wünschen. Ich hörte Esthers gechannelten Botschaften gerne zu, aber ich wollte eigene Informationen über Heilmethoden, um die Gesundheit, den Wohlstand und das Glück auf der Erde zu vermehren. Ich fragte meine Führer, ob es ihnen etwas ausmache, wenn ich sie ersetzen würde, und sie unterstützten meine Entscheidung.

Später erfuhr ich, daß ich in einem anderen Leben eine Seherin war und mit einer großen Gruppe von Wesen gearbeitet hatte. Ich spürte den Drang, ihre Energie wieder anzuzapfen. So stammen nun einige der Botschaften in diesem Buch von dem ursprünglichen Bund der Schutzengel; der Großteil der Informationen wurde jedoch durch eine Gruppe von sechsundsiebzig Wesen, die sich selbst *Geremyia* oder *The Spirit of 76* nennt, übermittelt. Geremyia ähnelt dem, was man in der polynesischen Philosophie *Pau Aumakua* nennt, einer Gruppe von Wesen mit „hohem Selbst", die sich dazu verpflichtet haben, zum Wohle der Menschen zusammenzuarbeiten.

Die meisten Medien arbeiten mit einem einzelnen Wesen, wenn sie Informationen empfangen. Meine Arbeit ähnelt jedoch der von Esther, die ebenfalls eine Gruppenenergie übertragen bekommt. Die Energie ist häufig sehr intensiv, weil ich gleichzeitig mit sechsundsiebzig Wesen arbeite. Anders ausgedrückt, ich empfange nicht die Informationen eines Sprechers, der die Gruppe repräsentiert, sondern ich erhalte eine ganze Ladung an Informationen gleichzeitig von sechsundsiebzig Wesen. Offenbar habe ich in meinem früheren Leben, als ich als Seherin mit derselben Gruppe arbeitete, auf diese Weise gechannelt. Das ergibt natürlich sehr interessante Sitzungen am Computer: ... ich, die Tastatur und sechsundsiebzig verschiedene Standpunkte.

Geremyia erinnert mich dezent daran, daß es ein langer, aber lohnender Weg war, bis ich Zugriff auf diese Informationen hatte. Um eine derart starke Energie aufnehmen zu können, mußte ich reinen Herzens sein, denn die Botschaften treten durch meine Zirbeldrüse ein, die hinter dem dritten Auge sitzt, und treten durch das Herz wieder aus. Es wäre nicht möglich gewesen, diese Mitteilungen zu empfangen, wenn ich Blockaden auf der Herzebene gehabt hätte. Als menschliches Wesen habe ich mein ganzes Leben darum gekämpft, mich sicher zu fühlen und meine Herzenergie zu öffnen. Ich bin zahlreiche Beziehungen eingegangen, darunter drei Ehen, bis ich ausgeglichen genug war, um als reiner Empfänger für Geremyias Botschaften zu dienen. Verständlicherweise machte ich große Fortschritte, nachdem ich meinen Lebenspartner und Ehemann David getroffen hatte, der häufig für mich das Gleichgewicht hält, während ich die Bereiche der anderen Seite erforsche.

Wie ich nach über fünfhundert Beratungssitzungen über Seelenfragen mit meinen eigenen Klienten gelernt habe, gibt es im Leben keine Fehler. Auch wenn wir das Warum einer Situation zu der betreffenden Zeit vielleicht nicht verstehen, so unterliegt doch alles einer göttlichen Ordnung. Das Überbewußtsein unserer Seele erschafft die Erfahrungen auf der physischen oder bewußten Ebene, damit wir zu neuen Erkenntnissen gelangen. Nachdem wir die entsprechenden Lektionen auf der bewußten Ebene gelernt haben, brauchen wir diese Erfahrung nicht mehr zu machen. Wenn ich auf die Jahre zurückblicke, die ich ohne jegliche mediale Fähigkeiten im Geschäftsleben verbracht habe, tut es mir nicht mehr leid, daß ich damals nicht medial veranlagt war. Ich verstehe jetzt, daß ich damals noch nicht bereit dazu war, die mächtige Energie eines *Pau Aumakua* wie Geremyia aufzunehmen.

Ich verstehe auch, daß ich erleben mußte, wie die Mehrheit der Menschen denkt, um Verständnis und Feingefühl für alltägliche Angelegenheiten zu entwickeln. Wäre ich als medial Tätige aufgewachsen, hätte ich eventuell nicht so leicht eine Brücke zwischen der physischen und der nichtphysischen Welt schlagen können. Ich hätte mich vielleicht philosophisch oder esoterisch ausgedrückt, was für Menschen mit ganz herkömmlichen Problemen vielleicht schwer verständlich gewesen wäre. Außerdem waren meine Kenntnisse, die ich im Bereich Marketing erworben habe, für die Verbreitung meiner esoterischen Arbeit äußerst hilfreich. Ich wende einfach für meine eigene Arbeit dieselben Marketingstrategien an wie für die Produkte und Dienstleistungen, die ich damit erfolgreich machte.

Die folgenden Seiten enthalten wertvolle Erkenntnisse von Geremyia. David und ich haben Geremyias Rat befolgt und alle

Einführung

Rituale, die mir bis zum heutigen Tag übermittelt wurden, nachvollzogen. Unser Leben ist inmitten der Polarität unserer Erde erfüllt von Liebe, Freude, Gesundheit, Wohlstand und dem manchmal so unbeständigen Frieden. Wir glauben, daß die von Geremyia angebotenen Schätze wesentlich dazu beigetragen haben, unseren Weg auf einem Planeten, auf dem die Dualität vorherrscht, zu erleichtern. Während die anderen Menschen zwischen Freude und Furcht, Gesundheit und Krankheit, Wohlstand und Not hin und her zu schwanken scheinen, haben wir uns einen neutralen Ort des Friedens erschaffen, der für uns einen sicheren Hafen in dieser holprigen Welt darstellt. Ich biete Ihnen allen die Schätze Geremyias als ein Geschenk von der anderen Seite an.

Viel Liebe und Licht!
ANNE BREWER

Vorbemerkungen

Bei meiner spirituellen und medialen Arbeit habe ich festgestellt, daß es einfacher ist, in einen neuen Daseinszustand überzugehen, wenn wir zuerst unsere *Energie*muster ändern, bevor wir versuchen, unsere *physischen* Muster zu ändern. Abnehmen ist ein gutes Beispiel dafür. Man hat uns glauben gemacht, daß wir unser Wunschgewicht erreichen könnten, indem wir uns Disziplin auferlegen und weniger essen. Die meisten Menschen, die abnehmen möchten, haben jedoch Probleme mit diesem Vorgehen, und nachdem sie ihr Wunschgewicht vielleicht sogar erreicht haben, nehmen sie anschließend häufig wieder zu.

Nach Auffassung der Quantenphysik sind wir – vereinfacht gesagt – elektromagnetische Wesen, die in erster Linie aus einem Energiefeld mit viel leerem Raum bestehen, in dem Atome herumwirbeln. Wenngleich wir den Anschein erwecken, stoffliche Wesen zu sein, bestehen wir primär aus Energie. Daher senden wir ein elektromagnetisches Signal aus, wenn wir mit etwas in Resonanz sind. Bei den Menschen, die abnehmen möchten, ist das Unterbewußtsein meistens immer noch in Resonanz mit dem Wunsch zu essen. Aufgrund fundamentaler Energiegesetze sucht diese Resonanz ständig nach einer ähnlichen Energie. Der Wunsch zu essen sendet ein Energiesignal aus, das nach Nahrung sucht. Das Bewußtsein des Menschen, der abnehmen möchte, versucht, dem Verlangen nach Nahrung Disziplin entgegenzuhalten, um das angestrebte Gewicht zu erreichen. Statt das Verlangen nach Essen durch Disziplin zu überwinden, wäre es viel einfacher abzunehmen, wenn man die Ursache für das übermäßige Bedürfnis nach Nahrung fände und diese Energiefrequenz änderte. Dann stimmte das Energiefeld des Menschen, der abnehmen möchte, mit seinem angestrebten Ziel überein.

Ich habe mit einer jungen Frau gearbeitet, die nach einer Schwangerschaft versuchte, ihr Übergewicht loszuwerden. Auf der bewußten Ebene lehnte sie ihren fülligen Körper ab. Dennoch gelang es ihr nicht, die überflüssigen Pfunde loszuwerden,

Vorbemerkungen

und in ihrer Frustration verfiel sie immer wieder in alte Eßgewohnheiten. In einer unserer Sitzungen fanden wir heraus, daß sie unbewußt an ihrem Gewicht festhielt, weil es ihr merkwürdigerweise das Gefühl gab, dadurch anziehend auf Männer zu wirken. Sie war wohl als Teenager mit ihrer Entwicklung etwas im Rückstand gewesen, und ihre Altersgenossinnen mit ihren heranreifenden Brüsten waren bei den jungen Männern beliebter gewesen. Auch als junge Frau war sie nie besonders üppig. Als sie schwanger war, nahm sie zu, und damit wuchsen auch ihre Brüste. Ihr unterbewußter Wunsch wurde mit dem prächtigen Busen erfüllt. Endlich war das kleine Mädchen, das in der erwachsenen Frau lebte, für die Männer attraktiv. Als sie nach der Schwangerschaft versuchte, das Übergewicht loszuwerden, um wieder in ihre Kleidung zu passen, kämpfte das Unterbewußtsein (das kleine Mädchen) gegen das Bewußtsein (die erwachsene Frau), indem es ihren Stoffwechsel verlangsamte und so das Gewicht behielt. Das Unterbewußtsein konnte dies erreichen, weil es für die Steuerung unserer Körperfunktionen verantwortlich ist. Hätte sie abgenommen, dann hätte sie ihre neugewonnene Anziehungskraft für Männer verloren. Daraufhin war sie frustriert, begann eine Fastenkur nach der anderen, brach sie jedoch bald wieder ab und verlor dabei nie an Gewicht. Ich half dieser jungen Frau dabei, in ihre Jugendzeit zurückzukehren und ihr Energiemuster dahingehend zu ändern, daß es mit dem Gefühl resonierte, unabhängig von ihrem Aussehen anziehend auf Männer zu wirken. Nachdem sie die verschiedenartigen Bedürfnisse ihres Unterbewußtseins und ihres Bewußtseins in Einklang gebracht hatte, konnte sie ihre Fastenkur wieder aufnehmen und das gewünschte Gewicht erreichen. Ihr Unterbewußtsein brauchte keine großen Brüste mehr, um sich attraktiv zu fühlen.

Es geht um die Einsicht in diese Notwendigkeit: *Wir müssen unser Energiefeld verändern, damit wir physische Gewohnheiten und Verhaltensmuster leichter umwandeln können.* Dieser Grundgedanke ist ein Schlüssel zu Geremyias Heilungsweise. Es gibt mehrere einfache Möglichkeiten, Energie umzuwandeln, und diese Umwandlung erfolgt rasch, weil Energie sich sehr schnell bewegt. All diese Methoden beruhen auf der Vorstellung, daß wir Energiewesen sind, die beschlossen haben, körperliche Erfahrungen zu machen, die unsere Weiterentwicklung unterstützen; wir sind demnach nicht in erster Linie körperliche Wesen, die nach emotionaler Erlösung streben.

Bei diesen Methoden geht es darum, ein angestrebtes Ziel klar zu definieren sowie Farbe, Licht und Klang einzusetzen, um die Energie umzuwandeln und damit unsere Absicht zu unterstützen. Wenn Sie beispielsweise eine bestimmte Farbe in Zusammenhang mit einem angestrebten Ziel visualisieren, bringen Sie in Wirklichkeit die elektromagnetische Energie dieser Farbe in Ihre eigene Energie ein, um Ihre Resonanz zu ändern. Das Visualisieren der Farbe ist genauso wirksam wie die Farbe tatsächlich zu sehen – in beiden Fällen ist die gleiche Energie wirksam. Anders ausgedrückt: Sie müssen etwas nicht wirklich physisch erleben, damit es auf der Ebene der Energie real ist.

Neben dem Einsatz der Energien von Farbe, Licht und Klang zielen Geremyias Heilungsweisen darauf, die Aufmerksamkeit des Unterbewußtseins zu wecken, um die Energiefrequenzen verändern zu können. Oft, wenn wir uns bewußt etwas Bestimmtes wünschen, hat unser Unterbewußtsein andere Pläne. Das Unterbewußtsein verwaltet unsere Erinnerungen, so daß es ihm schwerfällt, etwas zu vergessen, nachdem es einmal etwas gelernt hat. Unser Bewußtsein hat vielleicht den unaufmerksamen, lieblosen Vater vergessen, der uns das Gefühl gab, unzulänglich zu sein. Doch unser Unterbewußtsein speichert dieses Gefühl der Unzulänglichkeit und drückt den Schmerz oft in einem Verhalten aus, das in Widerspruch zu unseren bewußten Wünschen steht.

Ein Beispiel dafür ist, daß unser Bewußtsein vielleicht eine innige Beziehung eingehen möchte, während unser Unterbewußtsein die Nähe fürchtet, weil es in der Vergangenheit verletzt wurde und dies in Zukunft vermeiden möchte. Da unser Unterbewußtsein für unsere automatischen Körperfunktionen verantwortlich ist, können wir seine Aufmerksamkeit erregen, indem wir diese Funktionen unterbrechen, und dann Änderungen vornehmen. Wir brauchen beispielsweise nicht bewußt an unsere Atmung zu denken. Sie funktioniert so, wie es notwendig ist, weil unser Unterbewußtsein das Sauerstoffniveau unseres Körpers überwacht und unsere Lungen aufpumpt, wenn der Körper dies braucht. Wenn wir unser Unterbewußtsein neu programmieren möchten, können wir einfach unsere automatische Atmung unterbrechen, so daß wir die Aufmerksamkeit des

Vorbemerkungen

Unterbewußtseins erregen, und dann unsere Absichten deklarieren. Durch diesen einfachen Vorgang kommt die Energie in Bewegung, die uns eingeschränkt hat.

Außerdem läßt sich das Unterbewußtsein sehr leicht durch Rituale beeindrucken. Wie bereits erwähnt verwaltet das Unterbewußtsein unsere Erinnerungen. Es verfügt über ein ganzes Arsenal an Erinnerungen daran, wie wichtig Rituale sind. Schon früh in unserem Leben haben wir mit Ritualen zu tun, wenn wir etwa einen Priester dabei beobachten, wie er Kerzen anzündet und zu einer höheren Quelle betet. Wenn wir eine Kerze anzünden und ein bestimmtes Anliegen vorbringen oder beten, schließt sich das Unterbewußtsein diesem Anliegen aufgrund des feierlichen Rituals an. Viele von Geremyias Heilungsweisen sind aus diesem Grund mit Ritualen, wie etwa dem Anzünden von Kerzen, verbunden.

Zu guter Letzt: Bei fast allen Heilverfahren werden andere Wesen gerufen, die Sie dabei unterstützen sollen, Ihr gewünschtes Ziel zu erreichen. Sie können um die Anwesenheit des „göttlichen Schöpfers" bitten – das ist Geremyias Bezeichnung für einen nichtkonfessionellen Gott. Sie können auch verschiedene Erzengel und nichtphysische Führer und Lehrer rufen, die Ihnen bei Ihrem Anliegen zur Seite stehen sollen. Wenngleich Sie die Energie selbst verändern können, haben viele von Ihnen Zweifel an ihren eigenen Kräften. Aus diesem Grund unterstützt Geremyia Sie mit unsichtbaren Helfern, die es Ihnen erleichtern, Ihre Ziele zu erreichen. Wenn Sie Ihre neuen Absichten deklarieren, werden Sie immer darum bitten, daß Ihr Unterbewußtsein, Bewußtsein und Überbewußtsein anwesend sind, weil Sie an allem in Ihrem Leben stets mit jeder Ebene Ihres Bewußtseins teilnehmen möchten.

Seien Sie offen, wenn Sie die in diesem Buch beschriebenen Übungen anwenden, um Ihre Energie zu verändern. Wenn Sie sich Gedanken um die Wirksamkeit der Übung machen, schwächen Sie das Ergebnis ab. Sie sind das Ergebnis dessen, was Sie denken und fühlen. Gedanken und Gefühle erzeugen elektromagnetische Energie, die das ausmacht, was Sie sind und was Sie anziehen. Denken und fühlen Sie sich in Ihr neues Selbst hinein – das ist alles, was notwendig ist, um Sie selbst und die Welt, die Sie erleben möchten, zu erschaffen.

Was mich betrifft, so habe ich alle auf den nachfolgenden Seiten wiedergegebenen Heilungstechniken selbst ausgeführt und kann ihre Wirksamkeit bestätigen. Ich habe auch Workshops abgehalten, in denen ich Geremyias Heilungsmethoden an anderen mit guten Ergebnissen angewendet habe. Ich glaube, daß ich viele der Situationen, die in den gecharnelten Botschaften beschrieben werden, selbst erlebt habe; denn meine Führer und Lehrer wissen, daß ich nur ungern hypothetische Informationen weitergebe. Es fällt mir wesentlich leichter, das zu vermitteln, was sich in meinem eigenen Leben zuträgt, weil ich dann aus eigener Erfahrung sprechen kann. Durch meine Erfahrungen konnte ich sowohl die Einschränkungen gewisser Situationen als auch die Freiheit spüren, die man erlebt, wenn man die Energie verändert. Die daraus resultierende Überzeugung, daß diese Heilungsformen wirken, hat mich dazu bewegt, diese Erfahrungen mit anderen zu teilen.

Hinweise zum besseren Verständnis

Was im folgenden vorgestellt wird, sind zum Teil gechannelte Botschaften einer nichtinkarnierten Gruppe namens Geremyia. Wenn von „wir" gesprochen wird, dann handelt es sich dabei um Geremyias Aussagen. Wenn von „Sie" die Rede ist, so sind die Menschen gemeint, die dieses Buch lesen.

Beachten Sie bitte, daß dieses Buch spirituelle und psychologische Aussagen enthält, die von der Autorin empfangen und ausgedrückt wurden, so gut sie es konnte. Die Wiedergabe gechannelter Informationen unterliegt den Beschränkungen der englischen Sprache (in diesem Fall) und des geschriebenen Wortes überhaupt und wird außerdem durch die Fähigkeiten, das Ego und die Glaubenssätze der Autorin gefiltert.

Mit den hier wiedergegebenen Informationen und Auffassungen möchte der Verlag nicht generell und unbedingt identifiziert werden.

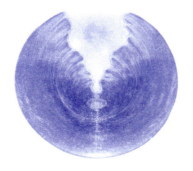

Ausgeglichenheit und Wohlbefinden

Ein Leben in Glückseligkeit

Glückseligkeit ist unbeständig

Hin und wieder erleben Sie einen jener denkwürdigen Augenblicke, in denen Sie sich froh, friedlich und einfach vollkommen glückselig fühlen. Dieses Gefühl schleicht sich langsam an und überkommt Sie meistens dann, wenn Sie es am wenigsten erwarten. Manchmal halten Sie in Ihrer Tätigkeit inne und blicken Ihr Kind oder Ihren Partner an und verspüren ein starkes Gefühl der Zufriedenheit. Meistens handelt es sich dabei um ganz gewöhnliche Momente, und Sie kommen sich wegen Ihrer emotionalen Reaktion auf eine so alltägliche Situation vielleicht sogar dumm vor. Vielleicht betrachten Sie die sanfte Krümmung des Nackens Ihres Kindes, das gerade ein Buch liest, oder Sie beobachten Ihren Ehemann dabei, wie er mit seinen starken, gewandten Händen etwas so Profanes tut, wie den Verschluß um den Müllsack zu drehen, und in diesem Augenblick wissen Sie, daß Sie wunschlos glücklich sind. Ein Gefühl der Glückseligkeit überkommt Sie. Sie fühlen sich erfüllt, vollständig, „ganz". Sie erkennen, daß Sie nichts anderes brauchen, um zufrieden zu sein. Das sind die Augenblicke, in denen Sie sich selbst sagen, daß Sie bereit sind für den Himmel, weil das Leben Ihnen bereits alles beschert hat, was Sie sich je wünschten.

Wie schade, daß diese Momente der Glückseligkeit in den vielen Jahren, in denen Sie in Ihrem Körper leben, so selten und so vergänglich sind. Die Tatsache, daß dieser Zustand der Glückseligkeit so selten auftritt, ist besonders schmerzhaft, wenn man bedenkt, daß Sie auf die Erde gekommen sind, um genau diese Erfahrung zu machen. *Ziel Ihrer Seele war es, sich in einen physischen Körper zu begeben, um eine materialisierte Version der spirituellen Form von Glückseligkeit zu erschaffen. Glückseligkeit ist ein Zustand, der dann auftritt, wenn Sie sich im gegenwärtigen Augenblick völlig im Einklang mit Ihrer Schöpferkraft befinden.* Er kann nur im Jetzt bestehen, weil Ihnen sofort Energie entzogen wird, sobald sie ihn auf vergangene oder zukünftige Situationen projizieren. Und er ist nur dann gegenwärtig, wenn Sie Ihre Position als Schöpfer voll und ganz einnehmen.

SCHÖPFERISCHE MACHT

Sind Sie Schöpfer oder Empfänger?

Ihre Absicht war es, Ihre Rolle als Teil der göttlichen Schöpferkraft dadurch auszufüllen, daß sie den Akt der Schöpfung in physischer Form demonstrieren. Sie haben sich wahrlich darauf gefreut, „ganz der Vater zu sein", um die sieben Tage der Schöpfung Ihr ganzes Leben lang nachzuvollziehen! Sie wollten sich dann hin und wieder zurücklehnen und sich an dem erfreuen, was Sie erschaffen hatten, in dem Wissen, daß Sie Ihre Erfahrungen selbst hervorbringen – was Sie sozusagen zu einem hauptberuflichen, rund um die Uhr tätigen Künstler macht. Die meisten Künstler sind stolz auf ihre Kreationen und betrachten ihr Werk als Ergebnis ihrer kreativen Bemühungen. Irgendwann auf Ihrem Weg begannen Sie jedoch zu glauben, daß Sie eher empfangen als selbst etwas hervorzubringen, und Sie gelangten zu der Überzeugung, daß irgend etwas außerhalb Ihrer selbst für Ihre Erfahrungen verantwortlich sei. Glückseligkeit zu erlangen war schwer, denn Sie wollten nicht erkennen, daß Sie an der Schöpfung beteiligt waren, und weigerten sich anzuerkennen, daß Sie selbst Ihre Erfahrungen mitgestalteten.

Unser Schulsystem bringt Menschen hervor, die lieber empfangen als erschaffen, indem es jene Schüler belohnt, die das, was man sie lehrt, am besten auswendig lernen. Unsere Lehrer wurden dazu ausgebildet, ihre Schüler dazu zu bringen, in *Multiple-Choice*-Tests gut abzuschneiden, statt deren produktives oder sogar unorthodoxes Denken zu fördern. Das Fernsehen trägt ebenfalls stark zu diesem eingeengten Geisteszustand bei, denn es bietet den Menschen so etwas wie ein Leben aus zweiter Hand. Durch das Fernsehen wurde es einfacher, das Leben anderer zu beobachten und sich damit zu identifizieren, statt Energie dafür aufzubringen, seine eigene Existenz zu gestalten. Zudem hat die Werbung Sie davon überzeugt, daß Sie kein Schöpfer seien, denn sie beruht auf dem Grundsatz des Mangels und überredet Sie dazu, etwas zu kaufen, weil jeder andere außer Ihnen es besitzt. Allmählich konzentrierten Sie sich mehr auf das, was Sie *nicht haben*, statt auf das, was Sie in Ihrem Leben *haben*, so daß Sie mehr und mehr die Mentalität eines „Wünschenden" annahmen statt derjenigen eines Schöpfers.

30

Ausgeglichenheit und Wohlbefinden

Erleben Sie sich selbst als Schöpfer

Es ist wichtig zu verstehen, daß das Gefühl des Mangels das Gefühl der Glückseligkeit nicht zuläßt. Diese beiden Zustände schließen einander aus, weil Glückseligkeit unmittelbar dann auftritt, wenn Sie etwas erschaffen, aber im Zustand des Mangels können Sie nicht schöpferisch tätig sein. Sie sind ein Teil des göttlichen Schöpfers, das heißt: Sie sind imstande, Ihre eigene Schöpfungsgeschichte zu manifestieren. Der siebentägige Schöpfungszyklus ist eine Metapher für Ihr eigenes Leben. Sie sind hier, um das widerzuspiegeln, von dem Sie abstammen. Manche empfinden es als Blasphemie, sich selbst als Gott zu bezeichnen, denn man hat ihnen eingeredet, daß Macht (im Sinne von Schöpferkraft) etwas ist, das sich außerhalb ihrer selbst befindet. Solange Sie Ihre Rolle als Schöpfer jedoch nicht anerkennen und ausüben, können Sie Ihre Bestimmung in physischer Form nicht erfüllen. Sobald Sie sich im Einklang mit Ihrer Schöpferkraft befinden und zu schätzen wissen, was Sie manifestieren, werden Sie Tag für Tag Glückseligkeit erfahren. Wenn Sie Glückseligkeit gegenüber Ihrem Kind oder Ihrem Partner empfinden, machen Sie sich klar, daß *Sie* sie „erschaffen" haben: Sie haben die Energie ausgestrahlt, die dazu geführt hat, daß sie in Ihr Leben getreten sind.

Jetzt wird es schwierig, denn um als „Inhaber" (Verfügungsberechtigter) Ihrer Schöpferkraft gelten und tätig werden zu können, *müssen Sie zu allem stehen, was Sie manifestieren.* Sie können sich nicht einerseits die positiven Kreationen hoch anrechnen und andererseits wundern, woher denn diese verflixten negativen Erfahrungen stammen. Sie erschaffen *alle* Ihre Erfahrungen, sowohl die angenehmen als auch die unangenehmen. Sie haben die unangenehmen Situationen absichtlich erschaffen, um Ihre Lektionen zu erweitern und durch das, was Sie aus diesen Lektionen lernen, voranzukommen. Wenn Sie eine nicht so positive Erfahrung machen, dann werden Sie sich klar darüber, daß Sie diese absichtlich angezogen haben, und nehmen Sie sie als so wertvoll an, wie sie ist! Denken Sie zum Beispiel einmal über ihre „gescheiterten" Partnerschaften nach, und sehen Sie ein, daß Sie diese aus einem bestimmten Grund erschaffen haben. Vielleicht hatten Sie Karma aus einem früheren Leben aufzulösen, oder Sie mußten eine bedeutende Lebenslektion lernen, und Ihr Partner war ideal

31

dafür, Sie dabei zu unterstützen. Würdigen Sie alle Ihre Schöpfungen, denn sie sind Widerspiegelungen Ihrer selbst. Sobald Sie die volle Verantwortung für alle Ihre Erfahrungen übernehmen, begeben Sie sich in die Rolle des Schöpfers. Erst dann sind Sie empfänglich für Glückseligkeit.

Wie Sie sich auf Ihre Schöpferkraft einstimmen

Um sich ganz auf Ihre Schöpferkraft einzustimmen und die Verantwortung für alle Ihre Schöpfungen zu übernehmen, können Sie die folgende Übung ausführen:

- *Verbinden Sie sich mit Ihrer Schöpferkraft, indem Sie sich einen weißen Strahl aus göttlichem Licht vorstellen, der von oben kommt und in Ihr Kronenchakra (an der Oberseite Ihres Kopfes) eintritt. Ihr Kronenchakra ist das Energiezentrum, durch das Sie sich mit dem göttlichen Geist verbinden, und zwar sowohl mit Ihrem eigenen (durch Ihr hohes Selbst) als auch mit dem des Schöpfers. Leiten Sie das weiße Licht der Schöpferkraft in Ihr zweites Chakra (gleich unterhalb Ihres Nabels), denn dadurch verbinden Sie das Zentrum Ihrer Wünsche und Bedürfnisse und Ihrer sexuellen Energie mit der göttlichen Schöpferkraft. Sie müssen Wünsche, Bedürfnisse, Verlangen verspüren, um etwas zu erschaffen.*
- *Sagen Sie dreimal: „Göttlicher Schöpfer, Erzengel Kamiel aus dem Reich der Lichtenergie, Erzengel Zadkiel aus dem Reich der Manifestation, universelle Energie der glückseligen Schöpfung, mein hohes Selbst, mein mittleres Selbst, mein niederes Selbst."*
- *Sagen Sie: „Ich akzeptiere voll und ganz, daß ich meine Lebenserfahrungen, sowohl die angenehmen als auch die unangenehmen, selbst erschaffe. Ich übernehme die volle Verantwortung für alles, was ich erschaffe, und bin bereit, meine Energie auf erfreuliche Ergebnisse zu konzentrieren. Ich entfalte meine ganze Schöpferkraft, jetzt, heute, in diesem Augenblick, indem ich die mächtige Energie der Schöpfung*

Ausgeglichenheit und Wohlbefinden

mit meinen persönlichen Wünschen verschmelze. Ich respek-
tiere meine Wünsche und Bedürfnisse als Impulsgeber für
mein schöpferisches Streben und sende meine Lebenskraft
aus als Treibstoff für die Verwirklichung dieser Wünsche. Ich
erkenne, daß ich meine Schöpferkraft sowohl für angenehme
als auch für unangenehme Erfahrungen entfacht habe und
daß ich für beides verantwortlich bin. Ich habe die Absicht,
von diesem Tage an nur noch Glückseligkeit in meinem Leben
zu manifestieren."

■ Entfachen Sie Ihre Lebenskraft wie folgt: *Schließen Sie Ihre*
Augen und reiben Sie Ihre Hände aneinander, bis sie sich
warm anfühlen. Betrachten Sie diese Wärme als Lebensener-
gie, die Sie erzeugen. Öffnen Sie Ihre Hände mit den Hand-
flächen nach oben zum Himmel, und stellen Sie sich vor, daß
die Hitze Ihrer Lebenskraft nach oben strömt. Lassen Sie die
Energie ins Universum fließen.

■ Sagen Sie: *„Ich mache meine Lebensenergie in Form dieser*
von meinem physischen Körper erzeugten Wärme dem Uni-
versum zum Geschenk. Im Austausch dafür bitte ich das Uni-
versum, mein schöpferisches Streben in der Form zu unter-
stützen, daß sich Glückseligkeit manifestiert."

■ Sagen Sie dreimal: *„Danke."*

Wenn es Ihnen auch in einer Welt voller Dekadenz, Gewalt,
Gier und einer Vielzahl anderer toxischer Daseinszustände
schwer vorstellbar erscheinen mag, Sie sind imstande, die
ganze Zeit über Glückseligkeit zu erleben. Sie sind der Autor
oder die Autorin, und Ihre Szenen enthalten dann nur Augenblicke des Glücks. Wenn Sie die anderen böswilligen Dramen
beobachten, die rings um Sie herum aufgeführt werden, wenden Sie Ihre Aufmerksamkeit von diesen Ereignissen ab, und
wenden Sie sich ganz Ihrem eigenen positiven Schauspiel zu.
Ihre Bühne zeigt das Bühnenbild und die Ereignisse Ihrer eigenen Schöpfungsgeschichte, einer Geschichte, die aus Liebe,
Freude und Frieden besteht. Nehmen Sie Ihre Rolle als Schöpfer an, und entwickeln Sie ein Drehbuch, für das Sie phantasti-
sche Kritiken bekommen werden.

Akzeptieren,
der Weg zur Ausgeglichenheit

Vergeben bedeutet eigentlich, zu urteilen

Von Kindheit an wird Ihnen von Ihren Eltern, Ihren Lehrern und von kirchlichen Institutionen aufgetragen, zu vergeben und zu vergessen. Wenn Johnny Ihnen eins mit dem Baseballschläger über den Kopf zieht oder Amy beschließt, nicht mehr Ihre beste Freundin zu sein, dann sagt man Ihnen, doch der „Klügere" oder diejenige mit dem „größeren Herzen" zu sein und den anderen ihre Übergriffe zu verzeihen. Bereitschaft zum Vergeben wird als eine positive Eigenschaft gepriesen, die es Ihnen ermöglicht, negative Gefühle anderen gegenüber loszulassen, indem Sie deren Missetaten nachsichtig behandeln. Selbst im Erwachsenenalter wird Ihnen von Therapeuten beigebracht, wie Sie mit Hilfe der Vergebung Ihre Wut und Ihre Vorwürfe loslassen können. Wie viele von Ihnen haben sich von einem Partner scheiden lassen oder getrennt und dann den Appell zu hören bekommen, doch der bessere Mensch zu sein und dem anderen zu vergeben? Wenn Ihr Partner schon nicht vergeben und vergessen kann, dann können Sie doch gewiß die Großmütigere von beiden sein! Zu vergeben ist allerdings eine Falle, denn damit tun Sie nichts anderes als *urteilen*.

Wenn Sie derjenige sind, der vergibt, dann sagen Sie im Grunde genommen, daß Sie recht haben und jemand anderer unrecht. Warum sonst sollte es notwendig sein, einander zu vergeben? Durch das Vergeben werden die beiden Parteien erst recht entzweit, denn derjenige, der vergibt, wird als der Edelmütige angesehen; es ermöglicht ihm, sich auf einen hohen Sockel zu stellen und die niederträchtigen Taten des anderen zu verzeihen, indem er denkt: „Sie kann ja nicht anders, sie macht gerade eine schwere Zeit durch" oder: „Er ist ja nicht so reif wie ich, also kann er gar nicht anders handeln." Das ist kein harmonisches Verhalten, denn damit urteilen Sie. Wenn Sie urteilen, dann sagen Sie, daß Sie im Recht seien und der andere im Unrecht. In dem Augenblick, in dem

Ausgeglichenheit und Wohlbefinden

das geschieht, verpaßt derjenige, der vergibt, die Möglichkeit, die göttliche Perfektion jeder Situation wahrzunehmen. Plötzlich hat er sich in der Schlinge der Selbstgerechtigkeit verfangen. Und Selbstgerechtigkeit wird nie zu Ausgeglichenheit führen.

Es gibt einen Grund dafür, daß kirchliche Institutionen die Vergebung befürworten. Es versetzt sie in eine Machtposition. Grundsätzlich hat die Kirche beschlossen, als verlängerter Arm Gottes zu fungieren, der jene segnet, die gesündigt haben. Doch wenn *alles* aus der Quelle des göttlichen Schöpfers stammt, wie kann dann jemand überhaupt Vergebung brauchen? Sollte der göttliche Schöpfer etwas geschaffen haben, das nicht perfekt ist?

Akzeptieren statt Vergeben

Sie sollten eher danach streben, unharmonische Ereignisse *loszulassen*, statt sie zu *vergeben*. Beachten Sie bitte die Bedeutung des Wortes „loslassen" im Vergleich mit „vergeben", denn hier besteht ein äußerst wichtiger Unterschied. Bereitschaft zu vergeben gehört nicht zur Wahrheit des Schöpfers, der höchsten universellen Wahrheit, denn es ist ein Begriff, der davon ausgeht, daß der eine etwas falsch gemacht hat, während der andere sich richtig verhalten hat. Der göttliche Schöpfer urteilt nicht, also kann es kein Richtig oder Falsch geben. In den Augen des Schöpfers gibt es nur *sein, lernen* und sich *anpassen*. Die Kategorien richtig und falsch stammen aus einer dunklen Ebene auf diesem Planeten, denn durch das damit in die Welt gesetzte Urteilen werden die Menschen voneinander getrennt. Wegen dieser Trennung kann die Liebe nicht wachsen, und dadurch wird jeder von uns geschwächt.

Weit besser als zu vergeben ist es zu „akzeptieren", denn das erlaubt jedem zu leben und in seinem eigenen Tempo zu lernen. Akzeptieren ist ein Wert, den jeder von Ihnen verinnerlichen muß, um sich erfolgreich weiterzuentwickeln, denn er vereint, statt zu trennen. Es ist wirklich so, daß bereits in der Vergangenheit Lichtarbeiter sich bemühten, der Erde mehr Licht zu bringen, doch diese Bemühungen scheiterten, weil ein Aspekt fehlte, nämlich das Akzeptieren. Bei diesen

Versuchen richteten die Lichtarbeiter ihre Aufmerksamkeit auf die dunklen Mächte, statt sich einzig und allein um ihr eigenes Vorankommen zu kümmern. Sie erzeugten Widerstand, indem sie sich auf die Taten jener in der Dunkelheit konzentrierten, statt ihre Aufmerksamkeit von der Dunkelheit weg und nur auf sich selbst zu lenken. Dies förderte die Trennung, nicht die Vereinigung und hinderte die Erde seit ewigen Zeiten daran voranzukommen.

Wenn jetzt Angst, Gier oder Wut das Leben jener beeinflußt, die sich dafür entscheiden, die Dunkelheit in ihr Leben zu lassen, dann *segnen* die Lichtarbeiter jene, die einen Weg der Dunkelheit wählen, weil sie um diese Erfahrung gebeten haben. Den Lichtarbeitern ist dabei bewußt, daß jeder das erschafft, was er in Übereinstimmung mit seinem göttlichen Plan erleben möchte. Obwohl die Lichtarbeiter an ihrer Entscheidung für das Licht festhalten, bringen sie den Schattenwesen keinen Widerstand entgegen. Diese Einstellung sorgt dafür, daß es keine Trennung gibt, wie sie entstünde, wenn das Licht der Dunkelheit Widerstand leistete. Sie führt auch dazu, daß es keine Angst gibt, denn wenn man akzeptiert, kann keine Angst aufkommen. Angst ist eine negative Frequenz, die Akzeptieren verhindert, weil sie Emotionen hervorruft, die versuchen, die göttliche Perfektion einer Erfahrung zu verändern.

Akzeptieren lernen

Das Akzeptieren beginnt in uns selbst. Wenn Sie akzeptieren, daß Sie der alleinige Schöpfer all Ihrer Erfahrungen sind, ist Ihnen klar, daß Sie niemandem sonst die Schuld für irgend welche unbequemen Erfahrungen in Ihrem Leben geben können. Das Akzeptieren beginnt mit einem hohen Maß an persönlicher und spiritueller Eigenverantwortung, die dazu führt, daß man sich selbst akzeptiert. Wenn Sie allmählich verstehen, daß Sie alle Ihre Erfahrungen selbst erschaffen, beginnen Sie, Ihr Leben so zu gestalten, wie Sie es sich wünschen. Wenn Sie die Verantwortung für Ihre unangenehmen Erfahrungen übernehmen, fällt es Ihnen leichter, andere Menschen loszulassen, die Sie absichtsvoll in Ihr Leben eingeladen haben.

Ausgeglichenheit und Wohlbefinden

Lösen Sie sich von den Taten anderer, indem Sie diese akzeptieren, anstatt ihnen zu vergeben. Das ist der wahre Weg zur Erleuchtung, weil Sie auf diese Weise völlig unabhängig von anderen sind. Durch das Akzeptieren befreien Sie sich selbst aus der endlosen Schleife des Vergebens und Urteilens. Indem Sie akzeptieren, begeben Sie sich an einen Ort des Friedens für sich selbst und die Taten anderer. Indem Sie akzeptieren, anerkennen Sie die göttliche Perfektion jedes Plans, egal ob dieser mit Ihren eigenen Plänen übereinstimmt oder nicht. Indem Sie akzeptieren, erlangen Sie jene Ausgeglichenheit, die zu der emotionalen Harmonie führt, die Sie sich in Ihrem Leben wünschen, weil Sie dann nicht mehr auf einem Sockel stehen und auf die Taten der anderen hinabblicken, denen Sie großmütig vergeben.

Mit Gedankenformen umgehen

Sie können den Übergang vom Urteilen zum Loslassen und Akzeptieren beschleunigen, indem Sie Ihr Energiefeld von negativen Gedankenformen, die in der Vergangenheit durch das Urteilen entstanden sind, reinigen. Wenn Sie eine Handlung bewerten, erzeugen Sie eine düster gefärbte Gedankenform, die sich in Ihre Aura einnistet. Diese Gedankenform wiederum zieht ähnliche Energien an. Anders ausgedrückt: Sobald Sie die Energie des Urteilens in sich haben, ziehen Sie Situationen an, in denen Sie entweder urteilen oder selbst beurteilt werden, weil Sie sozusagen ein Neonschild mit der Aufschrift „Hier wird geurteilt" mit sich tragen. Dieses Signal kann bis zu zwei Jahre lang in Ihrem Energiefeld verweilen, vor allem deshalb, weil im Massenbewußtsein so viel geurteilt wird, daß es Unmengen an ähnlicher Energien gibt, die dieses Signal aufrechterhalten.

Die Vergangenheit klären

Um diese Gedankenformen loszuwerden und neu zu beginnen, machen Sie eine Liste aller Personen oder Situationen, durch die Sie sich in den letzten zwei Jahren dazu veranlaßt fühlten, ein Urteil zu fällen. Erinnern Sie sich an dieses Gefühl, das Sie bei diesen Menschen und Situationen empfunden haben, und spüren Sie, an welcher Stelle in Ihrem physischen Körper es sich befindet. Ist es in Ihrem Hals oder in Ihrem Herzen oder Ihrem Solarplexus? Wenn es Ihnen schwerfällt zu bestimmen, wo sich das Gefühl befindet, schließen Sie Ihre Augen, und spielen Sie die Situation noch einmal durch, in der Sie jemanden oder etwas beurteilt haben. Vielleicht war es so, daß Ihnen jemand versprochen hat, etwas für Sie zu tun, und dieses Versprechen dann nicht eingehalten hat. Wie haben Sie sich dabei gefühlt, als Ihnen klar wurde, daß das Versprechen nicht erfüllt wird? Wo verspüren Sie dieses Gefühl in Ihrem Körper? Wie fühlt es sich an? Vielleicht fühlt sich Ihr Hals aufgrund der Enttäuschung eingeschnürt an, oder Ihr Herz ist schwer, weil Sie sich unbedeutend vorkommen.

Machen Sie sich jetzt symbolisch ein Bild davon, wie diese Gefühle des Urteilens, die Sie jener Person oder Situation entgegenbringen, aussehen. Sind sie rot und stachelig? Oder vielleicht gleichen sie einem düsteren, männlichen Richter in schwarzer Robe mit einem Hammer. Honorieren Sie die gute Absicht des Urteilens, indem Sie ihm dafür danken, daß es Sie beschützt und im Zaum gehalten hat. Dann führen Sie jener Stelle in Ihrem Körper ein Gefühl des Akzeptierens zu. Spüren Sie in Ihrem Körper, wie Sie das Urteilen loslassen und sein Bild durch ein neues Symbol ersetzen, das für Akzeptieren steht. Vielleicht handelt es sich bei diesem neuen Symbol um eine flauschige, rosafarbene Wolke oder eine Mutter, die ihre Kinder bedingungslos akzeptiert. Behalten Sie dieses Symbol an jener Stelle in Ihrem Körper, an der sich vorher das Gefühl des Urteilens befand. Danken Sie ihm, daß es sich Ihnen als Symbol für eine neue Denkweise zur Verfügung stellt.

Aus Ihrer neuen Perspektive auf das Thema Vergebung können Sie die Taten anderer akzeptieren, egal wie schmerzhaft sie erscheinen mögen. Denken Sie daran, daß jene, die destruktiv handeln, nur solche Menschen anziehen, die bereit sind, ebenfalls Destruktives zu erschaffen. Machen Sie sich dies klar, akzeptieren Sie es, zeigen Sie Mitgefühl, wenn Sie möchten, und setzen Sie dann Ihr eigenes Leben fort, indem Sie die positiven Erfahrungen anziehen, die Sie sich wünschen. Vergeben Sie jedoch nicht, denn dadurch geraten Sie unverzüglich aus dem Gleichgewicht, weil Sie sich damit die schwere Last des Urteilens auf Ihre Schultern laden. Gleichgültig wie sehr Sie versuchen, das Urteilen als Vergebung darzustellen: Sie strahlen dadurch die Energie der Verdammung in das Universum aus. Statt jene in Ihrem Leben anzuziehen, die Sie bedingungslos lieben, werden Sie solche Menschen anziehen, die Sie beurteilen. Und dieser Weg führt nicht zu Harmonie und Freude.

Trotz schnellerer Energiezyklen das Gleichgewicht bewahren

Leben auf der Überholspur

Viele von Ihnen kämpfen damit, ihr Gleichgewicht zu bewahren, während die Energie um sie herum immer höher und schneller schwingt; diese Energie ist notwendig, um die Erde von ihrer gegenwärtigen vierdimensionalen Existenz auf die höhere Stufe der fünften Dimension anzuheben. Sie versuchen, die Ruhe zu bewahren, während die lineare Zeit beschleunigt wird und Ihre Tage viermal schneller ablaufen als in Ihrer Kindheit. Sie suchen nach etwas Halt und Beständigkeit, während Sie das Karma und die Lektionen von vier Leben innerhalb einer einzigen physischen Existenz aufarbeiten. Anders ausgedrückt, Sie schwingen so schnell, daß Sie in der Tat während Ihres gegenwärtigen Daseins die Lektionen mehrerer Leben durchmachen. Tapfer versuchen Sie, ruhig zu bleiben, während Sie regelmäßig mit schnelleren, leichteren Energiefrequenzen bombardiert werden, weil Mutter Erde ihren eigenen Herzschlag von etwa acht auf dreizehn Zyklen pro Sekunde erhöht, um das neue Wassermannzeitalter einzuleiten. Angesichts des steigenden Tempos, mit dem sich energetische Veränderungen in der Atmosphäre vollziehen, fällt es Ihnen schwer, Ihr eigenes Gleichgewicht zu bewahren, geschweige denn, genug Ausgeglichenheit aufzubringen, um Beziehungen, ihre Karriere, Ihre Gesundheit usw. aufrechtzuerhalten.

Für gewöhnlich unterscheiden Sie nicht zwischen dem, was Sie innerlich aufgrund Ihres eigenen emotionalen Zustands aus dem Gleichgewicht bringt, und dem, was Sie äußerlich beeinflußt. Oftmals blicken Sie nach innen, geben sich selbst die Schuld daran, daß Sie sich deprimiert oder reizbar fühlen, und suchen erfolglos nach der Ursache, während Sie einfach nur auf die sich ständig erhöhenden Energiefrequenzen reagieren, von denen Sie umgeben sind. Sie müssen mehr Geduld und Verständnis aufbringen, da Sie unglaublich schnelle Veränderungen durchmachen. Ihr elektromagnetisches Feld nimmt aufgrund der Veränderungen im Energiefeld der Erde eine Reihe von Anpassungen vor. Es überrascht Sie vielleicht zu hören, daß Sie nicht immer selbst Ihre energetischen Veränderungen auslösen.

Ihre Partnerschaft mit der Erde

Häufig versucht Ihre Energie, sich dem Muster der Erde anzugleichen. Was immer mit unserer Mutter Erde geschieht, wird sich in Ihnen widerspiegeln, so daß Sie sich ständig anpassen müssen, um das Gleichgewicht zwischen Ihrem Herzschlag und dem der Erde zu bewahren. Dieses Phänomen wurde 1992 von Dan Winter aufgrund der Forschungen am *Heart-Math Institute* dokumentiert (siehe auch *Walking Between the Worlds* von Gregg Braden). Man brachte an Menschen und an der Erde Elektroden an und zeichnete die elektromagnetischen Impulse auf. Die sich ergebenden Muster wiesen ganz eindeutig auf eine Verbindung zwischen den Menschen und dem Planeten hin, wobei die Spitzen und Tiefpunkte bei beiden spiegelbildlich waren. In weiteren Forschungen entdeckte man, daß es in der Tat eine wechselseitige Beziehung zwischen den Teilnehmern und der Erde gab, wobei beide Seiten imstande waren, je nach vorhandener Harmonie ein Muster der Resonanz mit dem anderen herzustellen.

Anders ausgedrückt: Sie sind nicht einfach nur Empfänger von Energiestößen, die Ihr Gleichgewicht stören – Sie befinden sich in einer Partnerschaft mit dem Planeten und tragen zur Erhöhung der Energie bei, die den Übergang ins Wassermannzeitalter ermöglicht. Wenn Sie Ihren eigenen Evolutionssprung

Ausgeglichenheit und Wohlbefinden

erleben, indem Sie etwas Neues lernen oder etwas auflösen, das Sie in der Vergangenheit eingeschränkt hat, tragen Sie dazu bei, die Energie des Planeten zu erhöhen. Es ist ein wechselseitiger Austausch, ein Hin und Her zwischen der Energie der Erde und ihrer Bewohner.

Halten Sie Ihren Atem an

Wenn die Erde einen Energiestoß aussendet und Sie sind der Empfänger, dann fühlt sich das leider für gewöhnlich nicht gerade sanft an. Wie bewahren Sie Ihr Gleichgewicht, während Sie in einem Energiefeld leben, in dem es eine ständige Wechselwirkung zwischen Ihnen und der Erde gibt? Es gibt mehrere Methoden, um inmitten dieser halsbrecherischen Geschwindigkeit, mit der Sie durch das Leben wirbeln, innezuhalten. Gehen Sie davon aus, daß es bei dieser Anpassung einen Huckepackeffekt gibt. Die immer höher werdenden Frequenzen des Planeten dringen in Ihr elektromagnetisches Feld ein und kurbeln Ihre Energie an, was dazu führt, daß Sie sich unwohl und reizbar fühlen. Ironischerweise ist es so, daß diese schnellere Energie Sie um so mehr sucht, je freier Sie von Ihrem eigenen „Ballast" sind, weil sie es dann mit einem relativ reinen Empfänger zu tun hat, der als „Träger" der neuen Energie fungiert. Sie sind praktisch so etwas wie ein Depot für die Energie, während sie sich an das Muster der Erde anpaßt.

Es ist wichtig für Sie zu erkennen, *wann* Sie einen Energiestoß bekommen, denn die Energie sucht Sie und braucht Ihre Hilfe. Wenn Sie sich diesem Vorgang widersetzen, schaffen Sie sich selbst großes Unbehagen. Ihr Leben gerät aus dem Gleichgewicht, weil Ihre Beziehungen anstrengend und unpassend werden, und für gewöhnlich kommt es zu unangenehmen Vorfällen. Wenn Sie für die Energie einen ruhigen Ort oder einen Rastplatz schaffen können, dann fungiert dieser als Sammelpunkt, so daß sie sich besser in das Muster der Erde integrieren kann. Das ist so ähnlich, wie wenn Sie so schnell sprechen, daß Sie außer Atem geraten. Wenn Sie weitersprechen, werden Sie ins Keuchen kommen. Halten Sie jedoch einen Augenblick lang inne, und atmen Sie tief durch, so nehmen Sie den notwendigen Sauerstoff auf und können bequem fortfahren.

41

Machen Sie eine Pause

Im folgenden sind einige Methoden beschrieben, wie Sie eine Pause einlegen können, während die Erde aufgrund ihrer schneller werdenden Schwingungsfrequenz Stöße und Hebe austeilt. Vielleicht möchten Sie diese Methoden anwenden, wenn Sie sich unwohl fühlen. Wählen Sie jene Methoden, die am besten für Sie funktionieren, und planen Sie wenigstens zehn Minuten dafür ein, denn diese Zeit brauchen Sie mindestens, um den Energiefluß zu durchbrechen und einen Ruhepol zu schaffen.

- *Legen Sie sich auf den Rücken unter einen Baum, wobei die Krone Ihres Kopfes in einer Linie mit dem Baumstamm ausgerichtet ist. Führen Sie Ihre Energie in den Baumstamm, und spüren Sie, wie der Baum sich dafür revanchiert, indem er Energie durch seinen Stamm zu Ihnen schickt. Fühlen Sie, wie Ihre und die Energie des Baumes in den Boden unter Ihnen eindringt.*
- *Legen Sie sich hin (egal, wo) und atmen Sie tief durch. Stellen Sie sich beim Ausatmen vor, wie Ihre Energie in die Erde eindringt. Stellen Sie sich beim Einatmen vor, daß Ihnen die Erde Energie schickt.*
- *Beobachten Sie, wie das Wasser eines Brunnens, eines Bachs oder eines Wasserhahns dahinrieselt. Vereinigen Sie Ihre Energie mit der des Wassers. Legen Sie Ihre Hand in das Wasser, und spüren Sie, wie Sie von dessen Energie erfüllt werden. Fühlen Sie, wie Ihre Energie in das Wasser strömt und dieses erfüllt.*
- *Reiben Sie Ihre Handflächen gegen den Uhrzeigersinn aneinander. Legen Sie Ihre Handflächen auf den Boden, und senden Sie die Wärme Ihrer Energie in den Boden. Spüren Sie, wie die Energie der Erde in Ihre Handflächen eindringt.*
- *Tauchen Sie in Wasser ein, entweder in eine Badewanne, einen Swimmingpool, das Meer oder einen See. Spüren Sie, wie Sie vom Wasser getragen werden. Stellen Sie sich vor, daß die Grenzen zwischen Ihrem Körper und dem Wasser aufgehoben*

Ausgeglichenheit und Wohlbefinden

werden, während sie zu einem Element der Empfindung verschmelzen.

■ Atmen Sie den süßen Duft einer frisch geschnittenen Blume oder von Kräutern ein. Spüren Sie beim Einatmen die Energie der Pflanze in Ihrer Lunge. Stellen Sie sich beim Ausatmen vor, daß Ihre eigene Energie die Umgebung schafft, in der die Pflanze gedeihen kann, so als ob ein Lebenserhaltungssystem zwischen ihnen beiden bestünde. Halten Sie die Pflanze nahe bei sich, so daß Sie den Duft weiter einatmen können.

■ Wenn Sie sich mit Ihrem Partner vereinigen, senden Sie die Liebesenergie bewußt zur Erde. Spüren Sie die Glückseligkeit der Erde, wenn sie diese Energie empfängt, und wie sie sich bei Ihnen und Ihrem Partner dafür erkenntlich zeigt.

Obgleich einige dieser Methoden belanglos erscheinen mögen, so dienen sie doch dazu, einen Energieaustausch zwischen Ihnen und der Erde zu bewirken, während Sie sich im Alphazustand oder im Zustand der Meditation befinden, in dem Sie am wenigsten Widerstand aufbringen. Dabei kann die Erde ihre Frequenz auf Sie abstimmen und umgekehrt, so daß dieser Austauschprozeß beschleunigt wird.

Ihnen ist ganz klar, daß sich die Erschöpfung der natürlichen Ressourcen auf Ihren Lebensraum auswirkt. Und es fällt Ihnen leicht zu begreifen, daß die Zerstörung des Regenwaldes die Qualität Ihrer Biosphäre beeinträchtigt. Sie unterschätzen jedoch Ihren *energetischen* Einfluß auf Ihre Umgebung und umgekehrt. Sie sind hier, um mit der Erde zu interagieren und in einer symbiotischen Beziehung Energie zu empfangen und auszusenden. Statt die unvermeidlichen energetischen Umbrüche als unangenehm und lästig zu betrachten, helfen Sie dabei mit, wenn Sie und die Erde ihre Schwingungen erhöhen, um die nächste Stufe der Evolution zu erreichen.

Das fehlende Stück

Die Metapher vom fehlenden Stück

Shel Silverstein hat ein Kinderbuch mit dem Titel *The Missing Piece* geschrieben, in dem es um eine Kugel geht, der ein keilförmiges Stück fehlt. Auf der Suche nach ihrem fehlenden Stück erlebt die Kugel ein Abenteuer nach dem anderen. Einige Stücke, die sie aufnimmt, sind zu groß, so daß sie holpert, und einige sind zu klein, so daß sie „eiert", was der kleinen Kugel nur noch größere Probleme bereitet. Nach vielen Prüfungen und Strapazen findet die Kugel schließlich ihren fehlenden Teil und fühlt sich ganz.

Silversteins Geschichte ist eine hervorragende Metapher für das, was Sie in Ihrem eigenen Leben erleben, denn die schweren Lektionen, die Sie durchmachen, erzeugen Löcher in Ihnen. Auf der Seelenebene verpflichten Sie sich dazu, bestimmte Bedingungen und Ereignisse in ihrem physischen Dasein auf sich zu nehmen. Diese Bedingungen geben Ihnen die Möglichkeit, mehr Verständnis zu erlangen. Sie sind kein Opfer. Ihr Überbewußtsein weiß, daß es auf der physischen Ebene Verlockungen gibt, die Sie möglicherweise von Ihrem Weg abbringen. Warum, glauben Sie, unterliegen so viele Menschen irgendeiner Form von Sucht? Sie suchen nach Ablenkungen, statt zur Sache zu kommen.

Das Überbewußtsein will nicht, daß Sie in einer Phantasiewelt leben, denn Verblendung und Verleugnung regen Sie nicht dazu an, sich zu ändern. In unserer Gesellschaft ist es der Schmerz, der uns dazu motiviert, unser Leben zu ändern. Die Menschen sind nicht dazu bereit, ihren Lebensstil zu ändern, wenn sie durch und durch glücklich sind. Doch beobachten Sie einmal, wie ernst jemand wird, wenn er einen geliebten Menschen verliert oder mit einer tödlichen Krankheit konfrontiert wird. Ihrem Überbewußtsein ist klar, daß es aufgrund Ihrer kulturellen Werte schwierige Erfahrungen unterstützen muß, um die Aufmerksamkeit Ihres Bewußtseins zu erregen. Diese schwierigen Erfahrungen veranlassen Sie dazu, sich ein fehlendes Stück zu schaffen.

Ausgeglichenheit und Wohlbefinden

Schmerz schafft Ersatz

Zwar heißt es, daß Schmerz uns stärker mache und wachsen lasse, aber es ist auch auf angenehmere Weise möglich, sich weiterzuentwickeln: sofern Sie bereit sind, die Lektionen zu beachten, die sich Ihnen in Form der Ereignisse und Umstände Ihres Lebens präsentieren. Wenn Sie es ablehnen, jede Erfahrung als eine Botschaft anzusehen, die Ihrem Wachstum dient, wird Ihr hohes Selbst weiterhin schwierige, schmerzliche Lektionen einsetzen, mit denen es eher Ihre Aufmerksamkeit gewinnt. Sobald Ihnen jedoch bewußt ist, daß jede Erfahrung eine in „Verkleidung" auftretende Lektion darstellt, können Sie sich freuen, sie zu lernen. Wir empfehlen Ihnen, sich selbst neu zu „programmieren", indem Sie die folgende Affirmation täglich wiederholen, bis Sie sich völlig im Einklang mit ihr fühlen: „Alle meine Lektionen sind leicht zu verstehen, mit Freude zu erleben und im Nu erledigt."

Mittlerweile haben einige Ihrer besonders schmerzlichen Erfahrungen „Löcher" in Ihrem Energiefeld verursacht. Sie haben Situationen erlebt, die so unangenehm oder tiefgehend waren, daß Sie einen Teil von sich selbst aufgegeben haben, um sich besser an die Umstände anpassen zu können. Jene unter Ihnen, die zum Beispiel unaufmerksame Eltern hatten, wünschten sich Unterstützung und Zuneigung von den Menschen, denen sie vermeintlich etwas bedeuteten. Sie versuchten immer wieder, die Aufmerksamkeit Ihrer Eltern zu erlangen. Vielleicht sind Sie Ihrer Mutter auf den Schoß geklettert und wurden zurückgewiesen, weil Sie ihr Kleid zerknitterten. Oder vielleicht haben Sie versucht, Ihrem Vater einen Test zu zeigen, für den Sie eine Eins bekommen hatten, und er sagte Ihnen, er sei zu beschäftigt oder zu müde, um sich damit zu befassen. Allmählich zogen Sie sich in sich selbst zurück, denn Sie konnten die gewünschte Zuwendung nicht von Ihren Eltern bekommen, von denen Sie anscheinend nur verletzt wurden. Sie sagten sich selbst, es mache Ihnen nichts aus, oder Sie versuchten, auf negative Weise Aufmerksamkeit zu erregen, indem Sie schlechte Noten bekamen, oder Sie trieben sich mit zwielichtigen Typen herum, um eine Reaktion von Ihren Eltern zu bekommen.

In Wirklichkeit haben Sie ein Loch in Ihrem Energiefeld erzeugt, weil Sie das, was Sie sich wünschten, durch etwas ersetzten, das dessen Platz jedoch nicht völlig ausfüllen konnte. Wie in Silversteins Geschichte vom fehlenden Stück haben Sie das Loch mit einem Ersatz gefüllt, der bewirkt, daß Sie jetzt durch das Leben holpern oder „eiern", statt sanft dahir zurollen. Sie haben ein ungeeignetes Placebo für Ihren Herzenswunsch geschaffen, weil Ihr Herzenswunsch nicht erfüllt wurde. Im größeren Rahmen betrachtet hat Ihr Überbewußtsein die Ereignisse herbeigeführt, die Sie brauchten, um Ihre Lebensaufgaben zu erfüllen. Vielleicht war Selbständigkeit eine Lektion, die Sie in diesem Leben erfahren mußten, weil Sie viele Leben als sich festklammernde Kletterpflanze verbracht hatten. Unter Umständen waren Ihre Eltern in einem anderen Leben bei Ihnen angestellt gewesen, und Sie haben sie ungerecht behandelt, so daß Sie jetzt das Gleichgewicht wiederherstellen mußten. Statt die Lektion anzunehmen und ganz zu bleiben, haben Sie ein Loch erzeugt, das sich auf Ihr weiteres Leben ausgewirkt hat.

Im Beispiel des ungeliebten Kindes wird der Wunsch nach Zuwendung vielleicht durch ein unersättliches Verlangen nach Aufmerksamkeit ersetzt. Dieses Kind wächst in dem Bestreben auf, Karriere zu machen, und wird zu einem erfolgreichen Geschäftsmenschen, denn das Sagen zu haben gibt ihm Selbstbestätigung. Die Lektion im Selbständigwerden ist damit gelernt. Derselbe Erwachsene vermeidet in seiner Partnerschaft vielleicht Nähe, weil er erwartet, von geliebten Menschen keine Zuwendung zu bekommen. Das ist jene Art von Mensch, der jemanden heiratet, den er kontrollieren kann, um sicherzustellen, daß er nicht mehr durch unerfüllte Erwartungen verletzt wird.

Beispiele für Energielöcher

Die folgende Aufzählung enthält einige Beispiele dafür, wie Energielöcher erzeugt werden. Sie soll Ihnen dabei helfen, Ihre eigenen Löcher zu erkennen:

■ *Frauen, die in einer männerorientierten Geschäftswelt Anerkennung suchen, verleugnen ihre weibliche Seite, das heißt*

Ausgeglichenheit und Wohlbefinden

ihre Gefühle und ihre Intuition, denn männliche Züge wie Aktivitäten der linken Gehirnhälfte und Aggressivität werden belohnt.
- *Männer, die dafür gehänselt wurden, daß sie zu sensibel oder empfindsam seien (denn „Jungs spielen nicht mit Puppen" oder „echte Männer sind hart im Nehmen"), versuchen sich vielleicht abzuhärten und ihre Gefühle zu unterdrücken.*
- *Kinder, die dafür getadelt werden, daß sie in einer Phantasiewelt leben oder aufgrund ihrer blühenden Phantasie ängstlich sind, verschließen ihren medialen Kanal und verlangen für alles einen Beweis, bevor sie eine neue Idee annehmen, denn nur das, was sie sehen, können sie auch glauben.*
- *Sexuell mißbrauchte Kinder werden extrem herrisch, wenn sie älter werden, denn sie wollen nie mehr zulassen, daß jemand sie ausnutzt an einem Punkt, wo sie verletzlich sind.*

Wie man Energielöcher wieder füllt

Es ist sehr wichtig, Ihr Energieloch zu erkennen, damit Sie es mit dem auffüllen können, was es wirklich braucht. Das Placebo, mit dem Sie das Loch gefüllt haben, wird Ihnen nie Erfüllung bringen. Dieses Kompensationsverhalten bringt Sie nur noch weiter von Ihren wahren Wünschen weg. Nehmen Sie sich Zeit dafür, Ihr primäres Energieloch zu finden. Überprüfen Sie Verhaltensweisen, die andere als kontraproduktiv, abhängig oder zwanghaft bezeichnet haben und die Sie vehement leugnen, wenn man Sie darauf anspricht. Für gewöhnlich werden Sie Hinweise auf Ihr Kompensationsverhalten rasch abwehren, denn es schützt Sie vor Verletzungen. Nachdem Sie Ihr Loch erkannt haben, müssen Sie es auffüllen.

Die folgende Übung hilft Ihnen dabei, das aufzunehmen, was Ihnen fehlt:

- *Nehmen Sie einen Stift, und ziehen Sie in der Mitte eines Blattes Papier einen Strich. Schreiben Sie oben Ihren Namen und Ihr Geburtsdatum hin. Schreiben Sie auf die rechte Seite eine Liste*

SCHÖPFERISCHE MACHT

mit den Verhaltensweisen, die Sie davor bewahren, verletzt zu werden. Dann erstellen Sie auf der linken Seite eine entsprechende Liste mit den Eigenschaften, die Sie sich wirklich wünschen. Achten Sie darauf, daß Sie die gewünschten Eigenschaften positiv formulieren, also zum Beispiel „flexibel" oder „großzügig" statt „nicht herrisch".

- Verwenden Sie entweder eine Pipette oder einen Teelöffel. Füllen Sie die Pipette oder den Teelöffel für jede erwünschte Eigenschaft auf der linken Seite des Papiers mit destilliertem Wasser, und nennen Sie die Eigenschaft, bevor Sie das Wasser in ein Glas füllen. Jede Pipette oder jeder Teelöffel voll Wasser repräsentiert eine einzelne Eigenschaft auf der Liste. Nachdem Sie ausgesprochen haben, wofür das Wasser steht, füllen Sie es in das Glas. Fahren Sie damit fort, bis Sie für jede Ihrer erwünschten Eigenschaften Wasser in das Trinkglas gefüllt haben.

- Sagen Sie dreimal: „Schöpfer aller Lebewesen, meine Führer und Lehrer, mein hohes Selbst, mein mittleres Selbst, mein niederes Selbst."

- Sagen Sie: „Das Wasser in diesem Glas repräsentiert die folgenden Eigenschaften, die ich in mir unterdrückt habe: (Zählen Sie alle Eigenschaften auf, die Sie auf der linken Seite Ihres Blattes angeführt haben.) Ich habe diese Aspekte als Reaktion auf unangenehme Lektionen in meinem Leben verleugnet. Jetzt verstehe ich jedoch, daß ich ohne diese Aspekte nicht ganz bin. Ich bin in diesem Augenblick bereit, diese Eigenschaften wieder in mich zu integrieren, damit ich ein ausgeglichenes Leben führen kann. Ich bin in diesem Augenblick bereit, hundert Prozent ganz zu sein. Ich trinke jetzt diese fehlenden Aspekte und bitte das Universum, mich dabei zu unterstützen, sie in mich aufzunehmen."

- Führen Sie das Glas an Ihre Lippen, und stürzen Sie das Wasser hinunter, so als ob Sie gerade von einer langen Wanderung zurückgekehrt und dem Verdursten nahe wären. Spüren Sie, wie Ihr Durst durch das frische Wasser gestillt wird. Fühlen Sie, wie es in Ihren Solarplexus hinuntersinkt und für immer dort verweilt.

- Sagen Sie dreimal: „So sei es. Danke."

Durch das Trinken des Wassers haben Sie Ihr Energiefeld verändert. Sie haben kein Loch mehr, das unzureichend durch ein

Placebo gefüllt ist, wodurch das wahre Problem verdrängt wird. Nehmen Sie mit Hilfe Ihrer neuen Energie die Aspekte Ihrer selbst in sich auf, die Sie bisher unterdrückt haben. Freuen Sie sich an Ihrem neuen Selbst, denn es ist viel ausgeglichener als Ihr altes Selbst. Genießen Sie es, sanft und fröhlich durch das Leben zu rollen, denn Sie haben Ihr fehlendes Stück wiederbekommen.

Ihre persönliche Ermächtigung

Aufzusteigen ist eine persönliche Angelegenheit

Viele Menschen channeln Botschaften von nichtinkarnierten Wesen, in denen es um die bevorstehenden Veränderungen geht, die den Übergang des Planeten auf die nächste Stufe der Evolution betreffen. Populäre Begriffe und Phrasen wie etwa „Übergang in die fünfte Dimension", „Aufstieg", „neues Millennium" oder „die Merkabah aktivieren" werden in den gechannelten Botschaften häufig verwendet. Viele von Ihnen hören Tonbänder, lesen Bücher und Magazine, besuchen Seminare oder suchen im Internet nach Informationen, wie sie erfolgreich in einen neuen Daseinszustand übergehen können. Sie umgeben sich mit Informationen und Erfahrungen, die Ihnen dabei helfen sollen zu verstehen, was geschehen wird und wie Sie die Veränderungen, die auftreten werden, am einfachsten bewältigen.

So sehr wir Ihren Eifer auch bewundern und zugeben, daß die gechannelten Mitteilungen hilfreich dabei sind, Ihr Bewußtsein zu erweitern, möchten wir Ihnen doch sagen, daß es dabei eigentlich um eine *persönliche Erfahrung* geht. Zu lesen und anzuhören, was andere erleben, eignet sich hervorragend dafür, Daten und Vorstellungen zu sammeln. *Sie* sind jedoch der einzige, der die Erfahrung *gestalten* kann, die er machen wird, wenn er als vierdimensionales Wesen in den Bewußtseinszustand der fünften Dimension übergeht. Jeder einzelne von Ihnen wird diese Reise auf einzigartige und persönliche Weise erleben, je nachdem welchen Bewußtseinszustand er

erlangt hat. Denken Sie daran: Aufzusteigen bedeutet, daß Sie
in vollem Bewußtsein von Ihrem jetzigen Daseinszustand auf
die nächste Stufe übergehen. Wie Sie den Aufstieg erleben,
hängt also davon ab, welchen Bewußtheitsgrad Sie zu dieser
Zeit haben.

Nehmen Sie Ihre Macht in Anspruch, um aufzusteigen

Viele von Ihnen suchen nach Gurus und Lehrern, die Ihnen
den Weg zeigen. Genau diese Einstellung bereitet Ihnen
seit ewigen Zeiten Probleme. Vor langer Zeit haben viele von
Ihnen Ihren kirchlichen Institutionen die Verantwortung dafür
übertragen, nach der Wahrheit zu suchen. Jetzt, da Sie nach
alternativen Antworten suchen, geben viele von Ihnen aber-
mals Ihre Macht ab, indem sie sich auf die Erfahrungen anderer verlassen. Die Antwort auf das, was Sie persönlich erleben
werden, liegt in *Ihnen*. An sich wissen Sie das, aber Sie sind so
sehr darauf geschult, sich nach externen Informationen und
Verhaltensweisen zu richten, daß Sie äußerlich nach Bestäti-
gung suchen.

Je mehr Sie sich selbst ermächtigen, indem Sie die selbst
auferlegten Einschränkungen beseitigen, die besagen, daß
andere Zugang zu diesen Informationen haben, Sie aber
nicht, desto deutlicher sehen Sie die Wahrheit durch Ihre
eigenen Augen. Und je mehr ermächtigt Sie sich fühlen, desto
eher werden Sie alle Früchte des Übergangs in die nächste
Dimension ernten und in vollem Bewußtsein aufsteigen. Bitte
denken Sie daran, daß jeder den Übergang in gewissem Maße
erleben wird, egal ob er seine eigene Macht wiedererlangt
oder nicht. Sie alle sind jetzt auf der Erde, um diese Erfahrung
zu machen. Es ist lediglich die Frage, wieviel Gewinn Sie aus
dieser Erfahrung ziehen möchten. Je mehr Sie sie an Ihre
eigenen Bedürfnisse anpassen, desto mehr wird sie Ihnen
bringen.

Der ursprüngliche Zweck der Selbstermächtigung

Kehren wir zum Thema Selbstermächtigung zurück. Wir
wissen, daß Sie diesen überstrapazierten Begriff häufig

Ausgeglichenheit und Wohlbefinden

hören. Am Arbeitsplatz ist er populär, da immer mehr Firmen versuchen, ihre Angestellten am Unternehmen zu beteiligen und ihnen mehr Verantwortung zu übertragen, um sie dadurch wieder zu Höchstleistungen zu motivieren. Das ist nicht die Art von Selbstermächtigung, von der wir hier sprechen. Uns geht es um das uralte Prinzip der Selbstermächtigung. Dieses Prinzip besagt, daß Sie sich, wenn Sie in völligem Einklang mit der höheren Wahrheit sind, innerlich und äußerlich nach diesen Grundsätzen richten. Jene Zeiten, in denen Sie sich nach anderen orientieren, um herauszufinden, wie Sie am besten vorgehen oder optimal auf eine Situation reagieren, sind vorbei, wenn Sie die höhere Wahrheit anzapfen, weil sich Ihr ganzes Verhalten dann nach den universellen Gesetzen richtet. Sie sind weder unentschlossen noch unsicher (wodurch Ihr Energiefeld geschwächt würde), denn Sie befinden sich immer im Einklang mit einem höheren Plan. Sie arbeiten im Einvernehmen mit der Quelle.

Es stehen Ihnen Tage bevor, in denen Sie sich entscheiden müssen, und es handelt sich wahrlich um schwere Entscheidungen. Glauben Sie diese Tage überleben zu können, wenn Sie unsicher darüber sind, wer Sie sind oder wie Sie vorgehen sollen? Denken Sie noch einmal darüber nach, liebe Freunde, denn Sie müssen sich sicher sein. Sie müssen sich mit jeder Zelle ihres Wesens bewußt sein, daß Sie im Einklang mit der höheren Wahrheit sind. Jeder von Ihnen besitzt ein hohes Selbst oder ein Überbewußtsein, das Ihren alles sehenden, allwissenden Aspekt darstellt. Lernen Sie Ihr hohes Selbst kennen. Bitten Sie es darum, anwesend zu sein, wenn Sie nach Antworten suchen. Zapfen Sie Ihr hohes Selbst an, indem Sie anerkennen, daß es existiert und daß Sie Ihren persönlichen Draht zum universellen Wissen haben.

Demütig zu sein bedeutet, verantwortungsvoll mit Macht umzugehen

Wenn es in der Bibel heißt, den Sanftmütigen werde die Erde gehören, so soll das heißen, daß jene, die demütig sind, in einen höheren Bewußtseinszustand übergehen werden. In dieser Aussage geht es nicht darum, daß die Schwachen unter Ihnen es am weitesten bringen werden. Die Bibel spielt damit auf den verantwortungsvollen Umgang mit der Macht an, bei dem es um Ihre Rolle als Teil des Ganzen geht und nicht um Ihre persönlichen Bedürfnisse. Sie sind am stärksten, wenn Sie sich Ihrer Aufgabe innerhalb der gesamten Schöpfung bewußt sind. Demütig sind Sie deshalb, weil Sie erkennen, wie wichtig es ist, daß sich jeder seine eigene Position schafft. Sie sind für Ihre eigene Position verantwortlich, aber zwingen Sie sie niemandem sonst auf. Wenn Sie sich im Rahmen der höheren Wahrheit bewegen und andere sie selbst sein lassen, gehören Sie zu den Sanftmütigen, denen die Welt gehören wird. Dann üben Sie Ihre Macht nicht aus, indem Sie andere zwingen, die Dinge auf Ihre Weise zu sehen.

Ganzheit statt Trennung

Sie fragen sich vielleicht, was Sie tun können, um sich in diesem Sinne selbst zu ermächtigen. Statt auf Ihre eigenen Bedürfnisse zu achten, können Sie in Ihrem Leben in jeder Situation, unabhängig von äußeren Umständen und erwarteten Ergebnissen, immer jene Werte hochhalten und unterstützen, die zum Wohle des Ganzen sind. Ob Sie es glauben oder nicht, die Ergebnisse werden zu Ihren Gunsten ausfallen, wahrscheinlich weit mehr, als wenn Sie Ihre persönlichen Bedürfnisse vor die der anderen gestellt hätten. Nehmen wir ein einfaches Beispiel, das vermutlich viele von Ihnen kennen: Wenn Sie in ein Flugzeug einsteigen und zuerst jene Passagiere mit Sitzplätzen in den hinteren Reihen aufgerufen werden, denken Sie daran, daß Sie den Abflug verzögern, wenn Sie vorzeitig versuchen, an Bord zu gelangen, um Platz für Ihr Handgepäck zu finden, und jene behindern, die nach hinten gelangen wollen.

Wenn Sie darauf vertrauen, daß alles so verläuft, wie es soll, dann wird es einen Platz für Ihr Gepäck geben, entweder unmittelbar oder die Dinge werden sich entsprechend fügen. Obwohl Sie den anderen den Vortritt lassen, haben Sie sich ironischerweise selbst ermächtigt, weil Sie damit dem höheren Wohl dienten und sich auf diese Weise mit einer stärkeren Quelle verbunden haben. Ihr Blick für das größere Bild, in dem alles seinen geordneten Verlauf nimmt, steht im Einklang mit dem Muster, in dem das höhere Wohl vor die eigenen Bedürfnisse gestellt wird.

Ausgeglichenheit und Wohlbefinden

Das ist ein einfaches Beispiel, aber dennoch eine gute Analogie für das, was passiert, wenn man im Rahmen des „größeren Bildes" demütig handelt. Üben Sie sich in Demut, indem Sie in jeder Situation fragen: „Dienen meine Taten dem höchsten Wohle aller?" Erhalten Sie ein „Nein" auf Ihre Frage, so überdenken Sie Ihre Strategie neu. Je häufiger Sie bewußt im Einklang mit dem größeren Bild handeln, desto mehr tragen Sie dazu bei, das kollektive Bewußtsein zu einem Ganzen zu verknüpfen, statt die „Ich zuerst!"-Mentalität zu fördern, die Sie von anderen trennt.

Das große Bild

Oft hören wir, wie Sie den Begriff „Ermächtigung" verwenden für: mehr Verantwortung übernehmen, mehr Entscheidungen treffen und das Selbstwertgefühl steigern. Das ist eigentlich das Gegenteil spiritueller Ermächtigung, denn die größte Macht erlangt man, indem man im Einklang mit der höheren Wahrheit ist. Das erfordert, daß man vom „Ich" Abstand nimmt – was der herkömmlichen Definition von Ermächtigung sicherlich widerspricht. Je eher Sie das größere Bild sehen, desto mehr bewegen Sie sich innerhalb der universellen, alles umfassenden Wahrheit, die nur zum Ausdruck kommen kann, wenn das Ich in den Hintergrund tritt. Das heißt nicht, daß Sie nicht daran arbeiten sollen, Ihr Selbstwertgefühl zu erhöhen, sich weiterzuentwickeln und voranzukommen, denn Ihr Energiefeld muß klar und rein sein, um sich mit der höheren Wahrheit verbinden zu können. Es darf nicht durch traumatische Ereignisse aus der Vergangenheit oder wirre Emotionen geschwächt werden. Die höhere Wahrheit ist in jedem von uns vorhanden und kommt an die Oberfläche, nachdem Ängste aufgelöst wurden, die dazu führen, daß wir urteilen und daß unser Denken und Fühlen eingeschränkt ist.

Sie können sicher sein, daß Sie auf die nächste Stufe der Evolution übergehen, falls Sie zu der Zeit auf der Erde leben, wenn diese in die fünfte Dimension erhoben wird. Der Aufstieg ist jedoch von unterschiedlicher Qualität, so wie ein alter, reifer Wein anders schmeckt als ein junger. Sie haben die Wahl, zu reifen oder unerfahren zu bleiben. Lesen Sie Bücher und besuchen Sie Seminare, um grundlegendes Wissen zu erwerben.

Aber geben Sie sich damit nicht zufrieden. Integrieren Sie das, was Sie gelernt haben, in Ihr eigenes Wissen.

Harmonische Resonanz

Ein Schild mit der Aufschrift „Tritt mich!"

Wachen Sie am Morgen mit dem Gefühl auf, daß Sie mit Ihrer Umgebung synchron und bereit sind, einen Tag voller positiver Erfahrungen zu erleben? Oder fühlen Sie sich gereizt und depressiv, wenn Sie aufwachen, und tagsüber sind Sie dann ungeduldig mit Ihren Mitmenschen? Welches Gefühl herrscht in Ihrem Leben vor, die harmonische Resonanz oder die unharmonische Dissonanz? Ihnen ist vielleicht gar nicht bewußt, daß Sie es in der Hand haben, ob Sie sich harmonisch oder unharmonisch fühlen, weil Sie von der Quelle, von der diese Macht ausgeht, abgetrennt sind. Sobald Sie diese Quelle erkennen, können Sie sich selbst auf Resonanz einstellen und dafür sorgen, daß Sie erbauliche statt entmutigende Erfahrungen machen.

Da Sie sozusagen ein bewegliches Energiefeld darstellen, eine Kombination aus elektrischen und magnetischen Energiewellen, ist es besonders wichtig, in harmonischer Resonanz zu sein, denn sonst zieht Ihr Energiefeld unangenehme Erlebnisse an. Am besten ist es, Liebe, Frieden und Freude auszustrahlen statt Furcht, Angst und Schuld anzulocken. Wenn Sie negative Schwingungen in Ihrem Energiefeld haben, tragen Sie sozusagen ein Schild mit der Aufschrift „Tritt mich!" auf Ihrem Rücken. Wenn Ihr Energiefeld beispielsweise Schuldgefühle enthält, sagen Sie dem Universum damit, daß Sie es nicht verdienen, daß Ihnen Gutes widerfährt. Raten Sie mal, was passiert? Die guten Dinge passieren wirklich nicht!

Geben Sie Ihrer Intuition den Vorzug

Der erste Schritt zum Erlangen harmonischer Resonanz ist, Ihren *intuitiven* Eingebungen gegenüber Ihren *physischen*

Ausgeglichenheit und Wohlbefinden

Wahrnehmungen den Vorzug zu geben. Harmonie entsteht, wenn Sie im Einklang mit Ihren Empfindungen sind. Unter Empfindung versteht man in diesem Fall Ihren Draht zur Quelle, egal ob dies der göttliche Schöpfer oder Ihr eigenes hohes Selbst ist. Es handelt sich dabei um einen Strom unverfälschter Informationen, der dazu dient, Ihr inneres Wissen zu stärken. Er versorgt Sie mit der universellen Wahrheit, denn er ist unabhängig von den Illusionen der physischen Welt. Sie müssen allerdings Ihre fünf Sinne, die Ihre physischen Wahrnehmungen verarbeiten, blockieren, um sich auf diese Empfindungen konzentrieren zu können. Machen Sie sich klar, daß Sie ständig von physischen Wahrnehmungen abgelenkt werden, indem Sie den unharmonischen Ereignissen im Leben anderer zuschauen. Das trübt Ihre eigene Wahrnehmung und läßt Sie glauben, daß das Leben unvollkommen sei.

Es gibt beispielsweise viele Menschen, die überzeugt davon sind, daß sie mit dem, was sie wirklich gerne tun, ihren Lebensunterhalt nicht verdienen können. Wie viele Leute kennen Sie, die eine Tätigkeit ausüben, über die sie unglücklich sind, nur weil sie nicht glauben, mit ihrer Lieblingsbeschäftigung (wie etwa: alte Eisenbahnen sammeln, Gartenarbeit, malen oder sich mit Kindern beschäftigen) genug zu verdienen? Irgendwann hat man ihnen gesagt, oder sie machten die Erfahrung, daß es notwendig sei zu arbeiten, aber die Arbeit brachte ihnen keine Erfüllung. Vielleicht haben sie schon als Kind beobachtet, wie müde ihr Vater von seiner Arbeit heimkam, oder sie hörten, wie ihre Mutter erwähnte, daß sie als Künstlerin niemals genug verdienen könne, um ihre Familie zu ernähren. Und niemals sagte jemand, daß Arbeit Spaß mache! Leider führen Ihre physischen Wahrnehmungen dazu, daß Sie sich eine Realität erschaffen, *die so nicht existieren muß*. Sie beobachten einfach andere dabei, wie diese mit ihren eigenen Einschränkungen zu kämpfen haben. Vergessen Sie Ihre Wahrnehmungen, und hören Sie auf Ihre Eingebung.

Werden Sie kreativ

Der zweite Schritt in Richtung harmonische Resonanz besteht darin, Ihr kreatives Potential freizusetzen. Als Sie noch Kinder waren, glaubten viele von Ihnen, die Welt sei perfekt. Sie waren sich des Durcheinanders rund um Sie herum nicht bewußt und führten ein glückliches Leben, denn die Erwachsenen wollten Ihre Unschuld nicht zerstören. Manche sagen vielleicht, daß Sie in einer Märchenwelt lebten, weil Sie sich der „Realität" gar nicht bewußt waren. Die Wahrscheinlichkeit, daß Sie zu dieser Zeit sehr kreativ waren, ist jedoch groß, weil Sie durch keinerlei Einschränkungen oder Ängste behindert wurden. Sie dachten sich wahrscheinlich allerlei faszinierende Spiele aus und waren vermutlich außergewöhnlich kreativ. Die Kreativität ist ein Beispiel für die Art von Informationen, die uns unsere Eingebung liefert und die frei von physischen Wahrnehmungen sind. Erlangen Sie als Erwachsener diese Einstellung wieder, und Ihre Kreativität wird wieder zum Vorschein kommen.

Beginnen Sie einfach dort wieder, wo Sie aufgehört haben. Wenn es Ihnen Spaß gemacht hat, Sandburgen zu bauen, so üben Sie eine Tätigkeit aus, bei der Sie Ihre Hände und die natürlichen Ressourcen der Erde einsetzen. Beginnen Sie beispielsweise zu töpfern oder legen Sie einen Garten an. Wenn Sie eine lebhafte Phantasie hatten und vielleicht mit einem imaginären Freund spielten, erwecken Sie diesen Freund wieder zum Leben, und unterhalten Sie sich wieder mit ihm. Sammeln Sie Unterlagen und Symbole für Ihre Phantasien, und machen Sie diese zu einer Quelle der Erbauung für Ihre Psyche. Sobald Sie Ihre Kreativität wiederbeleben, fällt es Ihnen wahrscheinlich leichter, in harmonischer Resonanz zu leben. Ohne diese wichtige Energie können Sie die Harmonie nicht wiederherstellen, weil die Quelle, aus der sie versorgt wird, blockiert ist. Denken Sie daran, daß Sie nur dann Harmonie finden, wenn Sie die Quelle von „allem, was ist" durch Ihr Energiefeld fließen lassen. Jeder hat Zugang zu diesen Informationen, sobald die Blockaden beseitigt werden.

Durchbrechen Sie die lineare Zeit

Die lineare Zeit ist ebenfalls etwas, das harmonische Resonanz verhindert. Die Menschen empfinden die Zeit als sequentiell ablaufend, als Reihenfolge, als Strom, der von der Vergangenheit durch die Gegenwart in die Zukunft fließt. Diese einzelne Zeitlinie wurde Ihrer Realität übergestülpt,

Ausgeglichenheit und Wohlbefinden

damit Ihre Informationsaufnahme gebremst wird und Sie sich mehr auf Ihre alltäglichen Lektionen konzentrieren können. Sie werden nicht durch simultane Leben oder Existenzen in mehreren Dimensionen abgelenkt. Zeit ist in Wirklichkeit jedoch „Gleichzeitigkeit", das heißt, wenn Sie jetzt etwas ändern, wird es ebenso in anderen Augenblicken geändert, weil Sie in Wirklichkeit alle Ihre vergangenen, gegenwärtigen und zukünftigen Realitäten gleichzeitig leben.

Angenommen, Sie treten dieses Leben mit einer genetischen Schwäche an, die Ihnen starke Beschwerden verursacht. Sie suchen nach einer Lösung und holen sich Rat bei einem Heiler nach dem anderen, um wieder „gesund" zu werden. Letztlich lernen Sie durch diese Erfahrungen sehr viel über sich selbst. Das fängt damit an, daß Sie zunächst wegen Ihrer vermeintlichen Schwäche verbittert sind, und endet damit, daß Ihnen klar wird, daß diese Schwäche behoben werden kann. Im Grunde genommen haben Sie Ihren jetzigen Zustand verändert, indem Sie Ihren Blickwinkel erweitert haben, wodurch verändert wurde, wer Sie zu Beginn dieses Lebens waren und wer Sie in nachfolgenden Leben sein werden. Sie haben Ihr Dasein in *allen* Ihren Realitäten verbessert.

Allen vergangenen, gegenwärtigen und zukünftigen Ereignissen stehen aufgrund der durchgeführten Änderungen neue Möglichkeiten offen. Jene, die in harmonischer Resonanz leben, wissen, daß sie ihr Schicksal verändert haben, und haben jeden unangenehmen Augenblick, der ihr Bewußtsein erweiterte, zu schätzen gelernt. Sie treiben jetzt mit dem Strom des Geschehens. Jene, die an den linearen Zeitverlauf glauben, bedauern jeden verlorenen Augenblick und sind verbittert über all die Gelegenheiten, die sie aufgrund ihres vermeintlichen genetischen Defekts verpaßt zu haben glauben. Sie verstehen nicht, daß sich dies auf mehrere Leben auswirkt und daß sie damit diesen Zyklus unharmonischer Dissonanz immer wieder neu erschaffen.

Glauben Sie an die Erreichbarkeit harmonischer Resonanz

Der letzte Schritt in Richtung harmonische Resonanz besteht darin anzuerkennen, daß es sie *gibt*. Das bedeutet, daß Sie all jene Hindernisse auf Ihrem Weg ignorieren müssen, die die Botschaft verbreiten, daß das Leben schwer sei. Steigen Sie vorsichtig und sachte darüber hinweg, während Sie fröhlich Ihrem Ziel entgegenschlendern. Wenn Sie mitten in der Nacht aufwachen, und durch ein Gewitter der Strom ausgefallen ist, schnappen Sie sich ein paar Decken, zünden Sie einige Kerzen an, und nutzen Sie die unerwartete Gelegenheit, um sich an Ihren Partner oder Ihre Partnerin zu kuscheln. Wenn Sie in Ihr Auto steigen und zur Arbeit fahren möchten und bemerken, daß Sie einen platten Reifen haben, freuen Sie sich über die geschenkte Zeit, in der Sie auf den Pannendienst warten. Je öfter Sie ruhig und gelassen auf diese sogenannten unangenehmen Ereignisse reagieren, desto seltener werden sie auftreten. Allmählich werden diese Vorfälle völlig verschwinden, weil Ihre Energie nicht mit dieser Art von Kampf resoniert. Wenn Sie den Widerstand aufgeben, ziehen Sie keinerlei Unstimmigkeit an. Ihr Leben wird harmonisch dahinfließen und mit Ihren Herzenswünschen in Resonanz sein.

Verwirrung und wie man sie minimieren kann

Klarheit ist sehr unbeständig

Sie alle kennen das Gefühl der „Verwirrung". Sie fühlen sich konfus, verwirrt oder bestürzt, und das scheint jeden Tag vorzukommen. An einigen Tagen geht es Ihnen besser als an anderen, aber Sie wissen nicht, was Sie tun müssen, um Klarheit zu erlangen, und was dazu führt, daß dieser dichte Nebel der Verwirrung Sie befällt. Manchmal wachen Sie mit dem starken Gefühl auf, Bescheid zu wissen – das gibt Ihrem Selbstvertrauen ungeheuren Auftrieb, und Sie sind beruhigt, denn Sie scheinen auf dem richtigen Weg zu sein. Sie sind voller Energie, und Sie schweben förmlich durch den Tag. weil Sie genau wissen, was zu tun ist. An anderen Tagen fragen Sie sich, warum Sie am Leben sind und was Sie mit Ihrem Leben eigentlich anfangen sollen. Die kleinsten Dinge werfen

Sie aus der Bahn, und jede Aufgabe erscheint Ihnen mühsam. Warum ist das Gefühl der Klarheit so unbeständig? Was führt immer wieder dazu, daß Sie verwirrt sind, und wie können Sie das vermeiden?

Der Deltazustand

Klarheit scheint zwar nur sporadisch aufzutreten und sehr unbeständig zu sein, aber sie ist ein Geisteszustand, den Sie bewußt herbeiführen können. Wenn Sie aus dem Gleichgewicht sind, so ist das auf unharmonische Gehirnwellenmuster zurückzuführen. Es ist Ihnen deshalb nicht bewußt, daß Sie diese unharmonischen Wellen erzeugen, weil diese Gehirnwellen im Deltazustand auftreten, einem zutiefst meditativen Zustand, der für gewöhnlich während des Tiefschlafs auftritt. Das Gehirn pulsiert im Deltazustand mit ein bis vier Hertz. Normalerweise sollten Sie während Ihres Schlafes über eine längere Zeit hinweg ein Delta-Gehirnwellenmuster aufweisen. Für die meisten Erwachsenen wäre es optimal, wenigstens dreimal pro Nacht für mindestens dreiundfünfzig Minuten im Deltazustand zu sein.

Während einer dieser Deltaphasen trennt sich Ihr Astralkörper (jener Körper, der die Brücke zwischen spiritueller und physischer Ebene bildet) von Ihrem physischen Körper und reist auf eine positive Astralebene, um mit Ihren Führern und Lehrern zu kommunizieren. Die Informationen, die Sie während dieser nächtlichen Sitzungen erhalten, sickern allmählich in Ihr Bewußtsein. Es ist zu hoffen, daß Sie sie schließlich in Ihr physisches Dasein integrieren. Auf Ihren nächtlichen Reisen erhalten Sie die Anweisungen, die Sie brauchen, um die Kluft zwischen der physischen und der spirituellen Ebene zu überwinden. Auf der physischen Ebene wird die Wahrheit verzerrt, weil das Ego dominiert. Das Ego brauchen Sie auf der physischen Ebene, weil es Sie dazu anspornt, sich mit sich selbst zu beschäftigen, was für den Fortbestand der Spezies sorgt. Nur die Fittesten unter Ihnen können die anspruchsvollen, aber auch genußreichen physischen Erfahrungen überleben. Der Einfluß des Ego muß jedoch durch die Informationen aus der spirituellen Ebene ausgeglichen werden.

Bei Ihrer nächtlichen, dreiundfünfzig Minuten dauernden Arbeit mit Ihren Führern und Lehrern erfahren Sie etwas über die universelle Wahrheit für eine harmonischere Lebenseinstellung. Das Ego ist in der spirituellen Welt überflüssig, weil es dort kein Gefühl der Trennung (wie hier auf der Erde) gibt. Unser Überleben basiert auf dem Wohlergehen jeglicher Energie, weil uns klar ist, auf welche Weise Energie miteinander verschmilzt. Wir sind alle eins! Das ist die Wahrheit, die Sie nach und nach in Ihre irdische Mentalität aufnehmen müssen, um vom Gefühl der Trennung in jenes der Integration überzugehen, ... „einer für alle und alle für einen". Wenngleich dreiundfünfzig Minuten nicht lang erscheinen, sind sie doch für Ihr Wohlbefinden ganz wesentlich. Die Informationen, die Sie während dieser Zeit aufnehmen, unterstützen Sie auf der unterbewußten Ebene, so daß Sie die Ruhe bewahren können, wenn Dinge in Ihrem Leben passieren, die dazu führen, daß Sie sich verloren und allein fühlen.

Informationen herunterladen

Während der anderen beiden dreiundfünfzig Minuten langen Deltaphasen bleibt Ihr Astralkörper nahe bei Ihrem physischen Körper, und Sie übertragen die Informationen aus der Astralebene in Ihr Unterbewußtsein. Im Grunde genommen laden Sie Informationen von Ihren Sitzungen mit Ihren Führern und Lehrern, von Ihren Verbindungen zu Ihrem alles wissenden und überbewußten hohen Selbst und zur göttlichen Schöpferkraft herunter. Durch dieses Herunterladen kommt es zu Ihren „Aha"-Erlebnissen. In dieser Zeit verbinden Sie die Anweisungen aus der Astralebene mit Ihrem eigenen Bewußtsein. Sonst gingen die spirituellen Informationen verloren, denn sie würden niemals in Ihr physisches Dasein integriert. Viele von Ihnen verlassen sich immer mehr auf die intuitiv empfangenen Informationen, weil Sie dadurch die Höhen und Tiefen Ihres physischen Lebens besser bewältigen können. Woher, glauben Sie, kommen diese Informationen? Das Herunterladen ist von entscheidender Bedeutung. Dadurch werden Sie sozusagen auf dem laufenden gehalten, um zu wissen, wo es im Leben lang geht. Wenn Sie auf diese Informationen zugreifen können,

Ausgeglichenheit und Wohlbefinden

dann fühlen Sie sich ruhig und vollkommen. Da ist kein Platz für Verwirrung.

Wie kommt es also zur Verwirrung? Leider erleben Sie nicht regelmäßig die drei dreiundfünfzig Minuten langen Deltaphasen, die notwendig sind, um spirituelle Informationen zu erhalten und zu verarbeiten. Aufgrund der vielen Elektrogeräte, von denen Sie umgeben sind, kommt es zu Unterbrechungen in Ihrem Schlafmuster, so daß Sie häufig nicht drei ganze dreiundfünfzig Minuten lange Phasen mit Deltagehirnwellen erleben. Sie erhalten diese Informationen also nicht regelmäßig. In manchen Nächten gelingt es Ihnen besser, je nach den atmosphärischen Bedingungen in Ihrer Gegend und je nach der Menge an Informationen, die über elektromagnetische Frequenzen auf der Erde übertragen werden. Aus diesem Grund fühlen Sie sich manchmal ruhig und dann wieder verwirrt. Wenn Sie mit Ihren spirituellen Wurzeln verbunden sind, fühlen Sie sich ruhig und zentriert. Wenn Sie immer wieder von Ihren nicht irdischen Quellen getrennt werden, werden Sie reizbar und fühlen sich verloren.

Wie Sie elektromagnetische Störungen minimieren können

Es gibt eine Vielzahl von Möglichkeiten, die störenden Einflüsse zu minimieren, die Sie davon abhalten, jede Nacht die notwendigen Deltaphasen zu erleben. Natürlich können Sie in eine jener entlegenen Gegenden wie die Berge von Tibet oder Mount Shasta ziehen, aber für die meisten von Ihnen ist das wohl nicht durchführbar. Hier sind ein paar andere praktische Tips:

- *Entfernen Sie alle Elektrogeräte aus Ihrem Schlafbereich. Ersetzen Sie beispielsweise Heizdecken durch dickere Decken, verwenden Sie batteriebetriebene statt elektrischer Wecker, stellen Sie ein Telefon oder Fernsehgerät mindestens einein- halb Meter vom Bett entfernt auf.*

SCHÖPFERISCHE MACHT

- Schalten Sie jedes Fernsehgerät und jede Stereoanlage im Haus aus, während Sie schlafen. Verwenden Sie einen Timer, wenn es Ihnen leicht passiert, daß Sie einschlafen, bevor Sie diese Geräte ausgeschaltet haben.

- Schalten Sie Ihren Computer aus. Lassen Sie das System nicht mit einem Bildschirmschoner eingeschaltet. Schalten Sie alle Modems und Faxgeräte aus, wenn diese weniger als zwölf Meter von Ihrem Schlafbereich entfernt aufgestellt sind.

- Kaufen Sie ein Gerät, das die Auswirkungen der elektromagnetischen Energie in Ihrem Haushalt reduziert, indem es Hunderte von Wellenmustern zu einem einzigen Wellenband zusammenfaßt. Clarus-Uhren reduzieren beispielsweise die elektromagnetische Strahlung, indem sie die verschiedenen Wellen, von denen Sie bombardiert werden, in einem einzelnen Strom zusammenschließen. Im Internet finden Sie eine Reihe von Hinweisen, wenn Sie unter elektromagnetischer Strahlung suchen.

- Kleben Sie einen kleinen Streifen blaues Klebeband auf alle Ihre Elektrogeräte, wie etwa auf Computer, Kaffeemaschine, Radiowecker, Fön, Lockenschere, elektrischen Rasierapparat usw. Die von diesem speziellen Blauton ausgehende Schwingung neutralisiert die elektromagnetische Strahlung. Wenn Sie neben Ihrem Bett ein Telefon aufstellen möchten, kleben Sie das Klebeband auf die Basisstation Ihres Telefons. Damit neutralisieren Sie die elektromagnetische Strahlung in Ihrem Heim, wenn Geräte eingeschaltet sind.

- Kleben Sie einen kleinen Streifen blaues Klebeband zwischen Armatur und Fenster Ihres Autos. Damit minimieren Sie die elektromagnetische Strahlung, die vom Computer Ihres Autos ausgeht. Wenn Sie ein schnurloses oder ein Mobiltelefon benutzen, kleben Sie ein Stück blaues Klebeband auf den Hörer.

- Schalten Sie den Motor nicht ein, wenn Sie sich in Ihrem Whirlpool aalen. Ihr Körper braucht mindestens sechsunddreißig Stunden, um die dabei aufgenommene elektromagnetische Strahlung wieder abzubauen. Das Wasser ist ein guter Leiter, wodurch die Aufnahme der elektromagnetischen Strahlung stark erhöht wird, selbst wenn Sie sich nur fünf Minuten darin aufhalten.

62

Ausgeglichenheit und Wohlbefinden

Diese Empfehlungen mögen etwas übertrieben erscheinen, aber wir versichern Ihnen, sie sind es nicht. Durch die starke Ausbreitung von Radio, Fernsehen, Funktelefonen und Satelliten sind Sie bereits Unmengen an elektromagnetischer Strahlung ausgesetzt. Alles, was Sie tun können, um die Belastung in Ihrem eigenen Heim zu minimieren, ist hilfreich. Je mehr Sie die elektromagnetische Belastung reduzieren können, desto eher werden Sie die drei dreiundfünfzig Minuten langen Phasen des Deltazustandes erleben, die Sie brauchen, um sich nicht verwirrt, sondern ruhig zu fühlen und Ihre Erfahrungen zu akzeptieren. Es gibt ohnehin schon genug Gelegenheiten in Ihrem Leben, die für Verwirrung sorgen. Angenehme Träume!

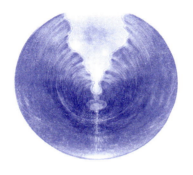

Liebe, Partnerschaft und Beziehungen

Der Mythos von den Seelenpartnern

Leidenschaft und Schmerz

Viele Menschen möchten ihren Seelenpartner finden, weil solche Partnerschaften in Büchern, Magazinen, im Fernsehen und im Kino als äußerst glückliche Beziehungen dargestellt werden. Selbst solche, die bereits einen Partner haben, fragen sich, ob er ein Seelenpartner ist, denn sie nehmen an, das sei die stärkste Herzensbindung, die sie finden können. Doch im Gegensatz zur allgemeinen Meinung sind Beziehungen mit Seelenpartnern nicht das Nirwana, als das sie geschildert werden. Solche Beziehungen erwecken Ihr Interesse, weil sie voller Leidenschaft sind und deshalb romantisch erscheinen. Doch Beziehungen mit Seelenpartnern können trotz der wilden Leidenschaft sehr schmerzhaft sein.

Seelenpartner sind ideale Partner, weil ihre Seelen den Vertrag geschlossen haben, während ihrer gegenwärtigen Inkarnation Zeit miteinander zu verbringen. Beziehungen mit Seelenpartnern sind jedoch auch die *schwierigsten*, weil man sie eingeht, um sich weiterzuentwickeln. Die Verträge werden zwischen den zukünftigen Seelenpartnern sorgfältig besprochen und vorbereitet, bevor sie inkarnieren, so wie Sie Verträge mit Eltern abschließen, indem Sie den genetischen „Pool" und die familiäre Umgebung wählen, die am besten dafür geeignet sind, bestimmte Eigenschaften zu entwickeln, so daß Sie während Ihres Daseins so viel wie möglich lernen können. Das heißt, daß Verträge mit Seelenpartnern häufig dazu bestimmt sind, Sie bei schwierigen Lektionen zu unterstützen.

Sie wählen Verbindungen mit Seelen, die aufgrund einer starken karmischen Verbindung Ihr Wachstum am besten fördern können. Wahrscheinlich haben Sie auch noch Probleme aus früheren Leben aufzuarbeiten. Oder Sie passen zu einander, um ein wichtiges emotionales Problem zu lösen, mit dem Sie sich in der Vergangenheit nicht beschäftigen wollten. Ein Seelenpartner eignet sich perfekt dafür, genau die richtigen Knöpfe zu drücken, um Ihnen neue Bewußtseinsebenen zu eröffnen. Beziehungen mit Seelenpartnern sind leidenschaftlich, sonst hätten die meisten Menschen nicht die Kraft, bei diesen Partnern zu bleiben, denn ihr Zusammensein ist für gewöhnlich konfliktbeladen. Die Leidenschaft ist der „Klebstoff", der die Partnerschaft zusammenhält, während das Paar daran arbeitet, negatives Karma aufzulösen. Sie sorgt dafür, daß die Seelenpartner in dem Auf und Ab höchster Leidenschaft und tiefster Verzweiflung zusammenbleiben, bis die karmische Arbeit erledigt ist.

Die perfekte Partnerschaft

Man hat Sie davon überzeugt, daß Sie ihren Seelenpartner finden müßten, weil er der einzige ideale Partner in diesem Leben sei. Einige von Ihnen haben für dieses Dasein jedoch mehrere Partnerverträge abgeschlossen, besonders in dieser Zeit, in der während eines einzigen Lebens sehr viel getan werden muß, weil die Erde vor dem Übergang in die nächste Dimension steht. Wenn es für Ihre Erfahrungen in diesem Leben von Nutzen ist, erhalten Sie die Beziehung zu Ihrem Seelenpartner auch dann noch aufrecht, nachdem die karmischen Probleme gelöst wurden, und wandeln den Seelenvertrag in einen Partnervertrag um. Falls sie Ihren Erfahrungen jedoch nicht mehr dienlich ist, werden Sie den Impuls verspüren, eine neue Partnerschaft einzugehen. Das, was Sie durch einen Seelenpartner lernen, wenn Sie die Arbeit richtig machen, ist ein ausgezeichneter Katalysator, um eine Partnerschaft auf einer höheren Ebene einzugehen: die „perfekte Partnerschaft". Eine perfekte Partnerschaft ist mit keinem Karma verbunden. Das heißt, es gibt keine offenen Rechnungen aus früheren Leben, die ausgeglichen werden müssen. Diese Partnerschaft ist sehr ausgeglichen, weil beide Partner an ihrem eigenen Wachstum arbeiten und sich gegenseitig unterstützen, ohne daß sie Konflikte aus der Vergangenheit bewältigen müssen. Es ist eine reifere Beziehung, voller Harmonie und Freude.

Eine Scheidung ist in Wirklichkeit eine Einrichtung, die dem schnellen Wachstum der Seele dienen soll, und stellt nicht den Untergang der Familienstruktur dar, wie das so häufig behauptet wird. Die Scheidung ermöglicht Ihnen, einen Seelenvertrag zu erfüllen und aufzulösen und dann zur nächsten Partnerschaft überzugehen. Wie schon erwähnt, haben viele von Ihnen meh-

Liebe, Partnerschaft und Beziehungen

rere Partnerverträge für dieses Leben abgeschlossen. Je länger Sie an einer alten Beziehung festhalten, weil sie Ihnen vertraut ist, Sie sich daran gewöhnt haben und Sie sich davor fürchten, daß sich nichts Neues ergeben wird, desto unwahrscheinlicher ist es, daß Sie irgendwann die schönste aller Beziehungen eingehen werden, nämlich eine Partnerbeziehung.

In späteren Beziehungen geht es häufig weniger um wilde Leidenschaft als um tiefe Liebe, weil man durch die früheren Erfahrungen reifer geworden ist. Und diese späteren Beziehungen sind für gewöhnlich weniger von karmischen Bindungen geprägt. In einer perfekten Partnerschaft lösen Sie keine Konflikte aus früheren Leben und haben auch keine Vielzahl von Lektionen mehr zu lernen. Sie gehen einfach eine Partnerschaft ein, in der Sie Harmonie erleben können, weil Sie vorher an Ihren Beziehungen gearbeitet haben. Das bedeutet nicht, daß spätere Beziehungen nicht romantisch sein können oder daß Sie einfach alt geworden sind und nicht mehr leidenschaftlich sein können. Es bedeutet einfach, daß die starke Leidenschaft früherer Beziehungen nicht mehr notwendig ist, weil Sie jetzt eine Partnerschaft eingehen, die auf gegenseitigem Vertrauen und Freundschaft beruht.

Verträge mit Seelenpartnern

Einige von Ihnen haben beschlossen, für dieses Leben keine Verträge mit Seelenpartnern abzuschließen, weil diese Art von Beziehung für Ihre gewählten Lektionen nicht dienlich ist. Sie sind völlig frei und können die Art von Beziehung eingehen, die Ihnen am besten erscheint, wobei Sie reifen Partnerschaften den Vorzug geben. Für jene von Ihnen allerdings, die bereits Beziehungen mit Seelenpartnern hatten, bevor Sie Ihren Lebenspartner trafen, ist es unumgänglich, diese Seelenverträge offiziell aufzulösen. Denken Sie an Menschen, die Sie kennen und die eine Beziehung beendet haben, aber diese anscheinend nicht wirklich loslassen können. Das wirkt sich auf ihr emotionales Gleichgewicht aus und beeinflußt ihr Leben noch lange nach der Trennung. Der Grund dafür ist, daß der Seelenvertrag noch immer besteht. Die Seelenverträge wurden nicht aufgelöst, nachdem die karmische Arbeit abgeschlossen war.

Seelenverträge werden in der Akasha-Chronik aufgrund von Gelübden, die auf der Seelenebene abgelegt wurden, festgehalten. Die Gelübde müssen aufgehoben werden, damit Sie sich sowohl emotional als auch spirituell frei fühlen und zur nächsten Erfahrung übergehen können, ob Sie nun eine weitere Beziehung eingehen oder eine Zeitlang allein bleiben. Wenn Sie diese Gelübde nicht auflösen, kann es sehr wohl sein, daß Sie in einem nächsten Leben denselben Menschen wieder treffen, weil der Vertrag in der Akasha-Chronik noch besteht. Das ist der Grund, warum manche von Ihnen Beziehungen eingegangen sind, die Ihnen nicht ganz passend erschienen, und dennoch konnten Sie nicht anders. In diesem Fall erfüllen Sie wahrscheinlich noch einmal einen Seelenvertrag aus einem früheren Leben. Das heißt nicht, daß Sie aus diesen Erfahrungen nicht lernen können, denn jede Situation ist lehrreich. Diese Umwege halten Sie jedoch davon ab, die beabsichtigten Partnerschaften einzugehen.

Seelenverträge auflösen

Wenn Sie eine Vereinbarung mit einem Seelenpartner hatten und das Gefühl haben, daß Sie emotional und spirituell nicht frei davon sind, dann ist es Zeit, Ihre Gelübde aufzulösen. Es ist auch ratsam, Ihre Gelübde aufzulösen, wenn Sie gegenwärtig eine Beziehung mit einem Seelenpartner haben, die gekennzeichnet ist von Leidenschaft, Konflikt, Lösung des Konflikts, neuer Leidenschaft und erneuter Konfliktlösung, und wenn Sie nicht bereit sind, die Partnerschaft aufzugeben. Die Auflösung Ihres Seelenvertrags bedeutet nicht, daß Sie sich trennen werden. Ihre Partnerschaft wird lediglich von den karmischen Spannungen befreit. Es wird Ihnen sehr wahrscheinlich leichter fallen, an der Beziehung zu Ihrem Partner zu arbeiten, wenn die Spannungen aufgrund der Seelenverbindung wegfallen.

Die folgende Methode dient dazu, Seelenverträge zu annullieren:

Liebe, Partnerschaft und Beziehungen

■ *Fragen Sie Ihre Führer, ob jetzt die richtige Zeit ist, Ihre Verträge mit Seelenpartnern aufzulösen. Es kann sein, daß Sie noch nicht das ganze Karma zwischen Ihnen und Ihrem Partner beseitigt haben und das Gelübde noch nicht auflösen dürfen. Falls notwendig, verwenden Sie ein Pendel, um die entsprechenden Fragen zu stellen. Oder suchen Sie jemanden auf, der Sie dabei beraten kann.*

■ *Zünden Sie eine weiße Kerze an, und halten Sie Ihre gewölbten Hände mit den Handflächen nach unten über die Flammen. Bitten Sie die Energie des weißen Lichtes, Ihr Energiefeld zu reinigen, und zentrieren Sie sich, bevor Sie Ihr Anliegen formulieren. Bitten Sie Ihre Führer und Lehrer, Ihnen dabei zu helfen, die Verträge, die Sie mit ... (Name des Partners) abgeschlossen haben, aufzulösen.*

■ *Leiten Sie das weiße Licht der Kerze durch Ihren Körper, und bitten Sie die Liebe, das Licht und die Wahrheit des Schöpfers, in Ihrem physischen, spirituellen, mentalen und emotionalen Körper anwesend zu sein, während Sie Ihr Anliegen vorbringen.*

■ *Stellen Sie sich Ihren Partner vor, den Sie loslassen, und führen Sie Ihre Hände zu Ihrem Herzen, wobei Sie das intensive und tiefe Gefühl der Liebe wachrufen, das Sie zu Beginn Ihrer Partnerschaft, bevor die Konflikte begannen, verspürten. Denken Sie daran, daß Sie jemanden nur in Liebe loslassen können. Mit Wut kann man niemanden loslassen, denn sie agiert als Magnet, der Energie anzieht, statt sie freizusetzen. Manchmal hilft es dabei, diese Liebesenergie zu spüren, wenn Sie sich den Partner als Kind vorstellen, denn während einer karmischen Beziehung kann viel Schaden angerichtet worden sein.*

■ *Halten Sie die Liebesenergie in Ihren Händen, und führen Sie Ihre Hände mit den Handflächen nach oben über Ihren Kopf. Lassen Sie die Energie frei.*

■ *Sagen Sie dreimal: „Schöpfer aller Lebewesen, Haus der Liebesgötter und -göttinnen, Akasha-Chronik, hohes Selbst, mittleres Selbst, niederes Selbst."*

■ *Sagen Sie: „Ich löse meine Gelübde gegenüber ... (Name) auf, weil unsere Seelenvereinbarungen jetzt vollzogen sind, und ich ersuche darum, daß die Akasha-Chronik entsprechend geändert wird. Ich löse meinen Vertrag mit ... (Name) voller Liebe auf und bestätige, daß unsere Partnerschaft uns die*

Lebenserfahrungen, die wir miteinander machen wollten, optimal gebracht hat."

- *Sagen Sie dreimal: „Danke."*
- *Lassen Sie die Kerze ganz zu Ende brennen, bis sie von selbst erlischt. Löschen Sie die Kerze nur aus, wenn Sie das Haus verlassen oder schlafen gehen, damit nichts passiert. Schließen Sie das Ritual einfach damit ab, daß Sie sagen: „So sei es", nachdem Sie die Flamme gelöscht haben.*

Sie können dieses Ritual auch dafür einsetzen, Beziehungen abzubrechen, die nicht auf einem Seelenvertrag beruhen, die aber dennoch schwer zu beenden sind. Vielleicht haben Sie sich von jemandem getrennt, und jedesmal wenn Sie an ihn denken, spüren Sie immer noch emotionalen Schmerz. Ändern Sie denjenigen Teil des Rituals, der nach der Anrufung des göttlichen Schöpfers und der anderen Führer und Lehrer folgt, wie folgt um:

- *Sagen Sie: „Ich bekenne meine Liebe, die ich in der Vergangenheit für ... (Name) empfunden habe. Ich bewahre mir dieses Gefühl der Liebe, während ich die emotionale Bindung, die noch immer zu ... (Name) besteht, loslasse."*
- *Nachdem Sie diese Worte ausgesprochen haben, stellen Sie sich vor, daß Sie ein silbernes Band, das Ihr Herz mit dem Herzen Ihres früheren Partners verbindet, durchtrennen. Führen Sie Ihr Ende dieser Silberschnur in Ihr Herz, ähnlich wie man eine Angelschnur einzieht. Spüren Sie, wie Ihre Energie von der Energie Ihres Partners gelöst wird.*

Pizza oder Feinschmeckermahlzeit?

Vergessen Sie nicht, daß Verträge mit Seelenpartnern für gewöhnlich nicht für eine tiefe, bedeutsame Beziehung maßgeblich sind. Sie wurden dafür geschaffen, daß Sie lernen und wachsen können. Beziehungen mit Seelenpartnern sind die Vorstufe für das Hauptereignis: ... die perfekte Partnerschaft. Ein Vertrag mit einem Seelenpartner besagt nur, daß Sie die Beziehung schon vor Ihrer Ankunft bestellt haben. Das ist wie eine Pizza, die Sie sich zustellen lassen. Sie bestellen sie schon vorab, damit Sie sie essen können.

Liebe, Partnerschaft und Beziehungen

wenn sie ankommt. Es handelt sich dabei jedoch nicht um eine Fünf-Gänge-Feinschmecker-Mahlzeit, die Sie andächtig genießen. Honorieren Sie die Vorarbeit, die Sie geleistet haben, um sich mit einem perfekten Partner in Gleichgewicht, Harmonie, Freude und Liebe verbinden zu können. Denn das ist Ihr endgültiges Ziel. Wenn Sie sich mit Ihrem perfekten Partner vereinen, sind Sie bereit, eine Partnerschaft einzugehen, die eine göttliche Verbindung zwischen ihnen beiden und dem Universum schafft.

....

Zwei hoch zehn

Wie sich das Gemeinschaftsleben auf die Aura auswirkt

Die Menschen waren nicht dafür bestimmt, für sich allein zu leben, sondern sind von Natur aus Gemeinschaftswesen. Viele Menschen haben sich jedoch ein erträgliches Einzeldasein geschaffen und versuchen, den Schmerz der Einsamkeit mit verschiedenen Methoden zu lindern. Manche unterdrücken das Gefühl der Isolation, indem sie ihre Sorgen in Alkohol oder Drogen ertränken, manche stopfen *Junk-Food* in sich hinein und andere machen es sich Abend für Abend mit einem geistlosen Roman gemütlich, oder schlimmer noch, sie sitzen wie Zombies vor dem Fernseher.

Ein solches Leben in Abgeschiedenheit wirkt sich erheblich auf Ihr Energiefeld aus. Jede Seele besteht aus elektromagnetischer Energie, die Wellen sowohl nach innen als auch nach außen ausstrahlt und energetische Botschaften an den physischen Körper und das Universum sendet. Diese Energie, die auch als Aura bezeichnet wird, umgibt den physischen Körper und ist in Körpernähe besonders stark. Die Aura jener, die sich mit Menschen umgeben, ist nahe ihrem Körper viel stärker und erstreckt sich viel weiter nach außen als bei Einzelgängern. Jene, die ein Einzelgängerdasein führen, verlieren dadurch an Energie, und ihre Aura besteht nur aus einem schwachen, schmalen Band um ihren Körper.

Seine Visitenkarte vom Universum zurückverlangen

Wenn Ihre Energie erst einmal derart gering ist, fällt es Ihnen immer schwerer, Kontakt zu anderen Menschen zu finden. Es ist ein Unterschied, ob Sie ein „Willkommen"-Schild an Ihre Eingangstür hängen oder ein Schild mit der Aufschrift „Vorsicht, bissiger Hund". Wenn jemand eine Gemeinschaftsfrequenz aussendet, dann kann er andere anziehen. Wenn man jedoch eine einsame Energiefrequenz ausstrahlt, dann verlangt man damit sozusagen seine Visitenkarte vom Universum zurück. Außerdem führt das schwächere, engere Energiefeld dazu, daß weniger Energie zum und vom Körper fließt. Diese Menschen versagen ihrem physischen Körper die Energie, die er braucht, um gesund leben zu können.

Die meisten Menschen haben alle möglichen Ausreden dafür, daß sie ihren Lebenspartner nicht finden können. Sie sagen, daß es zu wenig passende alleinstehende Männer oder Frauen gebe, denn „die Guten sind alle verheiratet". Sie behaupten vielleicht, es gebe keine Gelegenheiten, jemanden kennenzulernen, oder sie mögen in keine Bars gehen, meinen aber, dies sei der einzige Ort, an dem man Menschen treffen könne. Sie versuchen es vielleicht mit einer Partnervermittlung, geben aber bald auf, weil sie nur einen ungeeigneten Partner nach dem anderen treffen. Aber wie kann jemand erwarten, einen Partner zu finden, wenn er seine Visitenkarte eingezogen hat? Es ist so, als ob man eine Stadt zum ersten Mal besucht und erwartet, daß einen jeder kennt. Sie können nicht erwarten, entdeckt zu werden, wenn Sie sich verstecken.

Glauben Sie daran, daß Ihr Lebenspartner existiert

Um Ihren Lebenspartner zu finden, müssen Sie folgende vier Voraussetzungen erfüllen: Erstens müssen Sie davon überzeugt sein, daß Ihr Partner existiert; zweitens glauben Sie fest daran, daß es Teil Ihres Weges und Ihrer Bestimmung ist, *in diesem Augenblick* mit ihm Kontakt aufzunehmen; drittens erzeugen Sie ein starkes Energiefeld, das Ihrem Partner signalisiert, daß Sie *jetzt* für ihn bereit sind, und viertens machen Sie sich klar, daß Ihr Partner automatisch von Ihnen angezogen

Liebe, Partnerschaft und Beziehungen

wird, wenn Sie Ihr Energiefeld erweitern. So einfach das auch klingt, die meisten Menschen sind davon überzeugt, daß es den perfekten Partner für sie gar nicht gebe. Diese Einstellung wird durch das Massenbewußtsein gefördert, indem man alleinstehende Frauen über vierzig davon überzeugt, daß es statistisch gesehen wahrscheinlicher ist, daß sie ums Leben kommen, als daß sie einen Heiratsantrag erhalten. Oder Sie beobachten, wie andere Paare miteinander umgehen, und stellen fest, daß sie unglücklich und unzufrieden sind, und nehmen an, daß es für Sie selbst ähnlich schwierig ist, eine harmonische Partnerschaft einzugehen.

Um Ihren Lebenspartner anzuziehen, *müssen Sie daran glauben, daß dies möglich ist!* Die meisten von Ihnen glauben mit einem Grad an Gewißheit von etwa sechzig Prozent, daß es Ihren perfekten Partner gibt.

Zu hundert Prozent davon überzeugt sein, daß Ihr perfekter Partner existiert

Es ist unbedingt notwendig, daß Sie zu hundert Prozent daran glauben, daß Ihr Lebenspartner existiert. Um Ihr Energiefeld auf die Vorstellung vom perfekten Partner einzustimmen, führen Sie folgende Übung durch:

- *Sagen Sie dreimal: „Schöpfer aller Lebewesen, Erzengel Raphael aus dem Reich der göttlichen Liebe, Erzengel Zadkiel aus dem Reich der kreativen Visualisierung und Manifestation, heilige Mutter Erde, meine Führer und Lehrer, mein hohes Selbst, mein mittleres Selbst, mein niederes Selbst."*
- *Sagen Sie zehnmal voller Überzeugung: „Ich bin zu hundert Prozent davon überzeugt, daß mein perfekter Partner existiert."*
- *Nachdem Sie die Affirmation zehnmal gesprochen haben, schließen Sie Ihre Augen, und stellen Sie sich die Silhouette einer nicht erkennbaren männlichen bzw. weiblichen Gestalt vor, die vom grünen Licht der Herzenergie umgeben ist. Stellen*

> *Sie sich vor, daß diese Gestalt auf Sie zukommt. Wenn die Figur näher kommt, strecken Sie Ihre Hand aus, und stellen Sie sich vor, daß Ihr Partner ebenfalls seine Hand nach Ihnen ausstreckt. Wenn Sie eine Frau sind, strecken Sie Ihre rechte Hand nach der linken Hand Ihres perfekten Partners aus. Wenn Sie ein Mann sind, strecken Sie Ihre linke Hand nach der rechten Hand Ihrer perfekten Partnerin aus. Legen Sie Ihre andere Hand auf Ihr Herz. Spüren Sie, wie sich Ihre Finger berühren, während sich Ihre Energien verbinden. Stellen Sie sich vor, wie die Energie durch Ihre Hände und in Ihr Herz strömt. Halten Sie den energetischen Kontakt mindestens eine Minute lang aufrecht (oder länger, wenn Sie möchten, denn es wird sich gut anfühlen). Dann heben Sie den energetischen Kontakt zu Ihrem perfekten Partner wieder auf.*
- *Sagen Sie: „Obwohl ich deine Hand in meiner Vorstellung loslasse, bleibe ich auf energetischer Basis mit dir verbunden. Ich halte diese Verbindung in meinem Herzen fest, bis wir uns treffen."*
- *Sagen Sie dreimal: „Danke."*

Ihr Energiefeld resoniert jetzt zu hundert Prozent mit der Überzeugung, daß es einen perfekten Partner für Sie gibt. Sie sind jetzt energetisch darauf vorbereitet, Ihren Lebenspartner zu treffen. Unterstützen Sie Ihre neue Schwingung mit dem starken Wunsch, Ihren Partner zu finden.

Das Etikett „einsam" loswerden

Es genügt noch nicht, daß Sie zu hundert Prozent mit der Vorstellung resonieren, daß Ihr perfekter Partner existiert; Sie müssen auch noch die Aufschrift „einsam" loswerden. Dieses Etikett trägt jeder einzelne mit sich, denn es wird vom kollektiven Bewußtsein gefördert. Jeder Wunsch, den Sie sich bewußtmachen oder äußern, ist von einer unausgesprochenen Energie begleitet. Sie basiert auf den Polaritätsprinzipien des Planeten, die für jede Situation einen Gegenpol erzeugen. Die Polarität

Liebe, Partnerschaft und Beziehungen

dient dazu, Gegensätze zu verdeutlichen, so daß Ihnen klar wird, was Sie sich wünschen. Sobald Sie Ihre Wünsche erkannt haben, sollen Sie sie verwirklichen. Da jedoch jeder Wunsch einen Gegenpol hat (zum Beispiel Gesundheit/Krankheit, Erfolg/Mißerfolg, Wohlstand/Armut usw.), resonieren Sie sowohl mit dem Wunsch als auch mit dem Gegenpol.

Egal ob es Ihnen direkt mitgeteilt wurde oder ob Sie das aus Beobachtungen gelernt haben: Schon früh wurde Ihnen klar, daß jeder Wunsch von Einschränkungen (Gegenpolen) begleitet ist. Wenn Sie vielleicht sagten, daß Sie einmal Ihren Traumprinzen heiraten würden, runzelten die Erwachsenen nur ungläubig die Stirn. Oder wenn Sie meinten, später einmal im Beruf erfolgreich und gleichzeitig Ehefrau und Mutter zu sein, sagte man Ihnen, daß man nicht alles haben könne. Als Sie dann über vierzig waren und Ihren perfekten Partner noch immer nicht getroffen hatten, machte Ihnen die Gesellschaft klar, wie schlecht die Chancen dafür stünden, diesen Menschen jemals zu finden.

Sie haben ein Muster entwickelt, nach dem Sie „Partnerschaft" mit seinem Gegenpol verbinden, sei dies „Einsamkeit" oder „Alleinsein" oder „Isolation". Sie müssen sich dieser Polarität entziehen, damit Sie mit „Partnerschaft" resonieren können. Kehren Sie das Muster in Ihrem Energiefeld mit der folgenden wirksamen Übung um:

■ *Zünden Sie eine grüne Kerze an (symbolisiert Herzenergie), und zwar mit einem Blatt Papier, auf das Sie „Einsamkeit" geschrieben und das Sie mit einem Streichholz entzündet haben. Lassen Sie das Blatt Papier in einer feuerfesten Schale neben der Kerze verbrennen.*

■ *Sagen Sie dreimal: „Schöpfer aller Lebewesen, Erzengel Raphael aus dem Reich der göttlichen Liebe, Erzengel Zophkiel aus dem Reich der Harmonie, Götter und Göttinnen der Partnerschaft, Engel der vereinigenden Energie des Planeten Erde, mein hohes Selbst, mein mittleres Selbst, mein niederes Selbst."*

■ *Sagen Sie: „Ich ersuche darum, mein gegenwärtiges Energiemuster, das meinen Wunsch nach einer Partnerschaft immer mit Einsamkeit verknüpft, umzukehren. Ich bitte darum, mich dabei zu unterstützen, dieses Muster, das ich aufgrund des Massenbewußtseins entwickelt habe, aufzulösen, so daß ich ganz in Einklang mit den wahren Prinzipien der Partnerschaft bin. Ich bitte auch darum, etwaige andere Muster aufzulösen, die mich in Partnerschaft und Liebe behindern und derer ich mir möglicherweise gar nicht bewußt bin. Meine Partnerschaft soll dem höchsten Wohle aller dienen, indem ich meine Liebesfrequenz auf zwei hoch zehn erhöhe."*

■ *Stellen Sie sich die Aufschrift „einsam" vor, die nicht mehr gebraucht wird. Sehen Sie die Aufschrift in einer Kristallkugel, ähnlich einer Seifenblase. Stellen Sie sich vor, Sie strecken Ihre Hand aus, um die Blase zum Platzen zu bringen, so daß sich die Energie der Aufschrift verflüchtigt. Erfüllen Sie die Stelle, an der die Seifenblase war, mit grünem Licht, das die Liebe unterstützt.*

■ *Sagen Sie dreimal: „Zum höchsten Wohle aller, danke"*

Nutzen Sie Ihre Energie, um für sich Werbung zu machen

Sobald Sie mit der Überzeugung, daß Ihr perfekter Partner existiert, resonieren, und sich von der Aufschrift „einsam" befreit haben, müssen Sie als Funkfrequenz agieren und Ihre Energie ins Universum hinaussenden, wie einen Werbespot im Fernsehen. Stellen Sie sich vor, wie es wäre, Ihren perfekten Partner zu lieben. Rufen Sie die Gefühle der Liebe und Harmonie hervor, die Sie in Gesellschaft dieses idealen Partners empfinden werden. Es ist ganz wichtig, die Liebe zu fühlen und sie hinauszusenden, um Ihre Anwesenheit bekanntzugeben.

Vergessen Sie nicht, daß es der Wunsch, das Verlangen ist, die Ihre schöpferische Energie anzapfen. Je mehr Gefühle Sie aufbringen können, wenn Sie sich Ihren perfekten Partner vorstellen, desto stärker projizieren Sie Ihre Gedankenformen ins Universum. Denken Sie daran, welche Eigenschaften Ihr perfekter Partner haben soll, dann visualisieren und spüren Sie die liebevollen Schwingungen. Senden Sie Ihre Gefühle der Vorfreude jeden Tag aus, bis Ihr Partner auftaucht. Ihre Aura dehnt sich aus, wenn Sie diese Botschaften ausstrahlen, und sie fungiert als riesige Reklametafel, die Ihr Partner sieht, wenn er in Ihre Nähe kommt.

Liebe, Partnerschaft und Beziehungen

Die Macht der Liebe

Warum sind die Menschen mit einem starken Gemein-schaftssinn ausgestattet? Sie sind nicht dazu bestimmt, allein zu leben, denn die Vereinigung zweier Menschen in einer harmonischen und glücklichen Partnerschaft besitzt enorme Macht. Die Energiefrequenz der Liebe hat eine Schwingung, die weit über das Potential eines einzelnen Menschen hinausgeht. Wenn nur *zwölf Prozent* der Menschen auf diesem Planeten eine harmonische Partnerschaft hätten, reichte dies aus, um den gesamten Planeten zu heilen. Die Liebesfrequenz vergrößert das positive Energiefeld des Paares exponentiell um den *Faktor zehn*, und das ist weit mehr, als eine einzelne Person hervorbringen kann. Dieser exponentielle Faktor wird noch größer, je mehr Sie sich in Harmonie und Glück miteinander vereinigen. Diese Energie ist sehr wichtig für die Erde, denn sie wandelt jede Energie, die im Gegensatz zur Liebe steht, um. Durch Ihre liebevolle Beziehung zu Ihrem Partner können Sie die Fähigkeit erwerben, diese Energie in das Universum hinauszusenden. Alles, was Sie gemeinsam tun, ist weit stärker und wirksamer als das, was Sie allein tun können.

Wenn Sie die Aura von zwei Verliebten sehen könnten, wären Sie erstaunt darüber, wie stark jedes einzelne und das gemeinsame Energiefeld ist und wie weit es sich ausdehnt. Bei den meisten nimmt dieses Energiefeld im Laufe der Zeit ab, weil sich jeder mehr auf das konzentriert, was er an seinem Partner nicht mag, statt auf das, was er an ihm mag. So verhalten sich Menschen, die in einem anderen das gefunden haben, was sie brauchen und was sie in sich selbst nicht hatten. Allmählich beginnen sie es jedoch zu verabscheuen, daß ihr Partner andere Eigenschaften hat als sie selbst. Hätten sie versucht, die ihnen fehlenden Eigenschaften selbst zu entwickeln oder am anderen zu schätzen, daß er anders ist, so würde die Beziehung weiterhin die maximale Liebesfrequenz aussenden. Manche Paare vergessen, daß der Geist grenzenlos ist. Andere verstehen die Schönheit der Schöpfung und dann, wenn sie meinen, alles über ihren Partner zu wissen, taucht ein neuer Aspekt auf.

Erhalten Sie die göttliche Verbindung aufrecht

Umgekehrt gibt es Menschen, die die grenzenlosen Attribute ihres Partners zu schätzen wissen, weil sie erkennen, daß gerade die Anteile, durch die sie beide sich voneinander unterscheiden, zusammen ein vollständiges Ganzes ergeben. Auch wenn sie getrennt sind, fühlen sie sich gleichermaßen erfüllt, weil sie die volle Verantwortung für das Wachstum ihrer eigenen Seele übernommen haben und im Hinblick auf Erfüllung nicht voneinander abhängig sind. Im Laufe der Jahre entwickeln sie eine Verbindung, die mit einer gut geölten Maschine zu vergleichen ist. Ihre Aura wird viel stärker und ausgedehnter als am Anfang. Die göttliche Verbindung, die sie eingehen, erweitert ihre Energiefelder, selbst wenn die anfängliche Leidenschaft nachläßt. Diese Paare bleiben gesund, weil ihre elektromagnetischen Felder ungeheure Mengen an nach innen und außen strömender Energie erzeugen, die sowohl zwischen ihnen fließt als auch nach außen zu anderen. Sie heilen sich selbst und den Planeten, weil sie für alle Möglichkeiten offen sind.

Sie sind imstande, den perfekten Partner anzuziehen und ein ausgedehntes elektromagnetisches Feld zu haben, das weit über Ihr Umfeld hinausreicht und sowohl Sie als auch biophysikalische Systeme heilt. Glauben Sie daran, daß Sie die Macht haben, eine liebevolle Partnerschaft einzugehen. Glauben Sie daran, daß es zum höchsten Wohle ihrer selbst und der Erde ist, eine spirituelle Verbindung einzugehen, wie Sie sie noch nie erlebt oder gesehen haben. Wenn dies Ihr Herzenswunsch ist, dann müssen Sie sich darüber im klaren sein, daß es bestimmt noch jemanden gibt, der denselben Wunsch verspürt. Gemeinsam können Sie wachsen und Ihr Herz und Ihre Energie erweitern und die Energie der Welt heilen.

Ihre Mission und die Ihres Partners, in guten wie in schlechten Tagen

Globale und persönliche Missionen

Jeder hat eine Mission. Ihre Mission umfaßt die Ziele für Ihr Leben. Bei der Mission, von der wir hier sprechen, geht es um weit mehr als die Dinge, die auf Ihrem Terminkalender stehen. Sie besteht aus Ihren Lebenszielen, Ihren Werten, Ihren persönlichen Zielen, Ihren sehnlichsten Wünschen, Ihren Plänen für die Zukunft und ähnlichem.

Ihre Mission läßt sich in zwei Teile gliedern. Ein Teil ist Ihre globale Mission, bei der es um allgemeine, langfristige, weitreichende Ziele und Absichten geht und die den Weg für das ebnet, was Sie in Ihrem Leben insgesamt erreichen möchten. Der andere Teil ist ein Teilbereich der globalen Mission und wird persönliche Mission genannt, weil sie so eng mit Ihrer eigenen Person verbunden ist. Die persönliche Mission sagt etwas über Sie aus, denn Sie beinhaltet Themen wie Integrität, Werte, Seelenbestimmung, Bindungen, Lebenslektionen usw.

Ob Sie sich Ihrer Mission bewußt sind oder nicht, es gibt sie! Anders ausgedrückt, sie ist ein so integraler, selbstverständlicher Bestandteil von Ihnen, daß Sie keinerlei Energie dafür aufwenden müssen. Betrachten Sie Ihre Mission als Ihre Essenz. Egal, ob Sie beschlossen haben, Lehrerin zu werden oder Klempner, Junggeselle oder Familienvater, Philanthrop oder Dieb – Ihre Mission ist vorhanden. Sie legt fest, wer Sie sind. Wie Sie jedoch aus eigener Erfahrung wissen, kann sich Ihre Mission im Laufe der Jahre ändern, da die Ereignisse in Ihrem Leben Spuren hinterlassen.

Wenn zwei Menschen eine Partnerbeziehung eingehen, überlappen sich im Idealfall ihre globalen und persönlichen Missionen. In Beziehungen, in denen sich die Missionen stark überlappen, findet man sehr viel gegenseitige Unterstützung, einen starken Zusammenhalt und viel Harmonie und Konsistenz. Leider überlappen sich die Missionen in den meisten Beziehungen nur wenig. Zu Beginn einer Partnerschaft überlappen sich die Missionen manchmal stark, doch aufgrund der Lebenserfahrungen werden die ursprünglichen Missionen neu definiert, und die Überlappung nimmt im Laufe der Zeit ab. Das passiert vor allem dann, wenn sehr junge Menschen eine Beziehung eingehen. Manchmal fühlen sich zwei Menschen leidenschaftlich zueinander hingezogen, und sie ignorieren die offensichtlichen Zeichen dafür, daß ihre Missionen kaum übereinstimmen, bis die Leidenschaft verfliegt. Dann werden sie unzufrieden. Manchmal passiert etwas so Traumatisches (zum Beispiel der Tod eines Kindes oder eine schwere Krankheit, die sich ein Partner zuzieht), daß die gegenseitige Abstimmung der Missionen verlorengeht, weil der betroffene Partner damit kämpft, seine Prioritäten neu zu definieren.

Statistische Zahlen zur Überlappung von Missionen

Im Durchschnitt überlappen sich die globalen Missionen von amerikanischen Paaren, die entweder offiziell durch Verlobung oder Heirat oder inoffiziell eine Bindung eingegangen sind, zu 30 Prozent. Das heißt, daß nur ein Drittel der langfristigen, weitreichenden Ziele des Durchschnittspaares energetisch aufeinander abgestimmt sind. (*Ideal* wäre es, wenn sich die globalen Missionen zu 65 Prozent überlappen würden.) Das bedeutet, daß die durchschnittliche Beziehung zu weniger als 50 Prozent ideal funktioniert. Wenn sich die globalen Missionen zu 66 Prozent oder mehr überlappen, ist das auch nicht ideal, weil man dann einfach zu viel gemeinsam hat. Die Beziehung wird stagnieren, weil man zu viel Gemeinsames einbringt. Unterschiede fördern das Wachstum und sind notwendig, damit sich eine Beziehung weiterentwickeln kann.

Was die *persönlichen* Missionen betrifft, so überlappen sie sich im Durchschnitt noch weniger als die globalen Missionen, nämlich zu nur 20 Prozent. Die persönlichen Missionen innerhalb einer Partnerschaft sollten sich allerdings *idealerweise* zu 48 Prozent überlappen. 48 Prozent reichen aus, damit ein Paar genug gemeinsam hat, um ein harmonisches Dasein zu führen, ohne sich miteinander zu langweilen.

Liebe, Partnerschaft und Beziehungen

Größere Übereinstimmung der Missionen erreichen

Wenn Sie sich in Ihrer Partnerschaft mehr Synergie wünschen, können Sie Ihr Energiefeld anpassen, um eine größere Übereinstimmung zu erreichen. *Das ändert nichts daran, wer Sie sind, ... es führt nur dazu, daß Sie energetisch* stärker mit Ihrem Partner resonieren. Wenn Sie bestimmte Wertvorstellungen haben, die nicht mit denen Ihres Partners übereinstimmen, dann müssen Sie diese Wertvorstellungen nicht verändern. Es geht darum, daß Sie sich Ihrem Partner mehr verbunden fühlen, Unterschiede eher tolerieren und aufgeschlossener sind.

Wenn Sie mit Ihrem Partner bei Ihren globalen Missionen zu 65 Prozent und bei Ihren persönlichen zu 48 Prozent übereinstimmen möchten, können Sie und Ihr Partner die folgende Übung durchführen. Falls Ihr Partner nicht bereit ist, diese Übung mit Ihnen auszuführen, weil er eine andere Anschauung vertritt, können Sie auch mit dem hohen Selbst Ihres Partners arbeiten. Verbinden Sie sich einfach mit dem hohen Selbst Ihres Partners, indem Sie es mit vollem Namen und Geburtsdatum rufen, und führen Sie das folgende Ritual mit dem feinstofflichen Körper der betreffenden Person durch.

- *Sagen Sie beide gemeinsam dreimal: „Schöpfer aller Lebewesen, Erzengel Zophkiel aus dem Reich der Harmonie, meine persönlichen Führer und Lehrer, hohes Selbst, mittleres Selbst, niederes Selbst."*
- *Jede Person zündet je ein Streichholz an. Dann zünden beide gemeinsam jeder eine Kerze an. Die Farbe der Kerzen ist unwichtig.*
- *Halten Sie sich an den Händen, wobei Sie Ihre rechte Hand in die linke Hand und Ihre linke Hand in die rechte Hand Ihres Partners legen.*
- *Sagen Sie einzeln hintereinander je einmal: „Ich habe eine liebevolle Beziehung zu ... (Name des Partners), und ich habe vor, harmonisch und glücklich mit ihm/ihr zu leben und sowohl die individuellen als auch die gemeinsamen Ziele zu*

fördern. Ich bewahre meine Individualität, während ich gleichzeitig möchte, daß sich unsere globalen und persönlichen Missionen stärker überlappen, damit unsere gemeinsamen Bemühungen erfolgreicher sind. Ich bitte jetzt darum, mein Bedürfnis und meinen Wunsch nach unangemessener Individualität aufzugeben. Statt dessen ersuche ich darum, daß unsere Missionen in idealem Maße übereinstimmen."

■ *Nachdem jeder von Ihnen dieses Anliegen ausgesprochen hat, lassen Sie die Hände Ihres Partners wieder los. Legen Sie Ihre rechte Hand auf das Herz Ihres Partners und die linke Hand auf Ihr eigenes zweites Chakra. Ihr Partner tut dasselbe. Das zweite Chakra ist das Sexualchakra, das gleichzeitig Sitz unserer Wünsche ist. Es befindet sich unter dem Nabel und oberhalb des Schambeins. Spüren Sie, wie der Wunsch, mit Ihrem Partner in Resonanz zu sein, Ihr zweites Chakra erfüllt. Schicken Sie diesen Wunsch jeweils durch Ihre Hände und Arme nach oben in das Herz Ihres Partners. Schicken Sie den Wunsch nach Resonanz noch ein paar Mal nach oben, bis Sie beide das Gefühl haben, daß es genug ist.*

■ *Beenden Sie das Ritual, indem Sie Ihrem Kreis von Engeln, Führern und Lehrern, Ihrem hohen, mittleren und niederen Selbst für deren Hilfe danken.*

■ *Sagen Sie: „So sei es."*

Machen Sie sich keine Sorgen darum, ob Sie jetzt etwa die Einstellung Ihres Partners für all Ihre eigenen Pläne übernehmen. Bei diesem Ritual geht es um die Resonanz in Ihrer Beziehung und nicht darum, Ihre persönlichen Ziele oder Sie selbst zu verändern. Spüren Sie, wie es in den folgenden Monaten zu vermehrter Synergie kommt. Sie werden bemerken, daß Sie den Plänen Ihres Partners und seinen Anschauungen weniger Widerstand entgegenbringen. Genießen Sie die Übereinstimmung mit Ihrem Partner.

Liebe, Partnerschaft und Beziehungen

Das geschlechtliche Gleichgewicht und seine Auswirkung auf Beziehungen

Der ursprüngliche Bauplan für das geschlechtliche Gleichgewicht

Vor Äonen von Jahren beruhte der Bauplan für die Erdenbewohner auf dem Gleichgewicht der Geschlechter. Jeder Mensch, egal ob er einen männlichen oder weiblichen Körper bewohnte, verkörperte zwei gleich große Anteile an männlicher und weiblicher Sexualität. Anders ausgedrückt: Unabhängig vom physischen Geschlecht umfaßte die ursprüngliche Sexualität eines Menschen gleich große Anteile an weiblicher (sanfter, empfangender, passiver, Yin-) Energie einerseits und männlicher (aggressiver, kreativer, aktiver, Yang-) Energie andererseits.

Dieses Gleichgewicht zwischen männlicher und weiblicher Sexualität unterstützte die Einheit in einer Beziehung, die ein wesentlicher Bestandteil des ursprünglichen Bauplans der Erde war. Jeder der Partner repräsentierte physisch ein anderes Geschlecht, um den Fortbestand der Spezies zu garantieren, wobei er gleichzeitig das Gleichgewicht zwischen seiner eigenen männlichen und seiner weiblichen Energie bewahrte. Man war in einer Partnerschaft äußerst glücklich und ergänzte sich, weil hier zwei Angehörige unterschiedlicher Geschlechter insofern eine ausgeglichene Verbindung eingingen, als jeder von beiden ein inneres Gleichgewicht seiner Sexualität aufrechterhielt. Die Männer fühlten sich mit ihrer Weiblichkeit genauso wohl wie mit ihrer Männlichkeit, und den Frauen erging es ebenso. Es war so, als ob jedes Paar aus *vier* und nicht aus *zwei* Teilen bestand, nämlich den männlichen und weiblichen Aspekten des Mannes und den männlichen und weiblichen Aspekten der Frau.

Vor dreihunderttausend Jahren jedoch änderte der Aufstand Luzifers den ursprünglichen Bauplan für die Erde, indem er ihre Bewohner mit dem Prinzip der Polarität konfrontierte. Gottes bester und leuchtendster Engel, Auriel, verließ das Licht, um in Gestalt von Luzifer die Dunkelheit zu unterstützen. Manche betrachten diesen Akt als die Einführung der dunklen Energie und das Ende einer ausgewogenen Lebensweise. Auriels Absonderung war allerdings ein Geschenk an die Erde, denn sie schuf die Dualität von Licht und Dunkel. Jetzt bestand der Bauplan der Erde aus einer Umwelt, die die Menschen stärker herausforderte und der das Seelenwachstum *förderte*, weil es einen Kontrast zum Licht gab. Auf diese Weise konnten die Menschen Entscheidungen treffen, die auf dem Kontrast von Licht und Dunkel beruhten, denn sie lebten nicht mehr in einer Welt, in der es nur Licht gab.

Die Auswirkungen der Polarität

Infolge der Polarität wurde das geschlechtliche Gleichgewicht der Männer und Frauen gestört. Vor dem Aufstand Luzifers bestand jeder Mensch zu 50 Prozent aus männlicher und zu 50 Prozent aus weiblicher Energie. Es gab keinen Kampf zwischen den Geschlechtern, denn im Grunde genommen hätte sich jeder Mensch selbst bekämpft. Nach dem Aufstand lag die männliche Energie bei Männern bei 90 bis 100 Prozent, und der Anteil der weiblichen Energie bei Frauen war gleich hoch. Das Ziel war, ein geschlechtliches Ungleichgewicht im Rahmen der Polarität zu erzeugen, um Erfahrungen zu ermöglichen, aus denen man lernen konnte. Durch diesen Lernprozeß sollte (so hoffte man) jeder Mensch wieder das Gleichgewicht innerhalb der Polarität erlangen – das höchste Ziel für ehrgeizige Seelen. Statt daß die Partner nun ausgeglichene Verbindungen eingingen, fehlte jedem Partner etwas, das der andere hatte. Die Männer versuchten ständig, ihren Mangel an weiblicher Energie durch Beziehungen zu Frauen auszugleichen, statt sie in sich selbst zu suchen. Die Frauen bemühten sich darum, die ihnen fehlende männliche Energie in ihren männlichen Partnern zu finden. Hatte es zuvor zwei Elemente gegeben, die die Sexualität eines Menschen ausmachten, so gab es jetzt eigentlich nur noch eines.

Es war eine lange Reise von dort zurück zum Gleichgewicht. Lange Zeit wurden Jungen dazu erzogen, in die Welt hinauszugehen und zu handeln, während man von Mädchen erwartete, daß sie zu Hause blieben und sanft und passiv waren. Unterdessen litten die Beziehungen unter diesem

Umstand, denn die Angehörigen des einen Geschlechts sehnten sich nach dem, was das andere hatte. Männer und Frauen versuchten durch Kontrolle und Manipulation das zu erlangen, was das andere Geschlecht besaß, weil sie es in sich selbst nicht finden konnten. Die Beziehungen wurden weniger und weniger zufriedenstellend. Die Männer begannen damit, noch mehr Männlichkeit zu entwickeln, und die Frauen erhöhten ihre weibliche Energie, weil sie erkannten, daß sie etwas Wertvolles besaßen, das der andere haben wollte. Es ging mehr und mehr um Kontrolle, und die Männer versuchten die Frauen mit ihrer Männlichkeit zu ködern und umgekehrt. Wenn man etwas besaß, das der andere nicht hatte, sich aber wünschte, was konnte es dann Besseres geben, um sicherzustellen, daß eine Beziehung lange hielt?

Der Weg zurück zum Gleichgewicht

Schließlich begannen einige Menschen zu erkennen, daß sie nicht durch ihren Partner die Ganzheit erlangen konnten, und ein „neues" Konzept kam auf, wonach jeder Mensch zunächst einmal ganz sein mußte, bevor er eine erfolgreiche Partnerschaft eingehen konnte. Die Männer begannen, nach ihrer Weiblichkeit zu suchen, und die Frauen beschlossen, ihre männliche Seite zu entwickeln. Plötzlich versuchten Männer, ihr Bewußtsein zu erweitern und Freundschaften mit anderen Männern einzugehen, was bisher für Frauen typisch gewesen war. Die Frauen fühlten sich dazu motiviert, in die von Männern dominierte Arbeitswelt einzutreten und ihre männliche Energie einzusetzen, um sich nach oben zu arbeiten. Die Menschen hatten nun den ganzen Zyklus abgeschlossen, indem sie erkannten, worum es bei einer echten Partnerschaft geht, so wie es vor dem Aufstand Luzifers gewesen war.

Auf der Seelenebene gibt es allerdings immer noch Barrieren, die Männer und Frauen daran hindern, den Weg zurück zum geschlechtlichen Gleichgewicht zu finden. Nachdem das Prinzip der Polarität eingeführt worden war, *veränderten viele ihre Seelenverträge*, um dem neuen Bauplan zu entsprechen. Das heißt, selbst wenn Sie sich das geschlechtliche Gleichgewicht wünschen, kann es sein, daß Ihre Seele vertraglich etwas ganz anderes vereinbart hat, so daß sie sich unwohl fühlt, wenn Sie versuchen, sich zu ändern. Das läßt sich leicht daran beobachten, welche Einstellung unsere Gesellschaft dazu hat, wenn Männer ihre weibliche Seite entwickeln oder Frauen ihre männliche Seite hervorkehren. Männer werden von anderen Männern lächerlich gemacht, wenn sie versuchen, ihre weiblichen Aspekte zu enthüllen. Mit Aussagen wie „Echte Männer dürfen Gefühle zeigen" versucht man es Männern zu ermöglichen, ihre Rolle neu zu definieren, doch gleichzeitig beleidigt man sie, wenn sie es tun. Frauen bezeichnet man entweder als „Miststück" oder als „Mannweib", wenn sie in ihrem Job sehr forsch sind, was in von Männern dominierten Unternehmen häufig notwendig ist, um erfolgreich zu sein.

Weiblicher und männlicher Anteil

Auf der gegenwärtigen Entwicklungsstufe der Erde sollten Sie Ihre Sexualität idealerweise so weit ausgeglichen haben, daß Sie zwischen 40 und 60 Prozent von jedem Geschlecht in sich vereinen. Anders ausgedrückt: Als Mann haben sie vielleicht einen Anteil von 58 Prozent männlicher und 42 Prozent weiblicher Energie. Wenn Sie ein Mann sind, der viele Leben als Frau verbracht hat, um ins Gleichgewicht zu kommen, liegt Ihr Anteil an männlicher Energie vielleicht sogar bei 42 Prozent und Ihr Anteil an weiblicher Energie bei 58 Prozent. Wenn Sie eine Frau sind, die sich mit ihrer männlichen Energie wohl fühlt, haben Sie vielleicht einen Anteil von 55 Prozent männlicher und 45 Prozent weiblicher Energie. Das trifft vor allem auf Karrierefrauen zu, die gelernt haben, in einer von Männern dominierten Arbeitswelt zu überleben. Es ist nicht erforderlich, daß man genau 50 Prozent von jeder Energie aufweist. Wenn Ihre Anteile an beiden Energien irgendwo zwischen 60 und 40 Prozent liegen, dann halten Sie ein gutes Gleichgewicht an männlicher und weiblicher Energie.

Verwenden Sie ein Pendel oder den kinesiologischen Muskeltest, um Ihren aktuellen Stand zu überprüfen. Fragen Sie: „Wieviel Prozent an männlicher (bei Männern) oder weiblicher (bei Frauen) Energie habe ich?" Engen Sie den Bereich ein, indem Sie fragen: „Sind es mehr als X Prozent?" Sobald Sie den

Liebe, Partnerschaft und Beziehungen

genauen Prozentsatz bestimmt haben, ziehen Sie diesen von 100 Prozent ab, um den Anteil an Energie des anderen Geschlechts zu erhalten. Jenen von Ihnen, die für ein Geschlecht einen geringeren Anteil als 40 Prozent ermitteln, wird empfohlen, das Polaritätsprinzip Ihres Seelenvertrags aufzuheben, um ein ausgewogeneres Verhältnis an männlicher und weiblicher Energie zu erhalten. Wenn Sie mit dem Pendel nicht umgehen können, dann können Sie einfach folgende Übung ausführen, die dafür sorgt, daß Ihre geschlechtsspezifischen Energien besser ausgewogen sind.

Geschlechtliches Gleichgewicht erlangen

Sie können Ihr geschlechtliches Gleichgewicht erlangen, indem Sie folgendes Anliegen vorbringen:

- *Zünden Sie eine weiße Kerze an.*
- *Sagen Sie dreimal: „Erzengel Zophkiel aus dem Reich der Harmonie, planetarische Hierarchie, Große Weiße Bruderschaft, Haus der Göttin, mein hohes Selbst, mein mittleres Selbst, mein niederes Selbst."*
- *Sagen Sie: „Ich möchte meinen Seelenvertrag ändern und die Einschränkungen, die mich an die geschlechtliche Polarität binden, aufheben. Ich ersuche jetzt darum, alle Gelübde und Verträge zu ändern, um geschlechtliches Gleichgewicht zu erlangen, so daß mir gleich viel männliche und weibliche Energie zur Verfügung steht."*
- *Spüren Sie, wie Ihre männliche und weibliche Energie zu einem ausgewogenen Ganzen verschmelzen. Stellen Sie sich eine Waage mit zwei Waagschalen vor. Bestimmen Sie eine Seite als männliche und die andere als weibliche. Beobachten Sie, wie sich beide Seiten verschieben, bis sie völlig im Gleichgewicht sind.*
- *Sagen Sie dreimal: „Danke."*
- *Blasen Sie die Kerze aus.*

Nachdem Sie das hier beschriebene Ritual ausgeführt haben, werden Sie feststellen, daß es Ihnen leichter fällt, den Aspekt des anderen Geschlechts in Ihrer eigenen Person zu erforschen. Das führt dazu, daß Sie im Laufe der Zeit Ihr geschlechtliches Gleichgewicht wiederfinden. Der Übergang erfolgt nicht sofort, denn das würde Sie emotional zu sehr belasten. Sie werden allerdings den Drang verspüren, Ihr Gleichgewicht herzustellen, nachdem nun der Polaritätsfaktor entfernt wurde.

Wie sich das geschlechtliche Gleichgewicht auf Beziehungen auswirkt

Wenn Sie gegenwärtig eine Beziehung haben, möchten Sie vielleicht das geschlechtliche Gleichgewicht Ihres Partners überprüfen. Sie können wahrscheinlich schon im vorhinein ihre jeweiligen Anteile an männlicher/weiblicher Energie abschätzen. In Beziehungen, die harmonisch und liebevoll sind, passen die Prozentsätze perfekt zusammen. Der Mann weist vielleicht 55 Prozent *männliche* Energie auf und die Frau 45 Prozent. In diesem Beispiel würde der Anteil an *weiblicher* Energie beim Mann bei 45 Prozent und bei der Frau bei 55 Prozent liegen. Jeder Partner hat also sein geschlechtliches Gleichgewicht gefunden. Und die einzelnen Prozentsätze ergänzen die des Partners. Anders ausgedrückt, der Gesamtanteil an männlicher Energie beträgt bei beiden 100 Prozent, und der Gesamtanteil an weiblicher Energie liegt ebenfalls bei 100 Prozent.

Leider kann es vorkommen, daß man eine „gemütliche" Partnerschaft hat, bei der männliche und weibliche Energie völlig *unausgewogen* sind. Der Mann ist vielleicht zu 75 Prozent männlich und zu 25 Prozent weiblich, und die Frau ist zu 25 Prozent männlich und zu 75 Prozent weiblich. Zwischen diesen Partnern gibt es nur wenig Spannungen, weil der *hohe* Prozentsatz des einen Partners genau durch den *niedrigen* Prozentsatz des anderen ergänzt wird. Anders ausgedrückt, die Summen an männlicher und weiblicher Energie beider Partner ergeben jeweils 100 Prozent, wodurch es zu einem Gleichgewicht von Ungleichgewichten kommt. Obwohl diese Partnerschaft oberflächlich harmonisch erscheint, kann sie

Liebe, Partnerschaft und Beziehungen

anstrengend sein, weil jeder Partner das, was dem anderen fehlt, *überkompensiert*. Die Spannungen zwischen den beiden sind eventuell gering, weil jeder von ihnen seine geschlechtsspezifische Rolle kennt. Jeder ist jedoch unzufrieden, weil er für sich selbst nicht vollständig und erfüllt ist und zwischen beiden Partnern eine ungesunde Symbiose besteht.

Resonante Sexualität

Eine Beziehung ist dann völlig harmonisch, wenn die folgenden beiden Bedingungen erfüllt sind:

- Jeder Partner hat einen Anteil von 40 bis 60 Prozent weiblicher/männlicher Energie, das heißt, jeder ist geschlechtlich ausgewogen.
- Die Summen an weiblicher/männlicher Energie für beide Partner belaufen sich auf 100 Prozent. Das bezeichnet man als „resonante Sexualität". Diese ist zwar selten, aber man kann ein Paar mit resonanter Sexualität leicht erkennen, weil es keinen Geschlechterkampf zwischen den beiden gibt. Die Partner ergänzen einander, und jeder von ihnen ist völlig im Gleichgewicht.

Wenn Sie das Gefühl haben, das treffe auf Ihre Partnerschaft nicht zu, dann bitten Sie Ihre Führer und Lehrer darum, Sie und Ihren Partner dabei zu unterstützen, diesen Zustand der resonanten Sexualität zu erlangen. Sie können Ihnen dabei helfen, Ihre Sexualität anzupassen, indem sie Ihre Prozentsätze erhöhen oder reduzieren. Die resonante Sexualität könnte sogar dazu beitragen, daß Eheberater und Partnertherapeuten arbeitslos werden. Aus dem Kampf der Geschlechter würde ein friedliches Zusammenleben werden.

Wie man energetisch kompatibel wird

Sind Sie mit Ihrem Partner energetisch in Harmonie?

Perfekte Partner sind auf der physischen, geistigen, emotionalen und spirituellen Ebene kompatibel. Wenn man davon ausgeht, daß Sie spirituelle Wesen sind, die eine physische Erfahrung machen, und nicht physische Wesen, die eine spirituelle Erfahrung machen, dann basieren die physischen Aspekte Ihrer Partnerschaft darauf, daß Sie mit Ihrem Partner energetisch kompatibel sind. Anders ausgedrückt: Sie fühlen sich anfangs vielleicht vom Äußeren einer Person angezogen. Vielleicht ist es ihr Gesichtsausdruck, ihre Gestik, die Art, wie sie sich kleidet, ihr dickes, glänzendes Haar oder ihre funkelnden, blauen Augen usw. Im Laufe der Zeit kann sich diese physische Anziehung jedoch verflüchtigen, wenn sie *energetisch* nicht in Harmonie sind.

Oder Sie sind anfangs vielleicht energetisch mit Ihrem Partner im Einklang, aber diese Übereinstimmung verliert sich nach einer Weile. Immer wenn es emotionale Probleme in einer Partnerschaft gibt, ist es möglich, daß ihre energetische Übereinstimmung aus dem Gleichgewicht gerät. Ihre energetische Harmonie ist besonders dann in Gefahr, wenn Themen berührt werden, die Ihnen sehr nahe gehen.

Wie die energetische Harmonie abnimmt

Angenommen, Sie haben aufgrund der Muster, die Sie durch Ihre Erziehung entwickelt haben, kein besonders ausgeprägtes Selbstvertrauen. Sie erwarten entweder bewußt oder unbewußt von Ihrem Partner, daß er Ihr manchmal etwas angeschlagenes Selbstvertrauen durch Lob und Zuwendung stärkt. Ihr Partner hat allerdings wegen eines neuen Vorgesetzten Schwierigkeiten bei der Arbeit und kann Ihnen nicht die übliche Aufmerksamkeit widmen. Statt selbst die Verantwortung für Ihr mangelndes Selbstvertrauen zu übernehmen – das erscheint Ihnen zu schwierig oder unangenehm –, reagieren

Liebe, Partnerschaft und Beziehungen

Sie auf den Mangel an Aufmerksamkeit, indem Sie sich zurückziehen und schmollen. Im Grunde genommen geben Sie ihm die Schuld. Sie wären vielleicht imstande, Ihre Seele zu erforschen und dieses Problem zu lösen, aber es ist weit einfacher, nach äußeren Faktoren zu suchen und ihnen die Schuld zu geben, als sich mit inneren Schwächen auseinanderzusetzen. Wenn Sie Ihrem Partner Vorwürfe machen, ändern Sie die energetische Resonanz in Ihrer Partnerschaft. Schuldzuweisungen führen dazu, daß Ihre positive Harmonie durch die Übertragung negativer Gedankenformen in Disharmonie übergeht. Sie spüren diese verminderte Resonanz sogar dadurch, daß Sie sich physisch weniger von Ihrem Partner angezogen fühlen. Plötzlich faszinieren Sie die Eigenschaften, die Sie vorher attraktiv fanden, nicht mehr. Das Feuer der Leidenschaft ist erloschen.

Manchen Paaren gelingt es, im Laufe der Zeit mehr und mehr energetische Harmonie zu erzeugen. Das sind jene Paare, die auf dem Foto anläßlich ihrer goldenen Hochzeit immer noch unzertrennlich wirken. Bei den meisten Paaren nimmt die energetische Übereinstimmung jedoch ab, manchmal sofort und manchmal erst nach Jahren, je nachdem wie reif die beiden Partner emotional sind. Manche Paare suchen Eheberater auf, um diese Entwicklung zu stoppen. Es ist aber schwierig, die disharmonische Entwicklung wieder umzukehren, wenn man in erster Linie die mentale und emotionale Ebene behandelt, die energetische Ebene aber außer acht läßt. Andere bleiben zwar zusammen, gehen aber ihre eigenen Wege, haben weniger Sex und entwickeln eigene Interessen oder Freundeskreise. Wieder andere gehen neue Beziehungen ein, manchmal mit mehr Erfolg und manchmal erleben sie im Laufe der Zeit wieder dieselbe energetische Distanz. Viele kommen zu dem Schluß, daß sich Beziehungen einfach verschlechtern, weil man sich so gut kennt (was man kennt, weiß man nicht zu schätzen), und sie geben sich mit energetisch unharmonischen Beziehungen zufrieden, weil sie annehmen, es gebe nichts Besseres.

Die energetische Übereinstimmung wiederherstellen

Wenn Sie das Gefühl haben, daß die energetische Übereinstimmung in Ihrer Partnerschaft abgenommen hat, können Sie die Resonanz wiederherstellen und von neuem beginnen. Nutzen Sie dazu Ihre Sinne, denn sie sind das Tor oder die Brücke zum Reich der Energie. Führen Sie eine Übung durch, bei der Sie Ihre sechs Sinne einsetzen, also das Sehen, das Hören, das Riechen, das Schmecken, das Fühlen und die Intuition. Sie können diese Übung *alleine* ausführen, da sich Ihre Beziehung verbessern wird, wenn zumindest ein Partner energetisch angepaßt ist. Am wirksamsten ist sie natürlich, wenn *beide* Partner daran teilnehmen.

Beginnen Sie mit dem Sehen, denn auf diese Weise haben Sie einander wahrscheinlich entdeckt. Schließen Sie Ihre Augen, und stellen Sie sich unabhängig voneinander einen Gegenstand oder eine Szene vor, die Ihr Auge erfreut. Vielleicht handelt es sich um ein wunderschönes Gemälde oder eine Skulptur, den Anblick der Berge oder der Küste aus einem früheren Urlaub oder eine prächtige Farbe oder Blume. Halten Sie dieses Bild fest, und finden Sie heraus, an welcher Stelle in Ihrem Körper sich dieser Anblick angenehm anfühlt. Sind Ihre Augen davon hingerissen, oder verspüren Sie Wonne in Ihrem Herzen? Fangen Sie dieses Gefühl ein, ohne die Augen zu öffnen, und ersetzen Sie das visualisierte Objekt durch ein Bild Ihres Partners. Konzentrieren Sie sich auf eines seiner Merkmale, das Ihnen anfangs gefallen hat oder das Ihnen immer noch gefällt. Vielleicht sind es seine feingliedrigen Hände, oder es ist die sanfte Wölbung ihrer Schultern. *Übertragen* Sie jetzt das angenehme Gefühl, das Sie für das visualisierte Objekt empfanden, auf das Bild von Ihrem Partner. Spüren Sie, wie die Energie der Visualisierung mit der Energie Ihres Partners verschmilzt. Halten Sie diese Verbindung so lange aufrecht, bis Sie spüren, daß Sie auf Ihren Partner übergegangen ist.

Nachdem Sie diesen Sinn neu ausgerichtet haben, führen Sie dieselbe Übung nacheinander auch für Ihre anderen Sinne durch. Stellen Sie sich mit derselben Methode vor, daß Sie es genießen, etwas zu hören, zu schmecken, zu fühlen oder zu spüren; bestimmen Sie, an welcher Stelle Ihres Körpers dieses Gefühl sitzt; halten Sie es fest; verbinden Sie eine positive Eigenschaft Ihres Partners mit diesem Gefühl, und lassen Sie diese Energien verschmelzen. Die folgenden Beispiele sollen Ihnen als Anstoß dafür dienen, was Sie sich in den Visualisierungsübungen vorstellen können. Stellen Sie

Liebe, Partnerschaft und Beziehungen

sich aber auf jeden Fall etwas vor, das Ihnen persönlich gefällt.

- *Hören: ein Windspiel, Musik, Blätter, die im Wind rauschen.*
- *Riechen: frisch gebackene Plätzchen, eine wohlriechende Körperlotion, ein ätherisches Öl, Rosen.*
- *Schmecken: Ihr Lieblingsdessert, Wasser, wenn Sie durstig sind.*
- *Fühlen: Eiscreme auf Ihrer Zunge, weicher Samt, Babyhaut.*

Zum Abschluß harmonisieren Sie Ihre Intuition. Ihre Intuition ist ein „sechster Sinn", der Ihre bewußten Gedanken ergänzt und Sie auf den richtigen Weg bringt. Sie läßt sich logisch nicht erklären, denn es gibt keine Begründung, keine materiellen Auslöser für das, was Sie empfinden. Denken Sie daran, wie Sie sich fühlen, wenn Ihre Intuition ins Spiel kommt. Manche Menschen überkommt ein Schauer, oder sie bekommen eine Gänsehaut. Andere spüren einfach in ihrem Herzen, daß sie auf dem richtigen Weg sind. Nehmen Sie dieses Gefühl des intuitiven Wissens in Ihren Körper auf. Fühlen Sie sich vollkommen in dem Wissen, daß alles in Ihrem Leben immer der göttlichen Ordnung entspricht. Wenn Sie dieses Gefühl eingefangen haben, verknüpfen Sie es mit Ihrem Partner, denn die Intuition spielte eine Rolle bei der Wahl Ihres Partners. Warten Sie, bis Ihr Partner seine Augen öffnet, dann umarmen Sie sich, wobei Sie intuitiv wissen, daß Ihre Welt völlig in Ordnung ist.

Es ist zwar vielleicht nicht nötig, aber doch empfehlenswert, daß Sie sich die während der Energieanpassungsübung visualisierten Objekte notieren, für den Fall, daß Sie die Übung irgendwann wiederholen möchten. Nachdem Sie diese Übung durchgeführt haben, werden Sie bemerken, daß es Ihnen und Ihrem Partner aufgrund der positiven Resonanz, die Sie auf allen Sinnesebenen verspüren, leichter fällt, Fragen der Kompatibilität zu klären. Sie werden feststellen, daß Sie auf physischer, mentaler und emotionaler Ebene besser miteinander umgehen können. Genießen Sie die aufeinander abgestimmten Schwingungen.

Der weibliche Sexualtrieb -
fakultativ oder obligatorisch?

Die einen sind „scharf", die anderen nicht?

Bis zur sexuellen Revolution der späten sechziger Jahre des 20. Jahrhunderts verteilten sich die Frauen im Hinblick auf ihren Sexualtrieb mehr oder weniger bewußt auf zwei Kategorien: Entweder hatten sie ein schwaches sexuelles Verlangen oder ein starkes. Obgleich diese Verhaltensmuster damals in Übereinstimmung mit den von der planetarischen Hierarchie der Erde durchgeführten Veränderungen modifiziert wurden, tragen Frauen, die *vor* der sexuellen Revolution geboren wurden, immer noch ihr ursprüngliches sexuelles Verhaltensmuster in sich. Im folgenden erhalten Sie eine Beschreibung der Merkmale der beiden Ausprägungen des Geschlechtstriebs sowie eine Erklärung dafür.

Was die sexuelle Energie betrifft, gibt es aufgrund der geschichtlichen Entwicklung auf dem Planeten zwei Gruppen von Frauen. Die eine Gruppe hat ein sehr ausgeprägtes sexuelles Verlangen. Ob sie nun monogam sind oder ihre Sexualität mit mehreren Partner ausleben, diese Frauen haben ein gesundes sexuelles Verlangen. Diese Gruppe bessert die Statistik über sexuelle Aktivität auf, denn sie scheint ständig in Stimmung für Sex zu sein und muß nicht erst dazu ermuntert werden.

Für die zweite Gruppe von Frauen ist ein schwaches sexuelles Verlangen kennzeichnend. Diese Frauen sind nicht so sehr erpicht darauf, sexuell aktiv zu sein, und wollen nur selten Sex haben. Wenn Sie mit jemandem liiert oder verheiratet sind, dann akzeptieren sie den damit verbundenen Sex, weil ihnen eine Partnerschaft sehr wichtig ist. Die meisten ziehen es jedoch vor, enthaltsam zu leben, und erreichen dies in langfristigen Beziehungen meist dadurch, daß sie die körperlichen Aspekte einer Partnerschaft ignorieren. Sie sind entweder zu sehr mit den Kindern beschäftigt, zu müde nach einem arbeitsreichen Tag, leiden unter PMS oder ähnlichem. Sie sind es, die den Ausspruch populär gemacht haben: „Heute nicht, Liebling, ich habe Kopfschmerzen."

Liebe, Partnerschaft und Beziehungen

Jeder Frau, die vor der sexuellen Revolution geboren wurde, ist sofort klar, zu welcher Gruppe sie gehört. Jene, die der Kategorie mit dem ausgeprägten Sexualtrieb angehören, reden für gewöhnlich nicht gerne über ihre Gefühle und Ansichten über ihr Sexualverhalten, denn sie wissen aus Erfahrung, daß sie bei Freundinnen mit einem schwachen Sexualtrieb auf wenig Verständnis stoßen. Manche fragen sich vielleicht sogar, ob mit ihnen etwas nicht stimme, denn nach der alten Denkweise geben sich „nette Frauen" nicht der Fleischeslust hin. Viele dieser „scharfen" Frauen entwickeln im Hinblick auf den Geschlechtsakt, den sie sehr genießen, Schuldgefühle oder Scham.

Die Frauen mit dem schwach ausgeprägten Sexualtrieb teilen ihre Gefühle ebenso ungern mit, entweder weil man sie gelehrt hat, daß es unhöflich sei, über solche Dinge zu sprechen, oder weil sie sich für ihre Unzulänglichkeit schämen. Manche haben eine Therapie gemacht, um ihr sexuelles Interesse zu steigern und damit ihre Partnerschaft aufrechtzuerhalten. Andere gehen eine Beziehung nach der anderen ein und denken vielleicht, ihr mangelndes Interesse an Sex sei vielleicht darauf zurückzuführen, daß sie noch nicht den Richtigen getroffen hätten. Wieder andere haben sich in ein Leben ohne sexuelle Beziehungen zurückgezogen. Diese Frauen geben entweder offen zu, daß sie kein Interesse an Sex haben, oder sie schaffen zwischen sich und ihren Partnern Distanz, indem sie vorgeben, daß es Spannungen innerhalb der Partnerschaft gebe, oder indem sie gesundheitliche Probleme entwickeln, die Sex ausschließen.

Die Erklärung für ausgeprägten und schwachen Sexualtrieb

Man muß verstehen, daß die vor der sexuellen Revolution in einem weiblichen Körper inkarnierten Seelen auf Seelenebene *beschlossen* haben, während einer bestimmten physischen Inkarnation entweder einen schwachen oder einen ausgeprägten Sexualtrieb zu haben. Während so mancher Inkarnation wählte die Seele aufgrund ihrer Absichten und Pläne einen schwachen Sexualtrieb. Während anderer Inkarnationen ersetzte die Seele dieses Muster durch einen ausgeprägten Sexualtrieb. Die planetarische Hierarchie der Erde hatte dies für notwendig gehalten, damit Wesen, die auf der physischen Ebene leben, spirituell wachsen können.

Die planetarische Hierarchie kam zu dieser Überzeugung, weil sie befürchtete, daß die Seelen, die inmitten der Schönheit und Sinnlichkeit der Erde aufwuchsen, den weniger verlockenden spirituellen Weg, den sie in sich hatten und der sie zurück zur Göttlichkeit führen sollte, aus den Augen verlieren würden. Der Lärm der physischen Arena und all ihrer Verlockungen würde sie davon abhalten, auf ihren inneren Plan zu hören. Die planetarische Hierarchie hatte durchaus Grund zur Sorge, denn sie hatte erlebt, daß höherdimensionale Wesen, in früheren Zeiten Götter und Göttinnen genannt, physische Form annahmen und ihr höheres Bewußtsein aufgaben, um für immer auf der Erde zu bleiben und die sinnlichen Erfahrungen der physischen Welt zu genießen. Diese höherdimensionalen Wesen verlernten es, sich nach innen zu richten, weil sie mehr mit äußeren Reizen beschäftigt waren.

Angesichts der Tatsache, daß sich die höher entwickelten Wesen sehr leicht von ihrem Weg abbringen ließen und sich bereitwillig den Freuden der physischen Welt hingaben, fand es die planetarische Hierarchie notwendig, ein Muster einzuführen, das *sowohl* die innere *als auch* die äußere spirituelle Entwicklung förderte. Sie wollte dafür sorgen, daß jene Wesen, die sich auf der Erde weiterentwickeln, allmählich ihre physischen und nichtphysischen Aspekte verbinden und erkennen, daß man Spiritualität durch physische Erfahrungen erlangt und daß die Qualität der physischen Erfahrungen durch spirituelles Bewußtsein erhöht wird. Es war wichtig, daß sich die physischen Wesen während eines ganzen Lebens auf einen einzigen Aspekt konzentrieren konnten, und zwar manchmal auf den physischen (externen) und manchmal auf den spirituellen (internen). Der schwächer ausgeprägte Sexualtrieb ermöglichte es den Frauen, sich während eines bestimmten Lebens ganz auf die spirituellen Aspekte zu konzentrieren. Der Sexualtrieb der Männer wurde allerdings – damit der Fortbestand der Spezies sichergestellt blieb – nicht vermindert.

Aufgrund der in den meisten Kulturen der Erde vorherrschenden Monogamie war gewährleistet, daß Männer, die mit Frauen mit schwach ausgeprägtem Sexualtrieb zusammen

Liebe, Partnerschaft und Beziehungen

waren, wenig abgelenkt wurden und daß beide während dieses Lebens eher „nichtfleischlich" orientiert waren. Der schwach ausgeprägte Sexualtrieb der Frau führte offensichtlich nicht immer dazu, daß der Mann seine Gelüste unterdrückte. Es gibt zahlreiche Männer, die dieses Problem durch „außerplanmäßige" sexuelle Aktivitäten lösten, wodurch das Bild von den triebhaften Männern entstand. Insgesamt betrachtet gab es jedoch eine annehmbare Zahl von Paaren, die aufgrund des schwachen Sexualtriebs der Frau ein eher spirituell orientiertes Leben führten.

Ihr Verlangen veranlaßt Sie dazu, etwas zu erschaffen

Als sich die Menschen weiterentwickelten und begannen, gleich viel Wert auf die spirituellen wie auf die physischen Aspekte zu legen, erkannte die planetarische Hierarchie, daß es an der Zeit war, den schwach ausgeprägten Sexualtrieb wieder aufzuheben. Das ist darauf zurückzuführen, daß Sie hier sind, um als Schöpfer tätig zu sein. Dies wird in der *Genesis* geschildert, in der der göttliche Schöpfer Gutes und Schönes erschafft und sich an den Ergebnissen erfreut. Da Sie von dieser Quelle abstammen, verfügen Sie über eine ähnliche Energie, das heißt, Sie sind ebenfalls Schöpfer, und Sie müssen lernen, in Ihrer eigenen Welt das zu erschaffen, was gut und schön ist. Es ist jedoch das Verlangen, das zur Kreativität führt, und Frauen mit einem schwachen Sexualtrieb haben auch sonst keine ausgeprägten Wünsche. Denken Sie einmal darüber nach. Das zweite Chakra ist sowohl das sexuelle als auch das kreative Zentrum. Der Grund dafür ist, daß die kreative Energie durch das Verlangen erhöht wird, so wie sich Gott eine schöne Welt wünschte und sie deshalb erschuf. Das Verlangen ist der erste Schritt dahin, positiv schöpferisch tätig zu sein.

In den sechziger Jahren stellte die planetarische Hierarchie fest, daß alle Frauen eine starke kreative Energie (also Verlangen) brauchten, um ihr ganzes Potential leben zu können. Inzwischen hatte man dem spirituellen Bewußtsein genügend Aufmerksamkeit geschenkt, so daß sichergestellt war, daß es nicht in fleischlichen Gelüsten untergehen würde. Die Frauen mit dem schwachen Sexualtrieb hatten eine Blockade im zweiten Chakra, wodurch sie ihre Wünsche nicht so gut manifestieren konnten und somit nur beschränkt Zugang zur Schöpfermacht hatten. Diese Ebene der Macht wiederzuerlangen ist der Schlüssel zur Selbstermächtigung, die es wiederum ermöglicht, daß sich die Seele weiterentwickelt.

Frauen, die *nach* den späten sechziger Jahren geboren wurden, haben sich nicht mehr für dieses Muster des schwach ausgeprägten Sexualtriebs entschieden. Wenn sie es dennoch aufweisen, dann ist das ihre *persönliche* Entscheidung, die manchmal von gesellschaftlichen Normen beeinflußt sein mag. Jene jedoch, die *vor* jener Zeit geboren wurden und das Muster des schwach ausgeprägten Sexualtriebs in sich hatten, sind wahrscheinlich emotional darin verwurzelt. Aufgrund ihrer Verhaltensmuster, die sie nicht durchbrochen haben, ist ihnen vielleicht gar nicht bewußt, daß es nicht mehr existiert. Oder vielleicht befinden Sie sich in einer schwierigen Situation, weil sich ihr Unterbewußtsein im Widerspruch zu ihrem hohen Selbst oder Überbewußtsein befindet, das heißt, das Unterbewußtsein geht immer noch von einem schwach ausgeprägten Sexualtrieb aus, während das hohe Selbst neue Verhaltensmuster entwickeln möchte, weil das Muster des schwach ausgeprägten Sexualtriebs aufgehoben wurde.

Diese Frauen täten gut daran, ihre Absicht, in Resonanz mit einem *starken Sexualtrieb* zu sein, zum Ausdruck zu bringen, um ihre Schöpferenergie zum Vorschein zu bringen. „Begierde" zu verspüren ist der erste Schritt dahin, die Schöpferenergie wiederzuerlangen. Da das Muster des schwachen Sexualtriebs häufig fest im emotionalen Körper verankert ist, sollten diese Frauen vielleicht mit einem spirituellen Berater arbeiten, um die Energie zu entfernen, die sie daran hindert, ihr wahres Potential zu leben. Die meisten haben sich zum Beispiel selbst eingeredet, daß sie eben so seien. Es würde ihnen gut tun, mit jemandem zu arbeiten, der ihre Energie deuten und sie davon überzeugen kann, daß dies nicht mehr zutrifft, weil das Muster des schwachen Sexualtriebs während der sexuellen Revolution aufgehoben wurde. Es ist wichtig, daß diese Frauen mit jemandem arbeiten, der ihnen dabei helfen kann, ihren gewohnheitsmäßigen Widerstand zu beseitigen.

Außerdem ist es für gewöhnlich notwendig, daran zu arbeiten, das zweite oder Sexualchakra zu öffnen. Wenn man sein

Kapitel üb

Leben lang kaum Verlangen verspürt hat, zieht sich das zweite Chakra zusammen. Wenn Sie mit den Einschränkungen des schwachen Sexualtriebs gelebt haben, verwenden Sie ein Pendel oder eine Wünschelrute, um die Energie Ihres zweiten Chakras zu überprüfen. Fragen Sie: „Zu wieviel Prozent ist mein zweites Chakra für die Energie des Verlangens offen? Ist es zu mehr als dreißig Prozent, vierzig Prozent, fünfzig Prozent offen?" Idealerweise sollte Ihr zweites Chakra zu fünfundneunzig bis einhundert Prozent offen sein, um Verlangen verspüren zu können. Günstig wäre es auch abzufragen, ob sich das Chakra richtig dreht und nicht elliptisch oder schief, denn die Energie soll optimal ein- und ausfließen. Wenn Sie mit Wünschelrute oder Pendel nicht umgehen können, suchen Sie einen spirituellen Berater auf, der Ihnen dabei helfen kann, Ihren Prozentsatz zu bestimmen. Und denken Sie daran, ein schwach ausgeprägter Sexualtrieb ist Ihre persönliche Wahl und kein unumgänglicher Zustand.

Wie Sie das zweite Chakra öffnen

Wenn Ihr zweites Chakra blockiert ist, können Sie die folgende Technik anwenden, um Ihren emotionalen Körper davon zu überzeugen, daß es akzeptabel und möglich ist, ein ausgeprägtes sexuelles Verlangen zu haben.

- *Füllen Sie Ihre Badewanne mit warmem Wasser, und fügen Sie eine Tasse Meersalz hinzu. Legen Sie sich in die Wanne, massieren Sie Ihren Bauch, bis sich der Bereich Ihres zweiten Chakras (unterhalb des Nabels) entspannt und frei anfühlt. Wenn Sie richtig entspannt sind, fahren Sie fort.*
- *Stellen Sie sich vor, wie unwohl und unzufrieden Sie sich beim Sex gefühlt haben. Bringen Sie dieses Gefühl in Ihren Beckenbereich, und halten Sie es dort fest. Während Sie das Unbehagen spüren, danken Sie dem Gefühl dafür, daß es Ihnen dabei helfen wollte, sich auf Ihr spirituelles Wachstum zu konzentrieren. Teilen Sie dem Gefühl mit, daß es nicht mehr zu Ihrem höchsten*

SCHÖPFERISCHE MACHT

*Wohl ist, weil Sie dadurch in Ihrer Kreativität blockiert werden
und Ihre kreativen Eingebungen deshalb nicht manifestieren
können. Spüren Sie, wie Sie sich gleichzeitig traurig und erleichtert und befreit fühlen, weil Sie einen wichtigen Teil Ihrer selbst
loslassen. Stellen Sie sich vor, wie Ihr Unbehagen in das Bade-
wasser übergeht und vom Meersalz neutralisiert wird.*

■ *Sagen Sie dreimal: „Während meiner sexuellen Erfahrungen
empfinde ich positive Gefühle. Durch dieses positive Verlangen
erlebe ich die Freude der Schöpfung."*

■ *Lassen Sie das Gefühl des Verlangens in Ihren Beckenbereich
eindringen. Geben Sie dem Gefühl des Verlangens eine positive
Form oder Farbe, und verankern Sie dieses Symbol in Ihrem
zweiten Chakra. Spüren Sie, wie aufgeregt Sie angesichts all der
Möglichkeiten sind, die Ihnen offenstehen, wenn Sie mit Ihrem
Verlangen oder Ihrer sexuellen Energie im Einklang sind.*

■ *Sagen Sie sechsmal: „Sexuelle Energie ist gut. Sie läßt mich an
der Schöpfung teilhaben."*

■ *Trocknen Sie sich ab, und schlüpfen Sie in etwas Lockeres und
Bequemes. Genießen Sie die neuen Erkenntnisse über sich
selbst und Ihre Wünsche.*

Denken Sie daran, daß diese Übung dazu beitragen wird, Ihren
Sexualtrieb zu erhöhen. Da das schwache Verlangen Sie
jedoch Ihr ganzes Leben lang geprägt hat, brauchen Sie wahrscheinlich mehr als nur ein einziges Energieritual, um das
bestehende Muster völlig aufzuheben. Durch das Auflösen der
alten Energie und das Einführen einer neuen Energie teilen Sie
Ihrem Unterbewußtsein mit, daß es an der Zeit ist, alte Muster
zu ändern. Fleischliche Gelüste stellen nicht mehr die Schat-
tenseite des Lebens dar. Sobald man sie in Einklang mit dem
spirituellen Bewußtsein gebracht hat, sind sie ein Teil des
Weges zur Göttlichkeit.

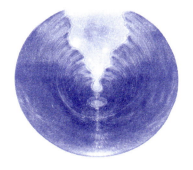

WEG UND ZIEL

Die Missionen der drei Teile
Ihrer Seele aufeinander abstimmen

Niederes, mittleres und hohes Selbst

Ähnlich der Dreifaltigkeit von Vater, Sohn und Heiligem Geist in der christlichen Religion bestehen auch Sie aus drei Elementen. Manche nennen sie niederes, mittleres und hohes Selbst. Andere nennen sie Unterbewußtsein, Bewußtsein und Überbewußtsein. Wenngleich Sie vielleicht daran gewöhnt sind, Gott als eine Trinität zu betrachten, haben Sie Ihre eigene Dreieinigkeit aus den Augen verloren. Sie neigen dazu, in Ihrer spirituellen Entwicklung nicht alle drei Elemente zu berücksichtigen, so daß es Ihnen schwerfällt, Blockaden zu beseitigen. Vielleicht konzentrieren Sie sich auf Ihr unterbewußtes (niederes) und ihr bewußtes (mittleres) Selbst, aber Sie ignorieren Ihr überbewußtes (hohes) Selbst. Leider können Sie nicht vorankommen, solange Sie nicht alle Teile Ihrer Seele vollständig aufeinander abgestimmt haben. Mit Ihrem *mittleren* Selbst sind Sie recht vertraut, denn es ist Ihr bewußtes Denken, das Sie manchmal unterstützt und manchmal quält! Die Therapeuten haben große Fortschritte dabei gemacht, Ihr *niederes* oder emotionales Selbst, oft auch als inneres Kind bezeichnet, zu verstehen. Nur wenige jedoch bringen Ihnen etwas über Ihr *hohes* Selbst bei oder darüber, wie Sie auf die dort gespeicherten Informationen zugreifen können.

Wenn das mittlere Selbst nicht in Einklang ist

Es gibt viele Situationen, in denen Sie unbewußt auf die Bremse steigen, weil die Missionen Ihres niederen, mittleren und hohen Selbst nicht aufeinander abgestimmt sind. Bei Menschen zum Beispiel, die nicht sterben wollen und noch lange an diesem Leben festhalten, obwohl sie unheilbar krank sind, ist oft das mittlere Selbst nicht im Einklang mit den anderen Ebenen. Das hohe oder überbewußte Selbst sieht die Zukunft und versteht, daß die Lektionen dieses

Lebens abgeschlossen sind und daß es jetzt Zeit für den Übergang ist. Ihr niederes Selbst, das für die Körperfunktionen zuständig ist, hat in Vorbereitung auf den Tod damit begonnen, die Funktion der Organe einzustellen. Es wurde vom hohen Selbst angewiesen, daß der Lebensvertrag abgelaufen und es an der Zeit sei, in eine nichtkörperliche Existenz auf der Astralebene überzugehen. Das mittlere oder bewußte Selbst ist jedoch eifrig damit beschäftigt, überzeugende Gründe dafür aufzubringen, auf der physischen Ebene zu bleiben. Solche Gründe sind vielleicht, daß man von der Familie gebraucht werde oder der Kummer für die Hinterbliebenen zu groß wäre. Das mittlere Selbst hat eine andere Mission als das niedere und hohe Selbst, also durchlebt es fürchterliche Qualen, wenn der Körper seine Funktionen aufgibt. In Sterbekliniken hat man die Erfahrung gemacht, daß der Übergang beinahe sofort erfolgt, wenn man dem mittleren oder bewußten Selbst dabei hilft, den Tod zu akzeptieren. Der Grund dafür ist, daß die drei Ebenen dann in Einklang sind. Das ist ein wesentlicher Teil der Arbeit von Elisabeth Kübler-Ross, wenn sie das Thema Tod mit unheilbar kranken Patienten bespricht.

Wenn das niedere Selbst nicht in Einklang ist

Zu einer Unstimmigkeit kann es auch dann kommen, wenn die Missionen des mittleren und hohen Selbst jenen des niederen Selbst widersprechen. Das niedere Selbst ist wie ein junger Hund. Es kann entweder verspielt, gehorsam oder eklatant trotzig sein, je nachdem wie es erzogen wurde. Das niedere Selbst nimmt zum Beispiel sehr rasch Gewohnheiten an, weil es durch Wiederholen lernt und durch Rituale sehr leicht zu beeindrucken ist. Das niedere Selbst eines Menschen, der in einer frommen baptistischen Familie aufgewachsen ist und dem man beigebracht hat, daß Tanzen eine Sünde sei, trägt diese Überzeugung in sich. Diese Denkweise wurde sowohl durch den elterlichen Einfluß als auch durch die religiösen Lehren untermauert. Wenn dieser Mensch erwachsen wird und beschließt, tanzen zu gehen, weil das mittlere Selbst meint, Tanzen sei keine Sünde, sondern mache Spaß, dann kommt es zu einem Konflikt zwischen den einzelnen Ebenen des Selbst. Das niedere Selbst glaubt, daß Tanzen schlecht sei und

Weg und Ziel

es deshalb nicht in den Himmel komme. Das mittlere Selbst meint, Tanzen mache Spaß und die Lehren der Kirche seien veraltet. Das hohe Selbst betrachtet das Tanzen als eine angenehme Erfahrung auf der physischen Ebene. Wenn dieser Mensch tanzen geht, setzt sich das mittlere Selbst über das niedere Selbst hinweg. Dem niederen Selbst mißfällt dies, aber es kann die Entscheidung nicht beeinflussen. Es folgt den Wünschen des mittleren Selbst, weil es muß, rebelliert aber auf seine Weise dagegen. Jedesmal wenn dieser Mensch tanzen geht, bekommt er vielleicht einen Nesselausschlag oder eine Blasenentzündung oder verstaucht sich den Knöchel. Das ist darauf zurückzuführen, daß die Missionen des niederen, mittleren und hohen Selbst nicht aufeinander abgestimmt sind.

Das allwissende hohe Selbst

Zum Glück sind die Lehren der Polynesier über das niedere, mittlere und hohe Selbst in deren Huna-Philosophie erhalten geblieben, und Sie können sich Informationen über die drei Ebenen Ihres Selbst besorgen. Leider sind die herkömmlichen religiösen Lehren der Hauptgrund dafür, daß das hohe Selbst außer acht gelassen wird. Gemäß den meisten Lehren müssen Sie außerhalb Ihrer selbst nach der Erlösung Ihrer Seele suchen, indem Sie zu einem externen Gott beten. Diese Lehren sagen Ihnen üblicherweise nicht, daß Sie aufgrund der Tatsache, daß Sie von derselben Energiequelle abstammen, mit dem Schöpfer verbunden sind. Die meisten von Ihnen wurden dazu erzogen, außerhalb Ihrer selbst nach dem Sinn zu suchen. Man hat Ihnen nicht gesagt, daß die Antworten und der Weg zurück zur Quelle in Ihnen liegen.

Ihr hohes Selbst ist Ihr Schöpferbewußtsein, und es fungiert als Ihr persönlicher Draht zur Quelle der Schöpferkraft. Sie sind Teil des göttlichen Geistes, und Sie brauchen nicht außerhalb Ihres Selbst nach Antworten auf spirituelle Fragen zu suchen. Wenngleich man diesen Aspekt Ihres Selbst von jeher der Religion zugeschrieben hat, brauchen Sie nur über Ihren privaten Draht mit Ihrem hohen Selbst zu kommunizieren, um aufschlußreiche Informationen zu erhalten. Wenn Sie Ihre persönliche Verbindung mit der Quelle spüren, dann werden sie wahrlich „ermächtigt". Die Informationen, die Sie durch Ihr hohes Selbst erhalten, sind im Einklang mit Ihrem niederen und mittleren Selbst, wenn Sie berücksichtigen, wer Sie auf der physischen Ebene sind, und sich der Missionen Ihres niederen und mittleren Selbst bewußt sind. Wenn Sie aufrichtig sind, werden Sie Fortschritte machen. Sobald die drei Ebenen Ihres Selbst aufeinander abgestimmt sind, werden Sie mühelos auf Ihrem Weg vorankommen.

Das hohe Selbst gestaltet Ihre Zukunft aufgrund der Informationen, die es vom niederen und mittleren Selbst erhält. Es muß sich allerdings Lebensenergie (oder *Prana* oder *Chi*) von den dichteren Energiefeldern des niederen und mittleren Selbst, die sich in Ihrem physischen Körper befinden, „borgen", um seine Aufgabe zu erledigen. Das hohe Selbst überprüft Ihre Gedanken, Taten, Ängste und Vorstellungen und verbindet diese Informationen mit alten Informationen, um eine kumulative Gedankenform zu erzeugen, aus der Ihre Zukunft entsteht. Es ist sehr wichtig zu verstehen, daß das hohe Selbst nicht über genügend eigene Lebensenergie oder *Prana* verfügt, um Ihre Zukunft zu gestalten, weil es sich außerhalb des Körpers, in der Aura befindet. Deshalb müssen Sie eine physische Gestalt haben, um genügend Lebensenergie aufzubringen und damit Ihre Erfahrungen zu erschaffen.

Ist es nicht interessant, daß die traditionellen Religionen verlangen, daß Sie zu einer externen Kraft um Ihre Macht beten, und daß sie damit Ihre Fähigkeit vermindern, sich mit Ihrer eigenen Lebenskraft zu verbinden, um die Energie für Ihre Erfahrungen aufzubringen? Zu Ihrem dreidimensionalen Dasein gehört es zu lernen, Ihre Lebensenergie einzusetzen, um die Existenz zu erschaffen, die Sie sich wünschen. Wenn Sie anderswo nach Antworten suchen, sei es in der Kirche, bei einem Guru oder bei einem nichtphysischen Wesen, das Ihnen gechannelte Informationen liefert, geben Sie sofort Ihre Macht ab. Sammeln Sie Informationen von anderen Quellen, aber lernen Sie, sich primär auf Ihre eigene Leitung, das hohe Selbst zu verlassen, um sich mit der Quelle zu verbinden.

Die Tabelle auf den *Seiten 109-111* dient dazu, die Unterschiede zwischen niederem, mittlerem und hohem Selbst zu verdeutlichen. Niederes, mittleres und hohes Selbst können auch wie folgt bezeichnet oder vorgestellt werden: Unterbewußtsein/Bewußtsein/Überbewußtsein, Körper/Geist/Seele, rechte Gehirnhälfte/linke Gehirnhälfte/kollektives Unbewußtes, inneres Kind/Erwachsener/Eltern.

Weg und Ziel

Element der Trinität

Niederes Selbst (NS)

(Unterbewußtsein, rechte Gehirnhälfte, inneres Kind, Körper)

Merkmale
- tierähnlicher Geist, nutzt den primitiven freien Willen
- Erinnerungsvermögen
- kann nur beschränkt logisch denken, kann nicht zwischen guten und schlechten Informationen unterscheiden
- Sitz aller Gefühle, chaotische & unkontrollierte Emotionen
- ist launisch & stur, kann Befehle des MS ablehnen
- macht Dinge heimlich, kann das MS behindern
- gehorcht wie ein Hund, wenn man es abrichtet
- leicht durch Rituale zu beeinflussen
- hat eine dichte, klebrige Aura, die sich primär im physischen Körper befindet

Primäre Funktionen
- nimmt Informationen über die Sinne auf
- speichert Erinnerungen, führt Programme wie Spaziergehen, Autofahren, Problemelösen aus
- steuert und koordiniert alle Körperfunktionen, abgesehen vom höheren Denken und vom Willen

Blockaden
- lernt, was „richtig" & „falsch" ist und wird zum Gewissen, empfindet Schuld & Scham (kann mit der Willenskraft des MS umprogrammiert werden)
- muß Führung & Hilfe vom HS wünschen/verlangen, um sie zu bekommen
- versucht, die Missionen des MS zu untergraben; plant die Zukunft emotional

SCHÖPFERISCHE MACHT

Element der Trinität

Mittleres Selbst (MS)

(Bewußtsein, linke Gehirnhälfte, Erwachsener, Verstand)

Merkmale
- menschengemäßer Geist, nutzt die Willenskraft
- agiert ausschließlich auf der mentalen Ebene, kann völlig logisch denken, argumentiert abstrakt & analysiert
- kein Erinnerungsvermögen, ist auf die Informationen des NS angewiesen
- empfindet Emotionen, läßt sich aber nicht davon überwältigen
- spricht
- hat eine helle Aura, die sich über dem Kopf konzentriert

Primäre Funktionen
- überprüft alle Daten des NS, untersucht alle Botschaften der Sinne und trifft Entscheidungen
- sorgt für Ordnung und eine klare Richtung im Leben
- drängt dem NS seinen Willen auf, wenn dieses sich widersetzt

Blockaden
- wiederholt aufgrund von Gelübden & Verträgen auf der Ebene des HS unnötigerweise karmische Lektionen
- muß Führung & Hilfe vom HS wünschen/verlangen, um sie zu bekommen
- wird vom NS dazu verleitet, verwirrt zu sein, wenn es von Wogen der Emotion überrollt wird

110

Element der Trinität

Hohes Selbst (HS)

(Überbewußtsein, kollektives Unbewußtes, Eltern, Seele)

Merkmale
- elternähnlicher Geist
- hoch entwickelt in bezug auf geistige Fähigkeiten & Kreativität
- denkt, indem ihm etwas bewußt wird (weiß, ohne sich zu erinnern oder logisch zu denken)
- kennt alle kristallisierten zukünftigen Ereignisse
- ist liebevoll, vertrauenswürdig & unermeßlich weise
- hat eine Aura, die nur selten den physischen Körper berührt

Primäre Funktionen
- sieht in die kristallisierte Zukunft, schickt dem NS Vorahnungen, was den bewußten Verstand des MS beeindruckt
- erstellt aus den Informationen des NS (Wünsche, Ängste) und des MS (Pläne) ein Gedankenreservoir für die Zukunft
- Verbindung zum göttlichen Schöpfer

Blockaden
- wird vom freien Willen davon abgehalten, aktiv am Alltagsleben teilzunehmen, solange es nicht vom NS & MS dazu eingeladen wird
- wird durch Gelübde & Verträge aus früheren Leben davon abgehalten, die Missionen des NS & MS zu unterstützen
- kann die kristallisierte Zukunft, wie etwa planetarische Verträge oder karmische Beschlüsse, nicht ändern

Selbstverpflichtungen aus früheren Leben und deren Auswirkungen

Viele von Ihnen, vor allem jene, die eine Therapie gemacht haben oder Selbsthilfebücher lesen, haben gelernt, ihr niederes und mittleres Selbst aufeinander abzustimmen. Sie sind, was die physische Ebene betrifft, sehr konsequent und hören auf das emotionale, tierähnliche, niedere Selbst und die rationale, geistige Seite des mittleren Selbst. Weil Sie jedoch das hohe Selbst vernachlässigen, sind alle möglichen Blockaden entstanden, die Sie an Ihrem Vorankommen hindern.

Vielleicht haben Sie in einem früheren Leben als Nonne oder Priester ein Armutsgelübde abgelegt. Oder Sie haben womöglich einen Seelenvertrag abgeschlossen, der es nicht zuläßt, daß sich Ihre Wünsche manifestieren, weil Sie in einem früheren Leben gestohlen und dies als Fehler erkannt haben. Das sind Gelübde und Verträge, die das hohe Selbst aufzeichnet und rigoros einhält, weil das physische oder niedere/mittlere Selbst diese Selbstverpflichtung eingegangen ist. Dann inkarnieren Sie wieder und schleppen diese Gelübde mit sich herum. Obwohl Ihr hohes Selbst allwissend ist, kann es Ihren Weg ohne die Mitwirkung des niederen und mittleren Selbst nicht verändern. Und zwischen den physischen Inkarnationen, während der Existenz auf der Astralebene, wenn sich die drei Ebenen Ihres Selbst vielleicht dieser Gelübde bewußt sind, ist einfach *nicht genug Lebensenergie vorhanden, um die Situation zu ändern.*

Wenn Sie in Ihrer physischen Gestalt Lektionen auf sich genommen haben, dann müssen Sie diese auch in physischer Gestalt bewältigen. Die drei Teile Ihres Selbst müssen warten, bis Sie wieder physische Gestalt angenommen haben, um aufgrund der Lebenserfahrungen wieder Übereinstimmung zu schaffen. Bei manchen wird die Barriere zum Wohlstand aufgehoben, weil sie sich immer wieder damit auseinandersetzen, bis die unterschiedlichen Missionen wieder aufeinander abgestimmt sind. Andere bleiben frustriert, weil ihre wiederholten Versuche, zu Wohlstand zu gelangen zunichte gemacht wurden, so daß das niedere und mittlere Selbst nur noch wenig auf diesem Gebiet erwarten. Wenn Sie ständig auf Grenzen stoßen, sollten Sie sich selbst fragen: „Welche Unstimmigkeiten gibt es auf der Ebene des niederen, mittleren oder hohen

Weg und Ziel

Selbst?" Verfolgt Ihr hohes Selbst andere Ziele als ihr niederes oder mittleres Selbst? Sobald Ihnen die Unstimmigkeiten bewußt sind, können Sie sie beseitigen und vorankommen.

Gelübde aus früheren Leben auflösen

Um sicherzustellen, daß Sie nicht durch Gelübde oder Verträge aus früheren Leben, die nicht zu Ihrem höchsten Wohl sind, in Ihrem gegenwärtigen Leben behindert werden, können Sie diese Gelübde, wie folgt, auflösen (Informationen von Venessa Rahlston):

- *Verbinden Sie sich mit der schöpferischen Energie, indem Sie auf Ihre Thymusdrüse klopfen (sie befindet sich in der Mitte des oberen Brustkorbs gleich unterhalb Ihrer Schlüsselbeine).*
- *Während Sie klopfen, sagen Sie dreimal: „AHHHH. OOOOO. UMMMM."*
- *Sagen Sie dreimal: „Schöpfer aller Lebewesen, persönliche Führer und Lehrer, alle sieben Erzengel, die dem göttlichen Schöpfer gegenüber loyal sind, mein hohes Selbst, mein mittleres Selbst, mein niederes Selbst."*
- *Sagen Sie: „Ich möchte alle negativen Gelübde oder Vereinbarungen aufheben, die ich jemals getroffen habe, sowie alle positiven Gelübde, die nicht meinem höchsten Wohl dienen, einschließlich solcher Gelübde, die sich momentan nachteilig auf mich auswirken; in Zukunft nicht meinem höchsten Wohl dienen werden; alle Begriffe der Zeit in allen Dimensionen und Ebenen betreffen; sich auf dieses oder irgendein anderes Leben auswirken. Zu diesen Gelübden und Vereinbarungen gehören all jene, die ich mit negativen Wesen oder dunklen Mächten, mit Verbindungen wie dunklen Bruderschaften oder Schwesternschaften, mit jeglichen Wesen, die ich als Gott oder Göttin betrachtete, mit physischen Wesen oder dem Schöpfer aller Lebewesen abgeschlossen habe. Bitte helft mir dabei, diese Gelübde und Vereinbarungen aufzulösen, damit sie mich in meinem Dasein nicht mehr einschränken. Ich ersuche*

*darum, alle Einschränkungen aufzuheben und zu beseitigen,
damit ich wachsen und meiner höheren Bestimmung folgen
kann. Bitte bringt in meiner Seelenerinnerung einen Auslöser
an, der automatisch alle positiven oder negativen Gelübde
oder Vereinbarungen auflöst, die in Zukunft entstehen werden
und meinem höheren Weg und Ziel widersprechen oder positive Lebenserfahrungen verhindern."*

■ *Sagen Sie dreimal: „Zum höchsten Wohle aller, danke."*

Wie Karma sich auf Gelübde auswirkt

Beachten Sie bitte, daß das hohe Selbst es nicht zuläßt,
Gelübde oder Verträge aufzulösen, die entweder ...

1) karmisch noch nicht abgeschlossen sind; das heißt, Sie
    tragen noch Karma in sich, das aufgearbeitet werden muß,
    indem Sie positiv handeln und/oder Lebenslektionen ler-
    nen; oder ...
2) die notwendig sind, um Ihre kristallisierte Zukunft zu
    erschaffen. Wenn Sie beispielsweise einen Vertrag abge-
    schlossen haben, in dem es darum geht, daß Sie in dieser
    Inkarnation lernen, unabhängig zu sein, so werden Sie
    diesen Vertrag nicht auflösen können, um ein Leben in
    Muße zu leben und von jemand anderem finanziell unter-
    stützt zu werden. Unabhängig zu sein gehört auf jeden Fall
    zu Ihrer Erfahrung auf der Erde.

Nehmen wir jetzt einmal an, Sie waren den größten Teil Ihres
Erwachsenenlebens unabhängig und sind durchaus imstande
und bereit, eigenständig zu sein. Auf dieser Stufe Ihrer Entwicklung ist Ihr Vertrag bezüglich Unabhängigkeit nicht mehr
sachdienlich. Es kann sogar sein, daß er Ihrem höchsten Wohl
widerspricht. Vielleicht möchten Sie ein Jahr damit verbringen,
Ihren ersten Roman zu schreiben, und brauchen dafür die
Unterstützung Ihres Partners. An diesem Punkt in Ihrem Leben
geht es um eine andere Erfahrung, die Ihre Entwicklung fördern würde. Hätten Sie mit zwanzig versucht, Ihren Vertrag
bezüglich Unabhängigkeit aufzulösen, wäre Ihnen das nicht
gelungen. Versuchen Sie jedoch Ende Vierzig dieses Gelübde
aufzuheben, dann wird Ihr Anliegen genehmigt, weil Sie Ihre

Weg und Ziel

Lebenslektion beendet haben und bereit für die nächste sind. Das ist der Grund dafür, daß Sie in Ihrem Ersuchen zur Auflösung von Gelübden um einen Auslöser bitten. Durch den Auslöser werden Gelübde, die karmisch aufgearbeitet sind, automatisch aufgehoben.

Herauszufinden, daß es ein hohes Selbst gibt, ist die größte Entdeckung, die Sie im Leben machen können. Die zweitgrößte Entdeckung ist es, eine Methode zu finden, die dazu führt, daß hohes, mittleres und niederes Selbst als ein Ganzes zusammenarbeiten. Bevor Sie diese Entdeckungen machen, werden Sie sich, wie die meisten Menschen, leer und einsam fühlen. Einsam fühlen Sie sich deshalb, weil sich das niedere Selbst danach sehnt, täglich im Licht des hohen Selbst zu stehen, das heißt, bedingungslos geliebt zu werden. Da ist noch ein weiteres Gefühl, das alle Menschen verspüren, nämlich daß sie etwas Besonderes sind. Sie spüren, daß Sie hier sind, um etwas Einzigartiges und Wichtiges zu tun. Wenn Sie sich mit jenem Teil von Ihnen verbinden, der der Quelle entstammt, dann wird sich Ihr ganz eigener Weg auftun.

Ihre Perspektive erweitern

Wahrnehmung kontra Perspektive

Viele populäre Referenten und Autoren haben sich mit dem Thema Wahrnehmung befaßt und damit, wie Sie davon beeinflußt werden. Durch die Arbeit von Leuten wie Wayne Dyer, Tony Robbins und Louise Hay ist Ihnen klar geworden, daß Sie die Realität erschaffen können, die Sie sich wünschen, weil Ihre *Wahrnehmung* einer Erfahrung (und nicht die Erfahrung selbst) das entsprechende Feedback auslöst.

Das Thema *Perspektive* wurde jedoch nicht behandelt. Die Perspektive ist etwas anderes als Wahrnehmung. Das Konzept der *Wahrnehmung* bedeutet, daß Sie die freie Wahl (den freien Willen) haben, wie Sie auf etwas reagieren. Wenn Ihre Beziehung zu Ihrem Ehepartner nach fünfzehn Jahren zu Ende geht, nehmen Sie dies als Verlust oder als Gewinn wahr? Nehmen

Sie jene fünfzehn Jahre als verlorene Zeit wahr oder sind Sie dankbar für die Erkenntnisse, die Sie aus den vielen Lektionen während der Partnerschaft gelernt haben?

Ihre *Perspektive* ist dagegen viel tiefer in Ihnen verwurzelt als Ihre Wahrnehmung. Sie läßt sich deshalb nur viel schwerer ändern. Sie befindet sich in Ihrem mentalen Körper und ist das kumulative Ergebnis der sozialen, religiösen, wirtschaftlichen und politischen Werte, nach denen Sie erzogen wurden. Ihre Perspektive erzeugt tief verwurzelte Anschauungen, die auf den ausgesprochenen und unausgesprochenen Regeln Ihrer Erziehung beruhen. Diese Anschauungen sitzen so tief, daß Sie sich nicht davon lösen können. Sie prägen jede einzelne Ihrer Erfahrungen, und dennoch sind Sie sich ihrer Existenz nur vage bewußt.

Perspektive und Überleben

Ursprünglich sollte die Perspektive als Überlebensmechanismus dienen. Sie sorgte dafür, daß Sie in einer Welt voller widersprüchlicher Informationen und Möglichkeiten bei Verstand blieben. Sie vereinfachte Ihr Denken, so daß Sie nicht *jede einzelne* Information hinterfragen und verarbeiten mußten. Sobald Sie beispielsweise die Prinzipien Ihrer religiösen Erziehung verstanden hatten, mußten Sie sich nicht mehr damit auseinandersetzen. Sie wachten nicht jeden Tag mit der Bitte um mehr Klarheit über die Bedeutung Gottes auf. Sie akzeptierten, was man Sie gelehrt hatte, und das Gelernte bildete die Basis für Ihre Perspektive. Auf diese Weise konnten Sie Ihre Welt auf der Grundlage dessen aufbauen, was Sie für wahr hielten.

Aufgrund Ihrer Perspektive konnten Sie sich auf Ihre Lebenslektionen konzentrieren, statt sich durch das Leben treiben zu lassen und Ihre Lebensmuster täglich, wenn nicht stündlich zu ändern. Sie konnten sich rasch auf das einstellen, was Sie für wahr hielten, und sofort das verwerfen, was Sie für falsch hielten, um sicherzustellen, daß Sie sich mit den Lektionen für dieses Leben auseinandersetzen würden. Es blieb nur wenig Platz für Lektionen außerhalb der Erfahrungen, die Sie zu machen beabsichtigten, da diese Lektionen nicht in Ihr Repertoire paßten.

Weg und Ziel

Jetzt arbeiten jedoch viele von Ihnen daran, an der Evolution des Planeten mitzuwirken. Sie tragen kein negatives Karma mehr mit sich, nachdem Sie viele Leben lang Ihre Lektionen gelernt haben. Sie sind bereit, Ihr Wissen mit anderen zu teilen, statt sich auf die Lösung Ihrer eigenen Probleme zu konzentrieren. Sie brauchen den eingeschränkten Blickwinkel nicht mehr, der es Ihnen ermöglichte, sich auf Ihre Lebenslektionen zu konzentrieren. Sie tragen aber noch Rückstände in Ihrem mentalen Körper mit sich, die Ihr Blickfeld einschränken. Sie wünschen sich Erfahrungen, die Ihnen neue Perspektiven eröffnen, aber Sie können sich Ihnen nicht hundertprozentig öffnen, bevor Sie diese Rückstände entfernen. Die meisten von Ihnen haben das Gefühl, daß Sie dies schaffen, weil Sie daran gearbeitet haben, Ihre *Wahrnehmung* zu ändern. Sie verstehen, daß Ihre Wahrnehmung beeinflußt, wie Sie auf eine Situation reagieren. Ihre Erfahrungen sind besser geworden, indem Sie gelernt haben, alle Ergebnisse als Limonade und nicht als Zitronen zu betrachten. Ihre Erfahrungen sind jedoch noch immer von den *Überresten Ihrer Perspektive* gefärbt.

Überreste Ihrer Perspektive

Um jede Erfahrung voll und ganz zu verstehen und die Informationen, die Sie brauchen, aus diesen Erfahrungen zu erhalten, müssen Sie Ihren Mentalkörper von jeglichen Rückständen reinigen. Im wesentlichen beseitigen sie damit den „toten Winkel", so daß Sie volle Sicht statt einer eingeschränkten Perspektive haben. Die Überreste sitzen in Form einer bestimmten Einstellung im Mentalkörper fest. Es handelt sich nicht um eine einzelne Einstellung, aber sie zeigt sich als einzelne. Anders ausgedrückt: Ihre einzelne Einstellung ist ein Kulminationspunkt und repräsentiert alle Feedbackmechanismen, die Ihre Perspektive geformt haben. Sie ist das Konglomerat aus Daten von Ihren Eltern, Priestern, Lehrern, Therapeuten, Ärzten, Freunden usw. Sie wären jedoch damit überfordert, sich mit jeder einzelnen Einstellung, die zu Ihrer Perspektive beigetragen hat, zu beschäftigen. Zum Glück ist es genauso wirksam, sich mit allen auf einmal auseinanderzusetzen.

Wie Sie Ihre Perspektive neu kalibrieren

Die folgende Übung dient dazu, Ihre Perspektive neu zu kalibrieren (zu eichen), indem Sie alle unnötigen Rückstände beseitigen. Beachten Sie, daß es nachteilig wäre, alle Einstellungen zu entfernen, da diese Betrachtungsweisen Sie zu dem gemacht haben, was Sie sind. Bei der Übung geht es darum, jene Rückstände zu entfernen, die Sie daran hindern, die Wahrheit zu sehen, und nicht darum, Ihr gesamtes Wesen zu verändern.

- *Schneiden oder reißen Sie ein Blatt Papier in zehn bis fünfzehn Stücke. Schreiben Sie auf jedes Stück Papier den Namen einer Organisation, Institution oder Instanz, die Sie durch ihre Lehren stark beeinflußt hat. Verwenden Sie einen Kugelschreiber, keinen Bleistift. Auf einen Zettel schreiben Sie zum Beispiel den Namen Ihrer Grundschule. Auf den nächsten den Namen Ihrer Kirche. Wahrscheinlich möchten Sie die Namen Ihrer Eltern und vielleicht die Ihrer Großeltern auf weitere Zettel schreiben. Vielleicht möchten Sie Muster klären, die seit vielen Generationen bestehen, zum Beispiel Schuldgefühle in der Familie Ihrer Mutter oder dominantes Verhalten der Männer in der Familie Ihres Vaters. Konzentrieren Sie sich auf die ersten dreizehn Jahre Ihres Lebens, denn während dieser Zeit wurde Ihre Perspektive zum größten Teil geprägt. Gab es einen Lehrer oder Verwandten, der Sie besonders stark beeinflußt hat? Einen Freund oder eine Freundin? Haben Sie die Bücher eines bestimmten Autors gelesen, oder gab es eine bestimmte Sendung im Fernsehen, von der Sie beeinflußt wurden? Suchen Sie nach zehn bis fünfzehn wesentlichen Ereignissen. Mehr werden es nicht sein.*
- *Legen Sie die Zettel in eine Schüssel aus Ton, Glas oder Metall (verwenden Sie weder Plastik noch Holz). Gießen Sie zwei Tassen Wasser (vorzugsweise destilliertes) in die Schüssel. Fügen Sie eine Handvoll Meersalz hinzu. Sie müssen Meersalz statt Tafelsalz verwenden, denn es weist eine bestimmte Schwingung auf, die imstande ist, negative Energien zu reinigen.*

Weg und Ziel

- *Sagen Sie dreimal: „Schöpfer aller Lebewesen, Erzengel Zoph-kiel aus dem Reich der Harmonie, planetarische Hierarchie der Erde, hohes Selbst, mittleres Selbst, niederes Selbst."*
- *Sagen Sie: „Ich bin das Ergebnis der Einstellungen und Mei-nungen der auf diesen Zetteln enthaltenen Quellen. Ich respektiere, daß jene, die diese Informationen lieferten, es gut meinten, und ich respektiere, wer ich aufgrund dieser Lehren bin. Ich bitte jetzt darum, meinen Mentalkörper von jenen Per-spektiven zu befreien, die mich momentan daran hindern, die Dinge vollständig zu verstehen. Ich ersuche darum, nur jene Perspektiven beizubehalten, die mir helfen, die Wahrheit zu sehen."*
- *Nachdem Sie Ihr Anliegen formuliert haben, stellen Sie die Schüssel in die Sonne.*
- *Sagen Sie: „Möge die Klarheit des Lichtes mein Wesen durch-dringen. Laßt das Licht all das enthüllen, was ich bei der Rei-nigung vergessen habe, und jetzt an die Oberfläche bringen, so daß es entfernt wird. Laßt nur jene Einstellungen weiterbe-stehen, die zu meinem höchsten Wohle sind und die Wahrheit fördern."*
- *Sagen Sie dreimal: „Danke."*
- *Lassen Sie die Schale mehrere Stunden lang in der Sonne stehen. Gießen Sie das Wasser ab und nehmen Sie das, was von den Zetteln übrig ist, heraus. Wickeln Sie sie in Alumini-umfolie oder in eine Plastiktüte, und werfen Sie sie in den Müll.*

Sie können nur wachsen, wenn Sie sehen können

Bei dieser Übung geht es darum, Blockaden in Ihrer Per-spektive zu beseitigen, indem Sie die Rückstände entfer-nen. Es geht nicht darum zu verändern, wer Sie sind. Es han-delt sich dabei um eine sehr wirksame Zeremonie, und sie soll dann durchgeführt werden, wenn Sie sich darauf konzentrie-ren können, ohne unterbrochen zu werden. Seien Sie nicht überrascht, wenn Emotionen hochkommen, denn Sie lassen einen Teil von sich los, der Ihnen sehr vertraut ist. Denken Sie daran, Sie können nur wachsen, wenn Sie sehen können. Erweitern Sie Ihren Blickwinkel, indem Sie Ihre Perspektive ändern.

Den Antichristen überwinden, um Ihr wahres Selbst zu finden

Die Energie des Antichristen

Seit der Zeit Christi umhüllt ein Schleier die Erde. Er ist das Ergebnis einer enormen, intensiven Angst, die von jenen, die die Lehren Christi fürchteten, erzeugt wurde. Die Angst wurde von Patriziern ausgelöst, die durch die römische Regierung Kontrolle über die Bevölkerung ausübten. Sie wurde von den Priestern, die die Tempel leiteten, unterstützt. Sowohl die Kirche wie auch der Staat waren sich über die Auswirkungen der Selbstverwirklichung und der persönlichen Ermächtigung, die durch das Christusbewußtsein möglich waren, im klaren: Wenn es jedem in der Bevölkerung möglich gewesen wäre, durch seine persönliche Verbindung mit der Quelle Erlösung (oder Erleuchtung) zu finden, dann hätten die damaligen Machthaber ihren Einfluß verloren. Die Angst vor der Amtsgewalt und der Wunsch, es jenen recht zu machen, die mehr Macht zu haben schienen, schuf eine gehorsame Bevölkerung.

Das Christusbewußtsein wurde von jenen, die bisher leicht zu kontrollieren gewesen waren, sofort als ein Weg in die Freiheit erkannt. Unter den politischen Führern jener Tage entstand enorme Angst, denn sie erkannten, daß das Christusbewußtsein (wie die Lehren Buddhas oder Mohammeds) die Evolution des Planeten beeinflussen würde. Diese negative Energie blockierte Jesu Lehren und war für seine Kreuzigung verantwortlich. Sie umhüllt die Erde seit den Tagen Christi und ist genau genommen die Energie des Antichristen.

Die Auswirkungen der Energie des Antichristen sind enorm, denn sie betreffen jedes Mitglied der heutigen Menschheit. Obgleich Jesus die Christusenergie vor etwa 2000 Jahren auf die Erde brachte, kann sie aufgrund dieser konträren Energie nicht voll genutzt werden. Anders ausgedrückt: Die Christusenergie kann in Ihr Inneres eindringen, und Sie können spüren, wie Sie diese Energie aufnehmen. Dieses

Weg und Ziel

Gefühl, die Christusenergie zu empfangen, hat dafür gesorgt, daß die Menschen 2000 Jahre lang mit seiner Macht und Schönheit in Verbindung blieben.

Leider verhindert es der Schleier der negativen Energie, daß Sie diese Energie nach außen reflektieren und Ihr eigenes Licht erstrahlen lassen können. Es gibt viele, die sich auf dem spirituellen Weg befinden und aufgrund ihrer Reinheit einen Teil dieses Lichtes ausstrahlen können. Doch das gegenwärtige Licht ist wie eine kleine Taschenlampe im Vergleich zum Lichtstrahl eines Leuchtturms, der erstrahlen könnte, würde dieser Schleier entfernt. Sie müssen verstehen, daß diese Blockade Sie, unabhängig von Ihren religiösen Überzeugungen, daran hindert, die Energie des Lichtes auszusenden.

Ganzheit erlangen

Zum Glück gibt es eine Methode, mit der man den Schleier der negativen Energie von diesem Planeten entfernen kann. Eine ausreichende Anzahl von Ihnen hat sich zum Licht hin entwickelt und damit die Angst, von der die Erde seit 2000 Jahren umgeben ist, vermindert. Das folgende Ritual wurde bereits am Yom-Kippur-Tag, am 11. Oktober 1997, von einigen Lichtarbeitern, die in der Umgebung von Kansas City leben, durchgeführt. Von dieser Gegend, die auch als das Herz der Taube bezeichnet wird, sagt man seit langem, sie sei der Eintrittspunkt der Energie, die dazu beitragen wird, die Erde auf die nächste Ebene der Bewußtheit anzuheben. Das Ritual wird am Ende dieser gechannelten Botschaften beschrieben, so daß Sie es für sich selbst nachvollziehen können. Sie müssen jedoch „ganz" sein, damit das Ritual wirken kann.

Diese Ganzheit umfaßt folgende drei Elemente: Reinheit, Ausgewogenheit und Herzenergie. Sie müssen diese drei Elemente in Ihrem physischen Wesen vereinen, das heißt, Sie müssen selbst rein sein, bevor Sie das Licht aufnehmen und als Ihren eigenen Strahl wieder aussenden können. Werfen wir zunächst einen Blick auf die drei Elemente der Ganzheit:

- **REINHEIT:**

  Reinheit erlangen Sie durch die vielen Inkarnationen in menschlicher Gestalt. Sie beruht auf dem Karma, das verlangt, daß Sie auf diesem von der Polarität geprägten Planeten leben, um die Extreme von Licht und Dunkel als Teil Ihrer seelischen Entwicklung zu erleben. Obwohl Sie ursprünglich ein Lichtwesen sind, würden Sie in Ihrer Entwicklung stagnieren, wenn Sie in völligem Licht lebten. Dies wäre zwar angenehm, aber es fehlte Ihnen der Ansporn, sich weiterzuentwickeln, weil es weniger stimulierende Faktoren gäbe. Die Polarität erzeugt Kontraste, so daß Sie Entscheidungen treffen können, die sowohl positives als auch negatives Karma erzeugen. Ehrgeizige Seelen stehen sozusagen Schlange für diese irdische Erfahrung der Polarität. Negatives Karma ist eigentlich ein Geschenk, denn es fördert Ihre Entwicklung. Das negative Karma stammt aus Leben, in denen Sie Macht durch die Dunkelheit erlangten, zum Beispiel, indem Sie Angst oder Gier für manipulative Zwecke einsetzten. Sie fühlen dann den Drang, dieses Karma durch gütige Taten und dadurch, daß Sie dem Planeten dienen, aufzulösen. Reinheit erlangen Sie, wenn Sie jegliches irdische Karma neutralisiert haben.

- **AUSGEWOGENHEIT:**

  Die Ausgewogenheit ist ein wesentlicher Bestandteil der Ganzheit. Wie bereits erwähnt, erlangen Sie Reinheit, indem Sie negatives Karma durch positive Taten neutralisieren. Wenn Sie vergangenes irdisches Karma aufgelöst haben, befinden Sie sich an einem neutralen Punkt. Auf einer Skala wären Sie am Nullpunkt zwischen positiv und negativ. Sie haben schwer daran gearbeitet, die Polarität zu überwinden und diesen Punkt zu erreichen. Der Nullpunkt ist jedoch nicht unbedingt eine Dauerposition. Sie sind immer imstande, negatives irdisches Karma zu erzeugen, was Ihren Zustand der Reinheit aufheben würde. Ausgewogenheit bedeutet, ständig ein neutrales Karma aufrechtzuerhalten, indem Sie ein Leben in Reinheit leben.

- **HERZENERGIE:**

  Die Herzenergie ist es, die Sie antreibt. Während dunkle Energie von Furcht geschürt wird, gibt die Herzenergie dem physischen Körper den Schwung und die Kraft, anderen zu dienen. Die Herzenergie unterscheidet sich stark von der Liebesenergie. Liebe ist eine Emotion, für die man einen Empfänger braucht. Sie können einen anderen Menschen lieben, Ihr

Haustier, sich selbst oder den Schöpfer. Sie können aber keine Liebesenergie erzeugen, ohne einen Empfänger dafür zu haben. Die Herzenergie hingegen ist eine bedingungslose positive Schwingung, die einfach für sich bestehen kann. Sie kann auch dann vorhanden sein, wenn Sie weder einen Partner noch ein Haustier haben. Sie ist einfach ein Daseinszustand. Die Herzenergie muß vorhanden sein, damit Sie negatives Karma auflösen können, sonst würden Sie nicht den Drang verspüren, bedingungslose, gütige Taten zu vollbringen.

Sie müssen ständig daran arbeiten, Ihre Ganzheit aufrechtzuerhalten. Es erfordert Ihre ganze Aufmerksamkeit, sie in einer Umgebung der Polarität aufrechtzuerhalten, in der sich Karma täglich manifestiert, um die Seelen in ihrem Lernprozeß voranzubringen. Sobald Sie imstande sind, die Ganzheit über längere Zeit hinweg beizubehalten, empfangen Sie große Mengen an Lichtenergie. Dann sind Sie fähig, den Schleier zu entfernen, der Sie daran hindert, das Licht auszustrahlen, das Sie empfangen.

Den Schleier der Antichrist-Energie entfernen

Wie bereits erwähnt, wurde dieses Ritual schon für den Planeten durchgeführt. Vielleicht möchten Sie es aber ausführen, um die Menge an Licht, die Sie persönlich ausstrahlen, zu erhöhen. Gehen Sie wie folgt vor:

- *Wenn Sie allein sind, verwenden Sie einen Räucherkegel (ein Salbeibündel) oder ein Räucherstäbchen, um Ihr eigenes Energiefeld zu reinigen (oben, unten, vorne und hinten). Wenn Sie sich in einer Gruppe befinden, wird eine Person bestimmt, die die Energie einer anderen Person reinigt. Die gereinigte Person reinigt dann die nächste. Reichen Sie den Räucherkegel weiter, bis jeder einzelne, einschließlich jener Person, die mit der Reinigung begonnen hat, gereinigt wurde. Sie können dieses*

SCHÖPFERISCHE MACHT

Ritual entweder im Haus oder im Freien durchführen (sofern Sie dabei nicht unterbrochen werden).

- Reinigen Sie die Kerzen, die Sie anschließend verwenden, mit dem Räucherkegel oder -stäbchen. Sie benötigen vier Kerzen: eine weiße, eine indigoblaue, eine violette und eine orangefarbene. Wenn Sie keine Kerzen in genau diesen Farben finden, verwenden Sie zwei Kerzen, deren Farben, wenn man sie mischt, die gewünschte Farbe ergeben (zum Beispiel eine rote und eine gelbe statt einer orangefarbenen Kerze).

- Reinigen Sie die Steine, die Sie anschließend verwenden, mit dem Räucherkegel oder -stäbchen. Türmen Sie die Steine in der Mitte auf. Sie benötigen fünfundfünfzig Steine, die Sie entweder selbst sammeln oder kaufen.

- Reinigen Sie mit dem Räucherkegel oder -stäbchen die nördliche, östliche, südliche und westliche Seite des Platzes oder Raumes, den Sie für das Ritual benutzen.

- Führen Sie Ihre beiden Zeigefinger so zusammen, daß sie die Spitze eines Dreiecks bilden. Bilden Sie mit Ihren beiden Daumen die untere Seite des Dreiecks. Halten Sie das Dreieck, das Sie mit Ihrer Hand gebildet haben, über einen Krug Wasser. Bewegen Sie dieses Dreieck im Uhrzeigersinn über den Krug Wasser, und segnen Sie es, indem Sie folgendes sagen. Sagen Sie dreimal: „Schöpfer aller Lebewesen, Christusbewußtsein, Erzengel Kamiel aus dem Reich der Macht und des Lichts, Erzengel Raphael aus dem Reich der göttlichen Liebe." Sagen Sie: „Bitte wandelt dieses Wasser, das für das heutige Ritual verwendet werden soll, in einen heiligen Zustand um." Stellen Sie das Wasser in die Mitte.

- Stellen Sie die vier Kerzen an der nördlichen, östlichen, südlichen und westlichen Seite Ihres Platzes auf, und zwar die weiße Kerze im Norden, die indigoblaue im Osten, die violette im Süden und die orangefarbene im Westen. Zünden Sie die Kerzen an, wobei Sie im Norden beginnen und im Westen aufhören.

- Rufen Sie die Christusenergie, wie folgt, auf, damit sie Ihren rituellen Platz mit der Schwingung der Liebe umgibt: Sagen Sie dreimal: „Christusbewußtsein." Sagen Sie dann: „Bitte umgib diesen Platz, an dem ich/wir heute bete(n), mit der reinen Schwingung der Liebe."

- Lassen Sie die Energie aus Ihrem Herzen strömen. Stellen Sie sich vor, sie sei grün, und lassen Sie diese grüne Energie von

Weg und Ziel

Ihrem Herzen ausströmen und sich über Ihre ausgestreckten Arme in Richtung Himmel ausbreiten.

- *Sagen Sie einmal: „Ich/wir lasse(n) die Antichrist-Energie, die mich/uns umhüllt, los."*
- *Sagen Sie folgenden Spruch fünfundfünfzigmal: „Sha-nah, Sha-lo, Sha-em, A (ein langer Laut), Hee." Dieser und die folgende Sprüche verwenden heilige Töne, um Ihre Energie an die des Lichts und der Erde anzupassen. Um zu wissen, wie oft Sie den Spruch bereits aufgesagt haben, legen Sie nach jeder „Sha-Hee"-Sequenz einen Stein in die Mitte Ihres Platzes. Stapeln Sie jeweils fünf Steine aufeinander, und ordnen Sie die Stapel in Form eines Pentagramms (eines fünfzackigen Sterns) an, bis Sie elf Stapel mit je fünf Steinen haben.*
- *Sagen Sie zweimal: „Teigh aah tah na-na."*
- *Sagen Sie einmal: „A (ein langer Laut) yah tah-neigh aah ta-na."*
- *Sagen Sie dreimal: „Toy eee aah."*
- *Wenn Sie sich im Freien befinden, versprengen Sie das Wasser um den Rand Ihres Platzes. Gießen Sie den Rest über die aufgestapelten Steine in der Mitte. Blasen Sie die Kerzen aus, und tragen Sie sie ins Haus, aber lassen Sie die Steine dort, wo sie sind.*
- *Wenn Sie sich im Haus befinden, bewahren Sie das heilige Wasser auf. Sammeln Sie die Steine auf, um Sie draußen auszulegen. (Werfen Sie sie nicht in den Müll.) Nachdem Sie die Steine draußen ausgelegt haben, besprengen Sie sie mit dem heiligen Wasser. Lassen Sie die Kerzen ganz zu Ende brennen. Wenn Sie aus dem Haus gehen oder schlafen gehen wollen, löschen Sie die Kerzen aus Sicherheitsgründen.*
- *Sagen Sie dreimal: „Danke."*

Diese Zeremonie ist äußerst wirksam und sollte nur von jenen durchgeführt werden, die daran interessiert sind, dem Planeten zu dienen. Die Energie, die Sie durch das Loslassen der Antichrist-Energie erhalten, macht Sie sozusagen sichtbar. Sie werden die Aufmerksamkeit vieler Menschen anziehen, und zwar sowohl jener, die sich zu dem hingezogen fühlen, was Sie ausstrahlen, und sich wünschen, es zu verstehen, als auch von jenen, die sich davon abgestoßen fühlen, weil es ihre Ängste deutlicher macht. Jene von Ihnen, die nach Ganzheit streben, wird dies kaum beunruhigen, weil Sie es auf Ihrer Suche nach

125

einer Realität, die sich von der unterscheidet, die die Bedürfnisse der Masse befriedigt, schon erlebt haben, sich abgetrennt zu fühlen. Nur Mut auf dem Weg, der Ihr wahres Selbst enthüllen wird! Es ist die Erfahrung, auf die Sie voller Geduld gewartet haben.

....

Wahrheit: Wie man sie auf allen Ebenen erkennt

Ein Übermaß an Informationen

Wir sehen, daß viele von Ihnen mit der Wahrheit zu kämpfen haben. Sie erhalten Informationen aus so vielen Quellen. Es gibt Tausende von Menschen, die gechannelte Botschaften von nichtinkarnierten Wesen aus höheren Dimensionen empfangen, die alle eine *Menge* zu sagen haben. Ihre Freunde empfehlen Ihnen, Hellseher und Heiler aufzusuchen, und manchmal bekommen Sie von jedem widersprüchliche Informationen. Ihr Verstand wird durch die Massenmedien wie Fernsehen und Radio, die New-Age-Informationen verbreiten, angeregt. Tausende von Büchern, die sich mit Esoterik befassen, werden jedes Jahr veröffentlicht. Wie erkennen Sie unter all diesen Informationen, was wahr ist? Wer liefert die genauesten Informationen, wenn diese manchmal anderen Quellen widersprechen?

Beim Übergang der Erde auf die nächste Bewußtseinsebene werden sogar noch mehr Informationen von nichtverkörperten Wesen verbreitet werden, die vor diesem Übergang gehört werden möchten. Manche dieser Wesen geben Informationen weiter, die wirklich Ihrem höchsten Wohle dienen sollen. Einige jedoch verbreiten Informationen, die *ihre eigenen* Missionen unterstützen, Missionen, von denen Sie Ihnen nichts sagen, da diese nicht in *Ihrem* besten Interesse sind. Es ist wichtig, daran zu denken, daß nichtverkörperte Wesen nicht perfekt sind, nur weil sie nicht inkarniert sind. Auch sie verfolgen bestimmte Ziele, die der Entwicklung ihrer Seele dienen.

Weg und Ziel

Neben nichtinkarnierten Beratern gibt es spirituelle Seher und Heiler, die Ihnen dabei helfen, Ihre eigene Wahrheit zu finden, indem Sie Ihre eigene Macht wiedererlangen. Es gibt aber auch jene, die Sie von sich abhängig machen möchten, weil sie sich dadurch wichtig fühlen. Nur weil sie medial veranlagt sind oder heilen können, heißt dies nicht, daß sie reif genug sind, in Ihrem besten Interesse zu handeln. Wie unterscheiden Sie also zwischen dem, was wahr ist, und dem, was nicht wahr ist?

Es gibt überhaupt nur eine einzige Quelle der Wahrheit, und diese Quelle sind Sie! Jeder Mensch und jedes nichtverkörperte Wesen, das Ihnen etwas anderes sagt, ist nicht mit Ihrer höheren Bestimmung im Einklang. Sie fühlen sich vielleicht durch Ihr physisches Dasein in der dritten Dimension eingeschränkt. Wir möchten Sie daran erinnern, daß Sie, genau wie wir, ein Teil des göttlichen Schöpfers sind und durch Ihr Überbewußtsein Zugang zu denselben Informationen haben. Außerdem steht Ihnen eine persönliche Gruppe von Führern und Lehrern zur Seite, um Sie dabei zu unterstützen, Ihre jetzigen Anschauungen zu erweitern.

Sie haben vergessen, wer Sie sind, und suchen bei anderen die Führung, die Sie jedoch nur in Ihrem Inneren finden können. Viele von Ihnen haben vor ihrer Existenz auf der Erde in höher schwingenden Dimensionen gelebt und haben eine Menge Ideen hervorgebracht, die der Wahrheit entsprachen. Warum möchten Sie diese Verantwortung jetzt abgeben, nur weil Sie momentan in einem dreidimensionalen Körper leben? Natürlich sollten Sie sich von anderen inspirieren lassen, sich deren neue Gedanken und Ideen anhören, um Sie dabei zu unterstützen, Ihre Erinnerungen zu erschließen. Aber Sie sind imstande, Ihre eigene Wahrheit zu finden, indem Sie auf Ihr Herz hören.

Hören Sie auf Ihr Herz

Der Zugang zur höheren Wahrheit erfolgt über Ihr Herzzentrum. Manche von Ihnen glauben vielleicht, daß Sie den Zugang zur Wahrheit über das dritte Auge (das mediale Zentrum) finden, aber das stimmt nicht. Für dreidimensionale Wesen befindet sich dieses Tor im Herzzentrum, denn Sie leben in einer Realität, die auf Emotionen basiert. Die Herzenergie zu verstehen heißt, den Zweck des irdischen Daseins zu

127

verstehen. Das bedeutet, Sie werden die Wahrheit eher *fühlen* als *denken*. Ihre Gesellschaft hat Sie durch ihr archaisches Schulsystem gelehrt, passiv zu lernen, und mit Hilfe von Fernsehen und Videos, passiv zu leben. Deshalb ahmen Sie diese Passivität auch auf Ihrem spirituellen Weg nach und hören auf andere, statt selbst die Führung zu übernehmen.

In dieser ganzen Phase Ihres Daseins geht es um Ermächtigung (*empowerment*). Doch wir sehen, daß viele von Ihnen einen spirituellen Weg einschlagen und dann ihre Macht abgeben. Wieviele von Ihnen suchen nach Gurus oder Lehrern? Wieviele von Ihnen bitten ihre Führer darum, ihnen den Weg zu zeigen? Ihre Führer sind dazu da, Sie zu unterstützen, aber wir werden immer wieder darum gebeten, Ihnen die Richtung zu weisen. Sie sind es, die den Kurs setzen und Ihre Führer darum ersuchen sollten, Ihnen dabei zu helfen, die Ziele, die Sie für sich festgesetzt haben, zu erreichen.

Sie haben einen freien Willen. Zuerst müssen Sie Ihren Weg bestimmen, dann bitten Sie um Unterstützung, statt um Führung zu betteln, ohne Ihr Ziel zu kennen. Sie sind in der Lage, dieselben Informationen anzuzapfen, auf die Ihre Führer zugreifen. Sie übernehmen womöglich sogar selbst die Rolle des geistigen Führers zwischen einigen Ihrer eigenen physischen Inkarnationen. Schmieren Sie die rostigen Angeln Ihrer Tür zur Wahrheit, und öffnen Sie sie, um das zu erhalten, was Sie für Ihr eigenes Leben brauchen. Hören Sie damit auf, sich auf andere zu verlassen, es sei denn, sie helfen Ihnen, die Freude in Ihrem Herzen zu entdecken. Lauschen Sie dem, was Sie bereits wissen. Hören Sie auf das, was andere zu sagen haben, denn es gibt immer wieder Lektionen zu lernen, aber ergründen und durchleuchten Sie diese Informationen, und bestimmen Sie, was davon für Sie persönlich wahr ist.

Die sicheren Anzeichen

Die folgenden Anzeichen sind Warnsignale dafür, daß Sie die Wahrheit eines anderen befolgen und nicht Ihre eigene:

- *Sie verspüren eine Art Widerstand gegen eine Information, so als ob Sie sie nicht annehmen möchten, weil irgend etwas mit ihr nicht stimmt.*

Weg und Ziel

Manchmal ist dies darauf zurückzuführen, daß Sie für diese Informationen einfach nicht bereit sind, aber wenn Sie Ihre eigene Wahrheit respektieren, dann ist das Grund genug, sie nicht zu akzeptieren.

- *Die Informationen scheinen nicht in Ihr Leben zu passen, obwohl man Ihnen „gesagt" hat, dies sei der richtige Weg für Sie. Wenn die Informationen, die Sie erhalten, einen vorgegebenen Kurs für Sie festlegen, statt Ihnen die freie Wahl zu lassen, dann ziehen Sie diese Quelle sofort in Zweifel.*
- *Sie beginnen, an sich selbst zu zweifeln, weil Sie Probleme damit haben, die Informationen zu akzeptieren. Sie fühlen sich „nicht spirituell" oder „nicht weit genug fortgeschritten". Diese Gefühle weisen darauf hin, daß diese Informationen nicht für Sie bestimmt sind. Sie sollten Ihren spirituellen Weg mühelos „im Jetzt" beschreiten können, ohne sich unzulänglich zu fühlen.*
- *Die Informationen lösen Sorge oder Angst in Ihnen aus. Informationen, die in Resonanz mit Ihrem hohen Selbst sind, sollten positive Emotionen erwecken.*

Blockaden auf dem Weg zur Wahrheit entfernen

Wenn Sie das Gefühl haben, daß der Zugang zur Wahrheit über Ihre Herzenergie blockiert ist, führen Sie folgendes Reinigungsritual aus:

- *Sagen Sie dreimal: „Schöpfer aller Lebewesen, Erzengel Michael aus dem Reich des Schutzes und der Wahrheit, hohes Selbst, mittleres Selbst, niederes Selbst."*
- *Sagen Sie fünfmal: „Ich kenne meine Gefühle und vertraue ihnen, deshalb kann ich meinem Herzen vertrauen."*
- *Reinigen Sie Ihr Energiefeld von alten Mustern, und erfüllen Sie es mit der neuen Herzenergie, indem Sie die folgende Atemübung durchführen. Stellen Sie sich vor, daß Ihr Körper von rotem Licht umgeben ist. Atmen Sie das rote Licht in jede Zelle Ihres Körpers ein. Spüren Sie, wie Sie die rote Energie in*

SCHÖPFERISCHE MACHT

*Ihren Körper einatmen, fühlen Sie, wie sie durch Ihren Körper
strömt, und atmen Sie sie dann aus. Atmen Sie diese rote Energie fünfmal ein und aus. Führen Sie diese reinigende und bele-
bende Atemübung dann mit den folgenden Farben durch:
Orange, Gelb, Grün, Blau, Indigoblau, Violett und Weiß.*

■ *Öffnen Sie sich für die Aufnahme neuer Wahrheiten, indem Sie
die folgende Affirmation aussprechen. Sagen Sie fünfmal:
„Durch meine Neugier bin ich ständig für neue Konzepte, Ideen
und Möglichkeiten offen, die ich bisher nicht angezapft habe."*

■ *Sagen Sie dreimal: „Danke."*

Folgen Sie der Wahrheit, indem Sie sich nicht von außen
ablenken lassen. Zentrieren Sie sich, indem Sie sich darauf
konzentrieren, was Sie in einer bestimmten Situation *fühlen.*
Dann vertrauen Sie darauf, daß Ihre Gefühle der Schlüssel zur
bestmöglichen Führung sind. Ihre Emotionen machen den
Kern dessen aus, der Sie sind. Spüren Sie sie, öffnen Sie Ihr
Herz, und dann setzen Sie die Segel auf Ihrem eigenen Kurs in
Richtung Wahrheit.

Manifestieren – Wünsche Wirklichkeit werden lassen

Sie verdienen es, in Fülle zu leben

Ein trockener Brunnen kann kein Wasser spenden

Jeder verdient es, in Fülle zu leben. Das gehört zu Ihren universellen Rechten. Sie stammen vom göttlichen Geist (engl. *Spirit*), von der göttlichen Quelle ab, und dieser Geist ist Energie, die erschafft. Wenn Sie im Einklang mit Ihrer Schöpferkraft sind, können Sie alles manifestieren (Wirklichkeit werden lassen), was Sie sich wünschen. Leider gibt es ein paar entscheidende Faktoren, die Sie daran hindern, schöpferisch tätig zu sein. In erster Linie sind es negative Glaubenssätze, die Sie davon abhalten, das zu erschaffen, was Sie sich wünschen. Sie wünschen sich etwas, aber aus irgendeinem Grund sind Sie zu der Überzeugung gelangt, daß Sie es nicht haben können. Natürlich ist es sehr schwierig, Ihren Wunsch nach einem roten Sportwagen zu manifestieren, wenn Ihr Verstand Ihnen sagt, daß Sie nicht genug Geld haben.

Ein weiterer Faktor, der verhindert, daß Sie in Fülle leben, ist der tiefe Glaube, daß Sie es nicht verdienen. Um das zu bekommen, was Sie sich wünschen, müssen Sie zunächst daran glauben, daß es Ihnen auch zusteht. Viele von Ihnen wünschen sich Wohlstand. Weil die universelle Wahrheit auf der irdischen Ebene allerdings etwas verzerrt ist, ist die Meinung, daß Sie dies nicht verdienen, tief in Ihnen verwurzelt. Die universelle Wahrheit besagt zum Beispiel, daß der Akt der Schöpfung ein Ausdruck von Göttlichkeit ist. Dies wird in der *Genesis* verkündet, gemäß der Gott die Welt durch seine Absicht, seinen Wunsch und seine Energie erschuf. Gemäß vieler Ihrer spirituellen Lehren wird materieller Wohlstand jedoch als verwerflich angesehen, während es als heilig gilt, materiellen Besitz aufzugeben.

Als Kind hat man Ihnen beigebracht, höflich zu sein und die Bedürfnisse der anderen wichtiger zu nehmen als Ihre eigenen. Natürlich ist es wichtig, nicht nur Ihre eigenen Bedürfnisse zu sehen und mit anderen zu teilen. Viele von Ihnen übertreiben es jedoch mit dem Teilen und meinen, daß anderen mehr zustehe als ihnen selbst. Sie sind zu der Überzeugung gelangt, daß Sie ein besserer Mensch seien, wenn Sie die Bedürfnisse der anderen über die Ihren stellten. Offen gesagt glauben wir, daß dies sehr kurzsichtig ist, denn ein leerer Brunnen kann durstigen Menschen kein Wasser spenden.

Manche von Ihnen haben ihr Selbstwertgefühl auf Selbstverleugnung aufgebaut. Ihr Ego wird gestärkt, wenn Sie anderen geben, weil Sie sich dann als edler Mensch fühlen. Wir stimmen durchaus zu, daß es achtbar ist zu geben. Sie sitzen jedoch in der Falle, wenn Sie Ihren Selbstwert auf das Geben gründen. Geben Sie aus dem Gefühl heraus, daß Sie reichlich besitzen und Ihren enormen Wohlstand mit anderen teilen möchten. Mit dieser Einstellung erreichen Sie zwei Dinge. Erstens können Sie mit anderen teilen, ohne selbst etwas entbehren zu müssen. Zweitens können Sie das, was Sie gegeben haben, mühelos wieder ersetzen.

Einschränkende Glaubenssätze beseitigen

Es ist Zeit, sich von Einschränkungen zu befreien, die dadurch entstanden, daß Sie meinten, etwas nicht zu verdienen. Mit der folgenden Übung wandeln Sie dieses negative Energiemuster um und stimmen sich auf das Gefühl ein, daß Sie ein Recht auf Fülle haben.

- *Schließen Sie Ihre Augen, und stellen Sie sich vor, wie Sie einen privaten Strand betreten, der in der Sonne funkelt. Das ist Ihr eigener Strand, den Sie entdeckt haben und den sonst niemand kennt. Das Licht, das von diesem Strand reflektiert wird, blendet Sie, aber gleichzeitig sind Sie auch fasziniert. Sie spüren den Drang, diesen Strand zu betreten. Als Sie sich nähern, bemerken Sie, daß es keinen Sand gibt. Der Strand ist vielmehr mit kostbaren Juwelen bedeckt. Sie sehen Diamanten und Saphire und Rubine und Smaragde und Amethyste und Granate und so weiter. Zunächst sind Sie fasziniert von den Juwelen und gehen ganz erstaunt umher und starren auf ihre Pracht. Dann setzen Sie sich hin und tauchen Ihre Hände in diese üppige Pracht und*

Manifestieren - Wünsche Wirklichkeit werden lassen

lassen Ihre Finger durch die glänzenden Juwelen gleiten. Sie nehmen eine Handvoll auf und lassen die wunderschönen Juwelen durch Ihre Finger gleiten. Plötzlich denken Sie: „Ich muß etwas von diesem Schatz mitnehmen." Sie stopfen sich Ihre Taschen mit den Juwelen voll. Zum Glück haben Sie einen Rucksack mitgebracht, den Sie jetzt auch füllen. Sie bemerken, daß die Juwelen, die Sie in Ihre Taschen und Ihren Rucksack stopfen, jedesmal sofort ersetzt werden. Es ist unmöglich, die Juwelen zu dezimieren, denn egal wieviel Sie davon nehmen, sie werden immer ersetzt. Sie sind ganz aufgeregt darüber, als Ihnen klar wird, daß Sie immer eine Menge Juwelen vorfinden werden, wenn Sie hierher kommen. Sie sind froh zu wissen, daß Sie jedesmal, wenn Sie an diesen Strand kommen, all den Reichtum vorfinden werden, den Sie brauchen, weil es so etwas wie Mangel nicht gibt.

■ Halten Sie die üppigen, funkelnden Farben der Juwelen in Ihrem Geist fest. Lassen Sie die Farben über den Punkt Nr. 20, der sich links von Ihrem linken Nasenflügel befindet, in Ihren Dickdarmmeridian einfließen. Hier hat Ihr physischer Körper die Blockade errichtet, die Ihnen sagt, daß Sie keinen Reichtum verdienen. Beobachten Sie, wie die Farben unaufhörlich durch diesen Meridianpunkt in Ihren Körper strömen. Beobachten Sie immer wieder, wie die Farben eindringen und in einem endlosen Strom von Fülle in Ihren Körper fließen.

■ Wenn Sie dazu bereit sind, sagen Sie aus voller Überzeugung die folgende Affirmation. Sagen Sie viermal: „Ich lasse alle Einschränkungen los, um in Fülle zu leben."

■ Verwenden Sie ein Hilfsmittel wie ein Pendel oder den Muskeltest, und fragen Sie: „Bin ich zu 100 Prozent darauf eingestimmt, daß ich es verdiene, in Fülle zu leben?" Wenn Sie nicht auf 100 Prozent kommen, fragen Sie weiter, bis Sie den genauen Prozentsatz ermittelt haben. Dann wiederholen Sie die Übung, bis Sie 100 Prozent erreicht haben. Wenn Sie nicht wissen, wie man mit einem Pendel oder einer Wünschelrute umgeht, so bitten Sie jemanden, den Prozentsatz für Sie abzufragen.

Öffnen Sie sich der schöpferischen Energie

Nachdem Sie bereit sind, Fülle zu empfangen, müssen Sie auch dafür sorgen, daß Ihr zweites Chakra für die schöpferische Energie offen ist. Das zweite ist das Wasser- oder Beckenchakra. Manche bezeichnen es auch als Sexualchakra, weil es der Sitz unseres Verlangens ist. Das Verlangen ist der Vorbote der Schöpfung, deshalb ist ein ausgeglichenes, unbegrenztes zweites Chakra unerläßlich, um Fülle zu manifestieren. Als der göttliche Schöpfer, wie im Buch *Genesis* beschrieben, wünschte, die Welt zu erschaffen, wurde er von dem starken Wunsch angetrieben, die Ozeane, den Himmel und das Land zu manifestieren. Diese Energie befindet sich in Ihrem zweiten Chakra. Wenn das zweite Chakra uneingeschränkt genutzt wird, sind Sie sehr intuitiv und kreativ, weil Sie ständig Ihre Wünsche erfüllen.

Jene von Ihnen, deren zweites Chakra blockiert ist, sind wahrscheinlich mit irgendeiner Form der folgenden Aussage in Resonanz: „Ich unterdrücke meine schöpferischen Energien." Wenn Sie sich so auf eine Einschränkung Ihrer Kreativität einstimmen, dann sagen Sie damit im wesentlichen, daß Sie sich nicht lieben, weil Sie *Schöpfer sind*! Sie sind ein Teil der göttlichen Quelle, die Sie erschuf, und deshalb sind Sie ein Spiegelbild dieser Energie. Wenn Sie sich Ihrem natürlichen Zustand als Schöpfer widersetzen, entsteht eine Blockade, die mit Liebe aufgelöst werden muß. Wenn Sie versuchen, sie gewaltsam zu entfernen, erzeugen Sie noch mehr Widerstand und eine noch größere Blockade.

Ihre Kreativität freisetzen

Mit der folgenden Übung können Sie die Blockade in Ihrem zweiten Chakra entfernen.

- *Geben Sie Ihrer Blockade eine Form. Vielleicht sieht sie aus wie ein Türstopper. Oder vielleicht ist sie eine Kugel, die an Ihren Knöchel gekettet ist. Sie kann auch eine bestimmte Farbe oder eine geometrische Form haben.*
- *Sobald Sie Ihre Blockade visualisiert haben, sagen Sie ihr, daß Sie die Phase Ihres Lebens abgeschlossen haben, in der Sie sie*

Manifestieren - Wünsche Wirklichkeit werden lassen

brauchten. Danken Sie ihr für die schwere Arbeit, die sie geleistet hat, um den Widerstand, den Sie gegen sie aufgebaut haben, zu neutralisieren, und sagen Sie ihr, daß es Zeit für sie ist, sich zurückzuziehen. Sie können eine Blockade nur in neutralem Zustand loslassen, weil Widerstand sofort wieder ähnliche Energie anzieht.

■ *Erfüllen Sie Ihr Herz mit Liebe für diese Blockade, die so schwer gearbeitet hat, um Ihren Widerstand zu repräsentieren, und leiten Sie diese Liebe zu der Form, die Sie Ihrer Blockade gegeben haben. Beobachten Sie, wie Ihre Blockade verschwindet oder schmilzt oder zu einer Flüssigkeit wird, die den Ausguß hinunterfließt. Verwenden Sie jede beliebige Methode, um sie aufzulösen. Spüren Sie, wie zufrieden Sie sich dabei fühlen, während Sie die Barriere zwischen sich und der Fülle aufheben.*

■ *Um sich zu vergewissern, daß Ihr zweites Chakra zu 100 Prozent für die schöpferische Energie offen ist, verwenden Sie ein Pendel, und fragen Sie: „Ist mein zweites Chakra zu 100 Prozent für die schöpferische Energie offen, mit der ich meine Wünsche manifestiere?" Wenn Sie nicht auf 100 Prozent kommen, fragen Sie weiter, bis Sie den genauen Prozentsatz ermittelt haben. Dann wiederholen Sie die Übung, bis Sie 100 Prozent erreicht haben.*

Nachdem Sie die oben beschriebene Übung abgeschlossen haben, sind Sie „energetisch" darauf eingestellt, Ihre Wünsche zu manifestieren. Jetzt müssen Sie diese Energie, mit der Sie in Resonanz sind, in Ihre physischen Taten einbringen. Sie waren für einen Großteil Ihres Lebens in bezug auf Manifestation eingeschränkt; also kann es eine Weile dauern, bis Sie die negativen Verhaltensmuster loslassen. Immer wenn Sie spüren, daß Sie zu der Ansicht tendieren, etwas nicht zu verdienen, machen Sie sich bewußt, daß Sie diese Lektion bereits gelernt haben und jetzt von diesen Einschränkungen befreit sind. Sie sind imstande, die Welt, die Sie sich wünschen, zu gestalten. Erschaffen Sie jetzt eine bessere Welt für sich, eine, in der die Juwelen niemals ausgehen!

Opferverhalten

Sind Sie Schöpfer oder Opfer?

Wünschen Sie sich, Ihre Macht wiederzuerlangen? Möchten Sie Ihre eigene Schöpferkraft erleben? Wünschen Sie sich, positive Erfahrungen in Ihrem Leben zu machen, ohne sich dafür anzustrengen? Dann müssen Sie dafür sorgen, daß Sie kein Opferverhalten mehr an den Tag legen. Wenn Sie kein Opfer mehr sind, dann werden Sie die folgenden vier Fragen mit Ja beantworten können:

- *Übernehmen Sie für alles, was in Ihrem Leben geschieht, die Verantwortung, sowohl für die positiven als auch für die unangenehmen Erfahrungen?*
- *Wenn Sie in Ihrem Leben auf Hindernisse treffen, untersuchen Sie dann, was Sie blockiert und davon abhält, Ihre Lektion zu lernen, statt jemandem oder etwas die Schuld an Ihrer Misere zu geben?*
- *Glauben Sie, daß Sie die positiven Erfahrungen in Ihrem Leben sich selbst zuzuschreiben haben, statt zu sagen, daß Sie einfach „Glück" hatten?*
- *Wenn Sie etwas Unangenehmes erleben, danken Sie Ihren Freunden für deren Mitgefühl, und erklären Sie ihnen, daß Sie für die Situation selbst verantwortlich sind und es hilfreicher wäre, wenn sie Ihnen dabei helfen könnten, herauszufinden, welche Lektion Sie daraus lernen sollen?*

Viele von Ihnen werden nicht alle vier Fragen ehrlich mit Ja beantworten können, weil etwas in Ihnen lieber jemand anderem die Schuld an den unangenehmen Erlebnissen in Ihrem Leben geben möchte. Es gibt nur wenige Menschen, die krank sind und sagen: „Ich weiß, daß ich für diese Krankheit selbst verantwortlich bin, und sobald ich den emotionalen Auslöser dafür gefunden haben, werde ich imstande sein, die körperlichen Beschwerden loszulassen." Es gibt auch nur wenige Menschen, die ihre Arbeit verloren haben und feststellen: „Wenn es auch wie das größte Unglück aussieht, daß ich meine Rechnungen bezahlen muß und kein Einkommen habe, weiß ich, daß ich diese Situation erschaffen habe. Ich weiß, daß ich mühelos einen neuen, wahrscheinlich sogar besseren Job finden werde, sobald ich meine Existenzängste aufgelöst habe." Wenn jemand etwas Unangenehmes erlebt, dann wünscht er sich in den meisten Fällen die Anteilnahme seiner Mitmenschen. Sie möchten von allen dafür bedauert werden, wie hart und ungerecht das Leben doch ist.

Das ist nicht fair!

Wie oft haben Sie als Kind ausgerufen: „Das ist aber nicht gerecht!" Wie oft haben Sie als Erwachsener das Gefühl gehabt, daß Ihnen das Leben einen ungerechten Schlag versetzte, den Sie nicht verdienten? Je mehr Sie das Gefühl haben, daß Sie im Recht sind und der Rest der Welt im Unrecht ist, desto eher können Sie sich von diesem Gefühl überzeugen. Doch indem Sie anderen die Schuld geben, begeben Sie sich selbst in eine statische Situation. Sie können nicht wachsen, weil Sie für Ihre Taten keine Verantwortung übernehmen. Ihre Selbstgerechtigkeit hilft Ihnen vielleicht auszudrücken, wie unglücklich Sie sich fühlen, aber sie bringt Sie nicht voran.

Manchmal ist das Opferverhalten subtiler, weil Sie sich einer anderen Person gegenüber verpflichtet fühlen. Das kommt häufig in Partnerschaften vor, wenn ein Partner sich dem anderen verbunden fühlt. Es könnte zum Beispiel vorkommen, daß Sie Ihre beste Freundin, deren Ehemann sie betrogen hat, bedauern möchten. Es gibt jedoch einen bestimmten Grund dafür, daß Ihre Freundin diese Erfahrung in ihr Leben gebracht hat. Sie muß etwas über sich selbst lernen. Vielleicht geht es darum, daß sie in allen Bereichen ihres Lebens zu sehr besitzergreifend ist. Oder vielleicht hat sie ihre unterdrückten Probleme in ihrer Sexualität ignoriert. Sie sind ihr eine größere Hilfe, wenn Sie Ihre Freundin fragen, was sie aus dieser Erfahrung zu lernen hat oder warum sie dazu beigetragen hat, daß ihr Partner untreu ist. Doch seien Sie auf einiges gefaßt. Die meisten Menschen sind nicht bereit, die Verantwortung für alle Ereignisse in ihrem Leben zu übernehmen. Ihre Freundin wird wahrscheinlich ärgerlich darüber reagieren, daß Sie kein Mitgefühl für den Schmerz aufbringen, den sie erlebt und der „ganz bestimmt nicht" auf *ihr* Verhalten zurückzuführen sei. Nach ihrer Auffassung ist sie das Opfer, diejenige, der von ihrem gefühllosen Ehemann übel mitgespielt wurde!

Das Opferverhalten aufgeben

Glauben Sie uns, wenn wir Ihnen sagen, daß Sie *für jedes einzelne Ereignis in Ihrem Leben*, egal ob es positiv oder unangenehm ist, ob es direkt mit Ihnen oder den Menschen in Ihrer Umgebung zu tun hat, *verantwortlich sind*. Beachten Sie, daß wir lieber „unangenehm" als „negativ" sagen. Aus unserer Sicht ist nichts negativ, denn Sie haben alles aus einem bestimmten Grund erschaffen. Dieser Grund ist Ihnen vielleicht nicht bewußt, weil Ihr bewußtes Selbst sich mit diesem Problem nicht befassen möchte, denn sonst wäre es schon gelöst. Auf überbewußter Ebene ist Ihnen jedoch klar, daß Sie eine Situation erschaffen, die Ihnen das Problem vor Augen führt. Ihre Gesellschaft hat, aus welchem Grund auch immer, beschlossen, daß die Lektionen schwierig und schmerzvoll sein müssen, damit sie auch wirklich gelernt werden. Deshalb erschaffen Sie schwierige, schmerzvolle Lektionen, um dafür zu sorgen, daß Sie diese sowohl physisch als auch emotional lernen. Sie brauchen nur ein- oder zweimal mit 80 km/h über eine Bremsschwelle fahren, um zu lernen, daß Sie diese Erfahrung vermeiden können, indem Sie das Tempo verlangsamen. Wir möchten Sie darauf aufmerksam machen, daß Sie sich vornehmen können, auf *angemessene, erfreuliche* Weise zu lernen, sobald Sie sich Ihrer Eigenverantwortung bewußter werden. Vielleicht brauchen Sie nur mit 30 km/h über die Bremsschwelle zu fahren, um die Lektion zu verstehen. Bei dieser Geschwindigkeit macht die Fahrt Spaß, und trotzdem bemerken Sie den leichten Ruck.

Wenn Sie in Ihrem Leben etwas Unangenehmes erleben, dann sagen Sie nicht, daß „solche Dinge einfach passieren". Stellen Sie sich lieber die folgende Art von Fragen:

- *Welche Lektion soll ich aus dieser Situation lernen?*
- *Warum habe ich diese Erfahrung erschaffen? Warum habe ich diesen Menschen/diesen Ort/diese Sache in mein Leben gebracht?*

Manifestieren - Wünsche Wirklichkeit werden lassen

■ *Was muß ich auf physischer, emotionaler, mentaler und/oder*
spiritueller Ebene lernen, um diese Lektion abzuschließen?

Abgesehen davon, daß Sie die Verantwortung für Ihre Lektionen
übernehmen, können Sie Ihr Opferverhalten reduzieren, indem
Sie die folgende Affirmation einundzwanzig Tage lang täglich
sagen: „Mir ist klar, daß ich für jede Situation, die ich erlebe, verantwortlich bin. Als Schöpfer erschaffe ich die Umstände, die ich
brauche." Ihr Körper produziert täglich neue Zellen. Es dauert
einundzwanzig Tage, bis Ihr physischer Körper eine kritische
Masse erreicht, das heißt, bis genug neue Zellen mit dieser
Affirmation programmiert sind, so daß Ihr Unterbewußtsein
„gezwungen" ist, das neue Programm auszuführen. Lassen Sie
keinen Tag aus, denn sonst müssen Sie wieder von vorne beginnen. Vielleicht zeichnen Sie einundzwanzig Kästchen auf ein
Blatt Papier, die Sie dann täglich abhaken können. Bewahren Sie
den Zettel bei Ihrem Bett oder neben Ihrer Zahnbürste auf, damit
Sie täglich daran erinnert werden, die Affirmation zu sprechen.

Beachten Sie, wie schnell Sie die einzelnen Lektionen hinter sich bringen, wenn Sie sie erst einmal erfaßt haben. Sobald
die Lektion in Ihr Bewußtsein übergegangen ist, hat die unangenehme Erfahrung keine Macht mehr über Sie. Die Scheidung, der Verlust Ihrer Arbeit oder die Krankheit verliert an
Bedeutung, weil Sie sich damit abgefunden haben. Ihr Unterbewußtsein spürt dies und stößt einen Seufzer der Erleichte-
rung aus. Auf bewußter Ebene sind Sie vielleicht immer noch
mitten in einer physisch unangenehmen Situation, aber Ihr
Unterbewußtsein unternimmt bereits Schritte, um Sie aus dieser Erfahrung herauszuholen. Sie fühlen sich leichter, und die
Situation wird allmählich besser.

Je mehr Sie für jedes Ereignis in Ihrem Leben die Verantwortung übernehmen, desto näher kommen Sie Ihrer Schöpferkraft.
Das Leben soll Freude machen. Die Ironie an dem Ganzen ist,
daß Sie Ihre Neigung, negative Erfahrungen zu erschaffen,
akzeptieren müssen, bevor Sie diese Freude finden können.
Wenn Ihnen klar ist, daß Sie sowohl Positives als auch Negatives
erschaffen können, akzeptieren Sie sich selbst als Schöpfer und
können dazu übergehen, positive Erfahrungen hervorzubringen.

Die richtige Zeit finden,
um Wünsche zu manifestieren

Blockaden beim Manifestieren

Jene von Ihnen, die das Prinzip des Manifestierens verstehen und erfolgreich das erschaffen, was sie sich wünschen, kratzen sich manchmal verwundert den Kopf und fragen sich, was mit ihrer schöpferischen Kraft passiert. Sie stürmen mit Volldampf voran, unterstützen Ihre positiven Gedanken mit entsprechenden Gefühlen, setzen sich im Hier und Jetzt Ihre Ziele und nicht in der Zukunft und konzentrieren sich auf das, was Sie sich in Ihrem Leben wünschen, statt sich eingeschränkt zu fühlen. Doch trotz aller Klarheit, Konzentration und Zielstrebigkeit fallen Sie auf die Nase. Zuerst halten Sie die Energie aufrecht, indem Sie Ihre Affirmationen auf Ihre Wünsche abstimmen. Allmählich verlieren Sie an Schwung, während aus Tagen Wochen und manchmal sogar Monate werden, ohne daß Sie Ihre Ziele verwirklicht haben.

Zunächst schieben Sie diese negativen Gedanken beiseite, heben Ihre einschränkenden Gedankenformen auf und denken an die größeren Möglichkeiten. Sie helfen Ihrem Vorsatz auf die Sprünge, beißen sich daran fest und geloben, sich auf das Positive zu konzentrieren und nicht auf die scheinbar unerwünschten Ergebnisse. Doch das Unvermeidliche geschieht. Im Laufe der Zeit beginnen Sie an sich und Ihren Fähigkeiten zu zweifeln. Ihre Gedanken kreisen um Gefühle des Mißtrauens. Sie halten sich selbst für töricht, weil Sie glaubten, in dieser nachweislich kalten, kleinlichen Welt ein grenzenloser Schöpfer sein zu können. Sie werden sogar auf Ihre geistigen Führer wütend, weil sie Sie in Ihren Bemühungen nicht besser unterstützt haben. Sie halten Gericht über sich und Ihr energetisches Team. Und sobald Sie urteilen, können Sie die Möglichkeit, etwas zu manifestieren, schon vergessen, denn Sie zerstören genauso schnell, wie Sie erschaffen. Sie machen damit die unzähligen Möglichkeiten, an denen Sie so schwer gearbeitet haben, zunichte. Es hat vielleicht Wochen gedauert, bis Sie das Potential entwickelt haben, aber sobald Sie negativ denken, ist es innerhalb von Tagen wieder zerstört.

Erschaffen Sie Meisterwerke?

Der Zyklus von Schöpfung und Zerstörung ist so ähnlich wie bei einem talentierten Künstler, der ein wunderschönes Gemälde kreiert. Dann, vor den letzten Pinselstrichen, verfällt der Künstler in Selbstkritik, ist mit seiner Arbeit unzufrieden und zerstört das Gemälde. Dann beginnt der Künstler mit einem neuen Gemälde, angespornt von dem überwältigenden, manchmal unverständlichen Wunsch, etwas zu schaffen. Das ist dieselbe Energie, die Sie dazu antreibt, etwas zu manifestieren. Wieder wird das Gemälde im letzten Augenblick bemängelt. Der Künstler schließt seine Arbeit nie ab, weil er sich vorher immer selbst beurteilt.

Wenn der Künstler das Bild wenigstens einrollen und irgendwo aufbewahren würde, um es später zu beurteilen, blieben die schöpferische Energie und das Potential für künftige Möglichkeiten erhalten. Statt dessen beginnt der Künstler von vorne, dazu angetrieben, etwas Neues zu erschaffen, das er dann Augenblicke vor seiner Fertigstellung in einem Anfall von Selbstkritik wiederum zerstört. Zum Glück läßt der Drang des Künstlers, etwas zu kreieren, niemals nach, weil es sich dabei um eine fundamentale Kraft handelt, die sein Dasein definiert. Leider ist der Künstler frustriert, weil seine Erwartungen unerfüllt bleiben, denn sein Bestreben wird nie verwirklicht. Manche Künstler wiederholen diesen Zyklus immer wieder und empfinden ständig diese unerfüllte Sehnsucht. Andere entwickeln eine Sucht, um Ihre Frustration zu betäuben, und manchen gelingt es, Ihre negativen Gefühle zu überwinden und Meisterwerke hervorzubringen. Zu welcher Kategorie gehören Sie?

Wenn Sie eine zerstörerische Phase haben, weil Ihre Wünsche unerfüllt blieben, müssen Sie Ihre negativen Gedanken sofort abschalten und sich auf das konzentrieren, was Sie sich *wünschen,* und nicht auf das, was Sie sich *nicht wünschen.* Denken Sie daran, daß Ihre Manifestationen auf der nichtphysischen Ebene durchaus existieren, auch wenn es auf der physischen Ebene keinen unmittelbaren Beweis dafür gibt. Die Zyklen, die Sie durchlaufen, sind *immer* zu Ihrem höchsten Wohl.

Das perfekte Timing

Sie sind hierher gekommen, um zu erschaffen, nicht um zu zerstören. Der Zeitplan, den Sie sich vorstellen, ist aber nicht unbedingt günstig. Sie manifestieren vielleicht etwas vor seiner Zeit, was Ihrer Mission nicht dienlich wäre. Obwohl es frustrierend ist, Manifestationsenergie ohne unmittelbare Ergebnisse zu erzeugen, wäre es unklug, eine Situation vor ihrem idealen Zeitpunkt zu erschaffen. Ihr Überbewußtsein und Ihre Führer wissen das. Vertrauen Sie darauf, daß alles jederzeit perfekt abläuft.

Nachdem Sie eine Manifestation in die Wege geleitet haben, behalten Sie den schöpferischen Zustand bei. Lassen Sie nicht zu, daß die Zeit, die danach vergeht, dem entgegenwirkt, was Sie bereits erfolgreich kreiert haben. Erkennen Sie an, daß alles seine Zeit braucht. Nach tibetischer Lehre haben Sie einen Führer an Ihrer Seite, der Ihnen als „Zeitplaner" dient. Seien Sie sich klar darüber, daß Ihr Zeitplaner, der Ihnen zugeteilt wurde, um für ein günstiges *Timing* zu sorgen, daran arbeitet, die optimale Situation für Sie zu erschaffen. Bitten Sie Ihren Zeitplaner darum, Sie geduldiger zu machen und Ihnen Informationen zu geben, die Ihnen helfen, eine Verzögerung besser zu verstehen. Lassen Sie sich von Ihrem Zeitplaner bestätigen, daß Sie nicht unwissentlich Blockaden errichtet haben, die den richtigen Zeitpunkt noch hinauszögern.

Was Sie auch tun, verfallen Sie nicht in eine zerstörerische Phase, in der Sie Ihr Gemälde vor seiner Fertigstellung vernichten. Behalten Sie Ihre positive Erwartungshaltung bei, in dem sicheren Wissen, daß Sie genügend produktive Energie in Ihr Anliegen gesteckt haben. Sie verkörpern die Schöpferkraft. Sie sind auf diese physische Ebene gekommen, um mit der Schöpfung zu experimentieren. Stimmen Sie sich auf diese Energie ein, und bleiben Sie darauf eingestimmt, auch wenn Sie auf scheinbar widersprüchliche Signale stoßen. Haben Sie mit sich selbst die Geduld, die man braucht, um Meisterwerke zu malen, und Sie werden es tun!

Mühelos seinen Lebensunterhalt verdienen

Die kritische Masse erzeugt das kollektive Bewußtsein

Es gibt gewisse Muster, die im Massenbewußtsein etabliert sind und die Sie als einzelner nur schwer überwinden können. Einige dieser Muster sind einschränkend und führen dazu, daß Sie in Situationen zu kämpfen haben, von denen Sie vom Verstand her wissen, daß sie einfach handzuhaben sein sollten. Diese Muster werden durch den festen Glauben so vieler Menschen gebildet, daß eine kritische Masse entsteht. Ihre Gesellschaft glaubt zum Beispiel unerschütterlich daran, daß Krebs unheilbar sei und daß man ihn am wirksamsten mit brutalen Methoden wie Chemotherapie bekämpfe. Jenen, die daran glauben, ihre Krankheit spontan und permanent rückgängig machen zu können, fällt es schwer, eine positive Einstellung zu ihrer Gesundheit zu erlangen und aufrechtzuerhalten. Ihre positive Denkweise wird ständig durch die Masse, die daran glaubt, daß sie ohne Medikamente scheitern werden, untergraben.

Sobald man eine kritische Masse erreicht, wird aus einer Überzeugung eine Gedankenform mit einem Eigenleben. Diese Gedankenform ist so real, daß man ihre Energie mit Kameras, die mit ultraviolettem Licht arbeiten, fotografieren kann. Positive Gedankenformen bestehen aus klaren Farben und ansprechenden Formen. Negative Gedankenformen bestehen aus düsteren, trüben Farben und unklaren Formen. Sobald eine Gedankenform aufgrund der Glaubenssätze eines großen Teils der Bevölkerung entsteht, kann sich der einzelne nur schwer davon fernhalten, weil sie bedrohlich über ihm schwebt. Sie werden ungewollt in die Gedankenform hineingezogen, selbst wenn Sie vorhaben, sie zu meiden.

Einen Notgroschen zurücklegen

Ein beharrliches Muster, das viele von Ihnen einschränkt, ist zum Beispiel, daß Sie glauben, einen Notgroschen zurücklegen zu müssen. Obwohl Sie daran glauben möchten, daß das Universum unter allen Umständen für Sie sorgen wird, sind viele von Ihnen nicht mit der Vorstellung in Resonanz, immer nur für einen Tag vorzusorgen. Selbst wenn Ihnen Ihre Führer und Lehrer sagen, daß Sie mühelos für Ihren Lebensunterhalt sorgen können, kommen Sie vielleicht zu dem Schluß, daß ein nichtverkörpertes Wesen die alltäglichen Bedürfnisse eines Menschen gar nicht verstehen kann, und Sie ignorieren diese Informationen. Sie denken: „Wenn ihr (Führer) physische Form hättet, dann wäre euch klar, wie kompliziert es ist, für all das zu sorgen, was man braucht, um angenehm leben zu können." Wir verstehen aber *sehr wohl*, daß Sie ein Heim, Essen und Kleidung zum Überleben brauchen. Wir verstehen auch, daß das Leben bedeutend besser wird, wenn mehr als nur Ihre Grundbedürfnisse erfüllt werden. Wir können aber nicht zu Ihnen vordringen, weil Sie in einer Gedankenform verwurzelt sind, die besagt, daß immer etwas Unerwartetes auftreten kann, für das man finanzielle Mittel braucht.

Der im Massenbewußtsein verankerte Glaube, daß Sie für unvorhergesehene Ereignisse vorsorgen müssen, ist tief in Ihnen verhaftet. Viele von Ihnen gehen sogar noch weiter und glauben, wenn es Ihnen gut gehe, dann müßten Sie noch schwerer arbeiten. Wird schließlich nicht irgend etwas schiefgehen, für das man dann Geld braucht? Ist Ihnen jemals aufgefallen, daß Sie Zyklen durchlaufen, in denen alles schiefläuft? Wenn beispielsweise Ihr Auto defekt ist und zusätzliche Ausgaben für seine Reparatur anfallen, genau dann entdecken Sie, daß Ihr Hausdach erneuert werden muß. Für gewöhnlich müssen Sie sich gerade dann um Auto und Dach kümmern, nachdem Sie sich gerade mit einer sehr teuren Schlafzimmereinrichtung verausgabt oder einen großen Teil Ihrer Ersparnisse für eine Luxusreise ausgegeben haben.

Sie ziehen das an, vor dem Sie Angst haben

Diese Zyklen treten auf, weil die Mentalität, daß Sie einen Notgroschen zurücklegen müßten, in Ihnen verwurzelt ist. Man redet Ihnen ein, daß Sie für Notfälle vorsorgen müßten, denn das Unerwartete trete immer ein. Natürlich geschieht das Unerwartete dann auch! Sie leben auf einem zyklischen

Planeten, dessen Bauplan erfordert, daß sich die Dinge ändern. Das ist Teil Ihrer irdischen Erfahrungen. Sie sind allerdings selbst dafür verantwortlich, daß Sie eine positive Haltung annehmen. Wenn Sie periodisch immer wieder in Situationen verfallen, in denen Sie zusätzliche finanzielle Mittel brauchen, dann ist das wie Nasenbluten, das nur schwer zu stoppen ist, denn Sie entwickeln den starken Wunsch, *daß nichts anderes schiefgehen möge.* In dem Augenblick, in dem Sie sich auf das konzentrieren, was Sie *nicht* wollen, nimmt das Universum Ihren Wunsch wahr, übersieht aber die Verneinung! Es schickt Ihnen mehr von dem, was Sie emotional beschäftigt, so daß eine ganze Reihe von Situationen auftritt, die Sie Geld kosten.

Sie haben zum Beispiel gerade Ihr erstes Haus gekauft. Sie fühlen sich durch die Schuldenlast erdrückt. Sie beginnen sich über Ihr Einkommen Sorgen zu machen. Wie soll das gehen, wenn Sie oder Ihr Partner arbeitslos werden, weil ihre Firma unerwartet Einsparungen vornimmt? Was ist, wenn einer von Ihnen krank wird und nicht mehr arbeiten kann? Was sollen Sie machen, wenn Ihre Eltern finanzielle Unterstützung brauchen? Als nächstes erfahren Sie und Ihr Partner, daß Sie unverhofft ein Baby erwarten, und das, obwohl Sie die Pille nehmen. Jetzt haben Sie neben den Ausgaben für das neue Haus auch noch für ein Baby zu sorgen und verlieren außerdem das zweite Einkommen. Statt Sie zu beschützen, hat Ihre Angst die von Ihnen am meisten gefürchtete Situation angezogen. Ihre starken Emotionen haben wie ein Magnet gewirkt und genau das, was Sie nicht wollten, angelockt. Das Universum nahm Ihre intensiven Emotionen wahr und versuchte, Ihrem Wunsch zu entsprechen. Hätten Sie sich auf das konzentriert, was Sie wollten, nämlich ein adäquates und kontinuierliches Einkommen, dann hätte das Universum auf diesen Wunsch reagiert.

Die Notgroschen-Mentalität überwinden

Statt in Angst vor unerwarteten finanziellen Ausgaben zu leben, ist es an der Zeit, daß Sie sich anderen Optionen

SCHÖPFERISCHE MACHT

zuwenden. Als erstes sollten Sie Ihre Notgroschen-Mentalität überwinden. Statt mit der Einstellung „Wenn alles gutgeht, dann muß irgendwann etwas schiefgehen" in Resonanz zu sein, sollten Sie mit der Einstellung resonieren: „Das Universum sorgt dafür, daß alles gut für mich läuft." Das folgende Ritual ersetzt die erste Aussage durch die zweite. Das Ritual mag Ihnen unbedeutend erscheinen, weil es so einfach ist, aber Sie können sicher sein, daß es Ihre Resonanz verändern wird. Wenn Sie in eine automatische Körperfunktion, wie etwa Blinzeln, eingreifen, wird das Unterbewußtsein aufmerksam, denn automatische Abläufe sind seine Domäne. Indem Sie die Aufmerksamkeit des Unterbewußtseins erwecken, können Sie seine Mission auf die von Ihnen geäußerte Absicht abstimmen.

- *Starren Sie geradeaus, und trüben Sie Ihren Blick ein wenig. Erzeugen Sie mit Ihren Augen eine nach unten verlaufende Spirale, wobei Sie Ihre Augen von links nach rechts drehen, während Sie Ihren Blick von oben nach unten senken. Diese Bewegung entspricht einer nach unten verlaufenden dreidimensionalen Spirale. Sie können Ihre Finger benutzen, um die Spirale zu erzeugen, falls es Ihren Augen leichter fällt, einem Objekt zu folgen. Zeichnen Sie eine nach unten verlaufende Spirale in die Luft.*
- *Sagen Sie einmal: „Das Universum sorgt dafür, daß alles gut für mich läuft."*
- *Kreieren Sie mit Ihren Augen eine zweite nach unten verlaufende Spirale.*
- *Sagen Sie einmal: „Das Universum sorgt dafür, daß alles gut für mich läuft."*
- *Kreieren Sie mit Ihren Augen eine dritte nach unten verlaufende Spirale.*
- *Sagen Sie einmal: „Das Universum sorgt dafür, daß alles gut für mich läuft."*

Sie fühlen sich wahrscheinlich ein wenig schwindlig, was ein Zeichen dafür ist, daß eine Verlagerung der Energie stattgefunden hat. Sie sind jetzt in Resonanz mit der neuen Einstellung. Um diese Affirmation in Ihrem Energiefeld zu verankern, wiederholen Sie sie jedesmal, wenn unerwartete Ausgaben auftreten. Sie werden damit sofort auf eine positive Erwartungshaltung

Manifestieren - Wünsche Wirklichkeit werden lassen

eingestimmt, und das Potential, weitere negative Situationen hervorzubringen, wird eliminiert.

Es wird perfekt für Sie gesorgt

Nachdem Sie das Ritual abgeschlossen haben, das Ihre Notgroschen-Mentalität aufhebt, ist es auch wichtig, sich positiv auf die Arbeit, die Sie ausüben, einzustimmen, damit diese kontinuierlich und mühelos für Ihren Unterhalt sorgt. Die folgende einfache Übung hilft Ihnen dabei:

- *Atmen Sie tief durch, indem Sie kräftig durch die Nase einatmen und dann kräftig durch die Nase ausatmen. Vielleicht möchten Sie sich vorher die Nase putzen. Atmen Sie so lange auf diese Weise, bis Sie sich müde fühlen. Dann kommen Sie zur Ruhe, indem Sie auf die gleiche Weise im gleichen Rhythmus weiteratmen, diesmal jedoch ohne ein Geräusch zu machen und ohne sich anzustrengen.*
- *Bevor Sie dann wieder tief und kräftig durchatmen, sagen Sie einmal: „Meine Arbeit nährt mich immer, und zwar sowohl emotional als auch mental und finanziell."*
- *Wiederholen Sie die Atemphase wie oben, indem Sie zuerst tief und kräftig und dann ruhig atmen.*
- *Sagen Sie einmal: „Meine Arbeit nährt mich immer, und zwar sowohl emotional als auch mental und finanziell."*
- *Wiederholen Sie nochmals die Atemphase, indem Sie zuerst tief und kräftig und dann ruhig atmen.*
- *Sagen Sie noch einmal: „Meine Arbeit nährt mich immer, und zwar sowohl emotional als auch mental und finanziell."*

Nachdem Sie diese Übung abgeschlossen haben, sind Sie im Einklang mit der Vorstellung, daß Sie mit Ihrer Arbeit mühelos Ihren Unterhalt verdienen können.

Es ist sehr schwer, sich den penetranten Gedankenformen zu entziehen, von denen Sie umgeben sind. Der erste Schritt besteht jedoch darin, in Resonanz mit einer anderen Einstellung zu kommen. Im Augenblick resonieren Sie vielleicht auf einer geistigen Ebene mit der Vorstellung, daß für Ihren Unterhalt gesorgt wird. Sie können sich vom Verstand her ausmalen, wie Sie Ihr Leben leben möchten. Es gibt allerdings nur wenige, die wirklich in Resonanz mit der Vorstellung sind, daß sie mühelos für ihren Unterhalt sorgen können. Mit der oben beschriebenen Übung haben Sie den ersten Schritt getan, um Ihr Unterbewußtsein von einer neuen Denkweise zu überzeugen, einer, die sich vom Massenbewußtsein unterscheidet. Vergessen Sie den Notgroschen, und genießen Sie Ihr Leben!

Warum Geld ein flüchtiges Gut ist

Die Energie des Geldes

Viele von Ihnen konzentrieren sich darauf, schädliche Emotionen aus Ihrem physischen und Ihrem emotionalen Körper zu entfernen, um unproduktive Verhaltensmuster zu eliminieren. Sie haben die Prinzipien der kreativen Visualisierung gelernt, und Sie sind an dem Punkt angekommen, an dem Sie wissen, wie Sie reine, positive Gedanken und Gefühle erzeugen, um das zu bekommen, was Sie sich wünschen. Trotzdem scheint das Geld um manche von Ihnen einen Bogen zu machen. Sie sind verwirrt, denn Sie wissen, daß Sie Ihre einschränkenden Glaubensmuster geändert und die Verantwortung dafür übernommen haben, daß Sie das, was Sie sich wünschen, realisieren. Warum fällt es Ihnen dann so schwer, zu den blauen, grünen oder braunen „Scheinen" zu kommen, mit denen man sich in dieser Gesellschaft seine Wünsche erfüllen kann?

Trotz Ihrer *eigenen* Versuche, die Barrieren zum Wohlstand aufzuheben, leben Sie in einem *Gruppenbewußtsein*, dessen Energiemuster sich auf Sie auswirkt. Um sich auf die Energie des Geldes einzustimmen, müssen Sie diese Muster verstehen und auflösen, denn sie sind in Ihrem Bewußtsein vorhanden, selbst wenn Sie sie nicht bewußt pflegen. Sobald genügend Menschen diese Muster aufgelöst haben, entsteht eine kritische Masse, und das widersprüchliche Programm wird erfolgreich aus dem Energiefeld aller Menschen gelöscht.

Manifestieren - Wünsche Wirklichkeit werden lassen

Muster, die Sie daran hindern, Geld zu manifestieren

Folgende drei Muster hindern Sie daran, mühelos Geld zu erwerben:

■ GELD IST DAS ENDZIEL:
Bevor das Papiergeld (Währungen, Schecks, Kreditkarten) eingeführt wurde, das gegenwärtig als das Mittel gilt, mit dem man materielle Güter kaufen kann, manifestierten die Menschen ihren Wohlstand, indem sie sich auf Ihr Ziel, das gewünschte Gut, konzentrierten. Anders ausgedrückt, der Wohlstand war häufig das Ergebnis eines Tauschhandels mit Waren und Dienstleistungen. Das Hauptaugenmerk der Manifestation lag also auf dem benötigten Objekt, wie etwa einem Ballen Heu oder Vieh oder einem neuen Paar Schuhe. Man benötigte keinen Mittler in Form von Geld. Die Menschen konzentrierten sich auf das Objekt, das sie brauchten, und nicht auf ein Medium, das sie dafür eintauschen konnten. Sie waren damit aus zwei Gründen erfolgreicher:

1. Der Wunsch war stark und geradlinig und nicht verwässert, weil er auf das begehrte Objekt gerichtet war und nicht auf ein Zwischenprodukt wie Geld.

2. Es gab eine unmittelbare Verbindung zwischen der Tätigkeit des Menschen und dem gewünschten Objekt. Das heißt, bei der Tätigkeit ging es allein darum, das gewünschte Objekt zu erhalten, und nicht darum, das dafür benötigte Geld zu verdienen.

Wenn man mit der Energie der Manifestation arbeitet, ist es sehr wichtig, sich auf das Endergebnis (gewünschtes Objekt oder Situation) zu konzentrieren und nicht auf das Medium (Geld).

■ GELD VERTRÄGT SICH NICHT MIT SPIRITUALITÄT:
Ein Thema zieht sich kontinuierlich durch Ihr soziales Bewußtsein. Sie sind von kirchlichen Institutionen dazu erzogen worden zu glauben, daß man nur dann Erleuchtung finde, wenn man sich vom materiellen Besitz trenne. Diese Idee kam den religiösen Institutionen sehr gelegen, die von Ihrem Reichtum profitierten. Sie überredeten Sie dazu, einen Prozentsatz Ihres Einkommens zu spenden, so daß die Priester ihre Arbeit für Gott verrichten konnten, etwas, wofür Sie, wie man Ihnen

151

sagte, nicht qualifiziert waren. Selbst heute, wenn man nicht mehr von Ihnen verlangt, den Bau einer gotischen oder romanischen Kirche oder einer byzantinischen Basilika finanziell zu unterstützen, besteht in Ihrem Unterbewußtsein ein Energiemuster, das während früherer Leben entstanden ist und das Sie rügt, wenn Sie versuchen, für sich selbst etwas zu manifestieren. Und jene, die für das Geldsystem auf diesem Planeten verantwortlich sind, unterstützen weiterhin die Vorstellung, daß Geld in spiritueller Hinsicht nicht von Wert sei, denn auf diese Weise behalten sie die Kontrolle. Wenn Sie sich Ihrer Kreationen, das heißt Ihrer Manifestationen, nicht würdig fühlen, verhindern Sie es, Wohlstand zu erlangen. Wenn Sie ständig Wünsche haben, statt Ihre Wünsche zu erfüllen, dann sind Sie finanziell entmachtet. Sie wollen etwas, das Sie nie bekommen. Und wenn Sie machtlos sind, sind Sie für diejenigen, die das Geldsystem und das, was es für sie bewirkt, kontrollieren, keine Gefahr. Anders ausgedrückt: Da bleibt weniger für Sie und mehr für sie! Im Gegensatz zur allgemeinen Meinung ist schöpferische Energie sehr wohl spirituell. Etwas zu erschaffen ist ein spiritueller Akt, so wie der göttliche Schöpfer mit seiner Energie das Universum mit all seinen materiellen Gütern erschuf. Zu manifestieren oder zu kreieren bringt Sie also näher an den göttlichen Schöpfer heran. Es ist an der Zeit, das Programm, das besagt, daß Wohlstand der Spiritualität im Wege stehe, zu verändern.

■ „GELD = KANN ICH NICHT HABEN":
Mit jedem Wunsch, den Sie manifestieren, ist eine unausgesprochene Energie verbunden. Sie beruht auf den Prinzipien der Polarität auf dem Planeten, die für alles den jeweiligen Gegenpol hervorbringen. Zweck der Polarität ist es, Kontraste zu schaffen, damit Ihnen Ihre Wünsche klarer werden. Sobald Ihnen Ihre Wünsche klar sind, sollen Sie sie verwirklichen. Weil es aber für jeden Wunsch einen Gegenpol gibt (zum Beispiel Gesundheit / Krankheit, Erfolg / Mißerfolg, Wohlstand / Armut usw.), resonieren Sie sowohl mit dem Wunsch als auch mit dem Gegenpol. Egal ob es Ihnen direkt gesagt wurde oder ob Sie dieses Verhalten beobachtet haben, schon früh wurde Ihnen klar, daß jeder Wunsch von Einschränkungen (Gegenpolen) begleitet ist. Als Sie vielleicht sagten, Sie würden gerne in einer Villa leben, sagten Ihnen Ihre Eltern, Sie würden sich

das niemals leisten können. Oder als Sie sich selbst als Star der olympischen Spiele sahen, wurde Ihnen aufgrund der Aussagen der Kommentatoren über die Stärke der Konkurrenz klar, daß nur wenige eine Medaille gewinnen können. Sie haben ein Muster in sich, das „Geld" mit seinem Gegenpol in Verbindung bringt, sei dies nun „Mangel" oder „Armut" oder „gibt es nur für die Reichen und diejenigen, die Glück haben". Im Grunde genommen läuft in Ihrem Unterbewußtsein das Programm ab: „Geld = kann ich nicht haben." Sie müssen sich dieser Polarität entziehen, um Ihre Wünsche zu manifestieren.

Das Muster des Mangels umkehren

Einsicht ist der erste Schritt dahin, die drei Muster aufzulösen, die Sie daran hindern, zu Geld zu kommen. Sobald Ihnen klar ist, daß Sie darauf programmiert sind, können Sie diese Logik ändern. Wenn Sie manifestieren, konzentrieren Sie sich immer auf das Endergebnis und nicht nur auf die Scheine. Erfreuen Sie sich an Ihrer Spiritualität, wenn Sie manifestieren, denn Sie erfüllen Ihre Rolle als Schöpfer in einem physischen Reich, zu dem diese Form der Schöpfung gehört. Schließlich kehren Sie das Muster des „Mangels" in Ihrem Energiefeld mit folgender Übung um:

- *Zünden Sie eine indigoblaue Kerze mit einem Geldschein an, den Sie an einem Ende mit einem Zündholz oder Feuerzeug entzündet haben. Legen Sie ein Stück Folie oder eine Platte unter die Kerze, oder stellen Sie sie in eine feuerfeste Schüssel, damit nichts passiert. Wenn Sie keine indigoblaue Kerze finden, können Sie zwei Kerzen kaufen, deren Farben beim Mischen Indigoblau ergeben würden, und beide Kerzen gleichzeitig anzünden. Legen Sie den Geldschein in die Schüssel neben der Kerze, und lassen Sie ihn zu Ende brennen.*

SCHÖPFERISCHE MACHT

- *Sagen Sie dreimal: „Schöpfer aller Lebewesen, Erzengel Zadkiel aus dem Reich der kreativen Visualisierung und Manifestation, Götter und Göttinnen der Manifestation, Engel der vereinigenden Energie des Planeten Erde."*

- *Sagen Sie: „Ich ersuche darum, die folgenden drei Energiemuster, die ich zur Zeit in mir trage, umzukehren: 1) Geld ist das Endziel, 2) Geld verträgt sich nicht mit Spiritualität, 3) „Geld = kann ich nicht haben". Ich bitte euch, mich dabei zu unterstützen, mich diesen im Gruppenbewußtsein etablierten Mustern zu entziehen, damit ich mit den wahren Prinzipien der Manifestation als Akt der Schöpfung völlig im Einklang sein kann. Ich bitte auch darum, etwaige andere Muster, die mich daran hindern zu manifestieren und deren ich mir möglicherweise nicht bewußt bin, aufzuheben. Ich habe die Absicht, im Sinne der höheren Wahrheit und zum höchsten Wohle aller zu manifestieren. Wenn ich von diesem Pfad abweichen sollte, greift bitte ein und erinnert mich an mein Gelübde."*

- *Stimmen Sie dreimal den folgenden heiligen Gesang an: „Shank taah uurrr shah" (Betonung auf „uurrr"). Diese uralten Klänge stimmen Ihre Manifestationsenergie auf die Schöpferkraft ein.*

- *Sagen Sie dreimal: „Danke".*

- *Lassen Sie die Kerze ganz zu Ende brennen. Wenn Sie das Haus verlassen oder schlafen gehen, löschen Sie die Kerze aus Sicherheitsgründen aus.*

Mit dem oben beschriebenen Ritual haben Sie sich den Gedankenformen des Massenbewußtseins entzogen, die Sie daran hindern zu manifestieren. Halten Sie sich von diesem Bewußtsein fern, indem Sie sich auf Ihre eigenen Manifestationen konzentrieren. Anders ausgedrückt, beklatschen Sie Ihre Erfolge, und zwar sowohl die großen (Ihr Traumhaus) als auch die kleinen (den perfekten Parkplatz). Lassen Sie es nicht zu, daß andere sich mit ihren Bemerkungen in Ihr neues Bewußtsein einmischen, denn die meisten werden wahrscheinlich Negatives statt Positives beitragen. Wir empfehlen Ihnen dringend, Ihre Manifestationsabsichten für sich zu behalten, denn es gibt viele Neinsager um Sie herum. Gehen Sie negativen Bemerkungen jener aus dem Weg, die noch nicht verstehen, daß sie selbst auch imstande sind, das zu

Spiritualität

erschaffen, was sie sich wünschen. Dadurch kommen Sie Ihrer neuen Realität, in der Sie Ihre schöpferische Kraft einsetzen, schneller näher.

....

Warum die Reichen reicher und die Armen ärmer werden

Reichtum erzeugt Reichtum

Es gibt da ein äußerst treffendes Sprichwort, in dem das Massenbewußtsein über den Wohlstand zum Ausdruck kommt. Es lautet: „Die Reichen werden immer reicher und die Armen ärmer." Diese Redewendung drückt die vorherrschende Meinung aus, daß es jenen, die Geld haben, leicht fällt, dieses zu vermehren, während es äußerst schwer ist, begrenzte Ressourcen zu erhöhen. Leider ist dieses Klischee sehr zutreffend, denn es sagt die Zukunft der Reichen und Armen voraus. Die Reichen werden *tatsächlich* immer reicher, während die Armen auf der Stelle zu treten scheinen. Wenn sie auch vielleicht nicht gerade ärmer werden, so werden sie ganz gewiß nicht mit Reichtum überschüttet.

Es ist an der Zeit, das Muster, das Reichtum mit mehr Reichtum und Armut mit mehr Armut gleichsetzt, aus Ihrem Glaubenssystem zu entfernen. Jene, die noch mehr wollten, haben Ihrem Energiefeld dieses Muster absichtlich aufgedrängt. Die Reichen glaubten, ihr Reichtum hänge davon ab, daß sie Reichtum von jenen fernhielten, die nicht reich waren. Die meisten von Ihnen glauben an diese Vorstellung des „Mangels", die davon ausgeht, daß nicht genug für alle da sei. Deshalb meinten die Reichen, sie müßten das beschützen, was sie hatten, indem sie es von den anderen, nämlich den Armen, fernhielten. Sie glaubten, sie seien angreifbar, weil sie nach dem Prinzip des Mangels handelten. Deshalb arbeiteten sie so eifrig daran, ihre Vorherrschaft im finanziellen Bereich beizubehalten. Eine Taktik, mit der sie ihren beständigen Reichtum garantierten, ist die, daß sie Selbstachtung mit materiellem Besitz verbanden.

Wenig Selbstachtung – wenig Manifestation

Dies bedeutet mit anderen Worten: Der Glaube, daß Ihr Selbstwert von Ihrem materiellen Wohlstand abhänge, ist fest in Ihnen allen verwurzelt, egal ob Sie vom Verstand her daran glauben oder nicht. Sie alle sind emotional in der Vorstellung „wenig Selbstachtung = wenig Manifestation" gefangen. Wie gesagt wollten die Reichen dafür sorgen, daß sie noch reicher werden, indem sie ihre Ansprüche auf die vermeintlich begrenzten Ressourcen anmeldeten. Die Reichen haben sich ihre zukünftigen Ansprüche bewußt dadurch gesichert, daß sie Selbstachtung von Reichtum abhängig machten. Wenn Ihnen nicht gefällt, wie sich die Leute mit Geld verhalten, lästern Sie nicht darüber, denn Sie alle haben gewählt, ob Sie in Reichtum oder Armut leben wollen. Sie würden somit also nur Ihr eigenes Verhalten in der Vergangenheit verurteilen.

Weil Sie dahingehend geprägt sind, daß wenig Selbstachtung mit wenig Manifestation zusammenhänge, sind Sie überzeugt davon, daß Ihr Selbstwert von Reichtum abhängig sei. Sie glauben, Sie wären ein „besserer" Mensch, wenn Sie Designerkleidung, ein großes Haus und ein schickes Auto besäßen. Auf emotionaler Ebene ist dieser Grundsatz in Ihnen verwurzelt, weil er in Ihr Energiefeld eingeprägt ist. Sie sagen so etwas wie „Kleider machen Leute". Sie tragen sogar Kleidungsstücke, bei denen der Name des Designers *auf der Außenseite* aufgedruckt ist. Vielleicht fühlen Sie sich „cooler", wenn Sie einen BMW statt einen Mazda fahren. Sobald Sie Ihren Selbstwert mit Reichtum gleichsetzen, sitzen Sie in der Falle, denn Ihre Selbstachtung bleibt gering, solange Sie *keine* Markenkleidung, keinen hohen Kreditrahmen und kein großes Haus im Grünen besitzen. Doch leider wird Ihre schöpferische Kraft durch ihre niedrige Selbstachtung eingeschränkt. Sie möchten etwas, ... doch in Ihrem Unterbewußtsein haben Sie das Gefühl, es nicht zu verdienen. Sie müssen das Muster „wenig Selbstachtung = wenig Manifestation" ablegen, das Ihnen durch die Reichen, die den Mangel fürchteten, seit Äonen auferlegt wurde.

Spiritualität

Das Muster „wenig Selbstachtung = wenig Manifestation" ablegen

Um dieses Muster aus Ihrer Aura (es befindet sich in Ihrem Astralkörper) zu entfernen, führen Sie folgende Übung durch:

- *Bereiten Sie sich mit folgender Atemübung auf das Ritual vor, um Ihr Bewußtsein zu erhöhen und Ihr Unterbewußtsein auf Ihre Absicht aufmerksam zu machen. Atmen Sie tief durch Ihre Nase ein. Atmen Sie langsam durch Ihren Mund aus, und lassen Sie Ihren Atem durch Ihren ganzen Körper wandern, wobei Sie beim Kopf beginnen und bei den Füßen aufhören. Spüren Sie, wie alle Einschränkungen in bezug auf Fülle verschwinden, während Sie Ihren Atem durch Ihren physischen Körper schicken. Wiederholen Sie diese Form der Atmung fünfmal.*
- *Sagen Sie dreimal: „Schöpfer aller Lebewesen, Erzengel Zadkiel aus dem Reich der Manifestation, Erzengel Kamiel aus dem Reich der Macht und des Lichtes, meine Führer und Lehrer, mein hohes Selbst, mein mittleres Selbst, mein niederes Selbst."*
- *Stimmen Sie die Silbe „Yam" sechsmal an. Die Töne sollen lang und ausgedehnt sein. Sagen Sie sie laut und forsch, nicht sanft und zaghaft.*
- *Sagen Sie fest entschlossen: „Ich lasse das Muster los, das mich dazu verleitet, meine Selbstachtung von materiellem Wohlstand abhängig zu machen. Ich ersuche den Schöpfer aller Lebewesen, Erzengel Zadkiel aus dem Reich der Manifestation, Erzengel Kamiel aus dem Reich der Macht und des Lichtes und meine Führer und Lehrer darum, mich dabei zu unterstützen, die Verbindung zwischen meiner Selbstachtung und meiner schöpferischen Macht aufzulösen. Ich bekenne mich dazu, daß ich jederzeit grenzenlosen Wohlstand manifestieren kann, egal ob ich wohlhabend oder arm bin. Ich stimme mich auf meine Schöpferkraft ein, und mir ist klar, daß der Geist jeden von uns mit derselben Fähigkeit ausgestattet hat,*

unsere schöpferische Macht auszuüben. Ich betrachte die Manifestation als das, was sie ist, nämlich das physische Ergebnis eines konkreten Wunsches und nicht ein Merkmal, das man mit Selbstachtung gleichsetzt. Ich bin göttlicher Geist in physischer Form. Deshalb bin ich Schöpfer."

■ *Stellen Sie sich vor, wie das weiße Licht der Schöpferkraft in Ihrem zweiten Chakra (unterhalb des Nabels), dem Sitz Ihres Verlangens, von dem die Manifestation ausgeht, entsteht. Stellen Sie sich auch das weiße Licht der Schöpferkraft, das vom göttlichen Geist erzeugt wird, vor, und lassen Sie es durch Ihr Kronenchakra (an der Oberseite Ihres Kopfes) eintreten. Beobachten Sie, wie sich die beiden Energien vereinigen und das Muster, das Sie mit sich getragen haben, auflösen.*

■ *Sagen Sie dreimal: „Danke."*

Sie haben jetzt das Muster, das materiellen Wohlstand mit Selbstachtung gleichsetzt, aus Ihrem Energiefeld entfernt. Jetzt liegt es an Ihnen, sich geistig umzustellen und die Vorstellung, daß Sie unzulänglich seien, wenn es Ihnen materiell nicht so gut geht, aufzulösen, wann immer sie auftritt. Je schneller Sie einschränkende Glaubenssätze durch Ihre neue Vorstellung von Selbstachtung ersetzen, desto schneller werden Sie auf Ihre neue, schöpferische Energie eingestimmt sein. Sie *sind* Schöpfer. Wir möchten, daß Sie alles erschaffen, was Sie sich wünschen, weil Sie dazu imstande sind und weil es Ihr göttliches Recht ist, Schöpfer in physischer Gestalt zu sein.

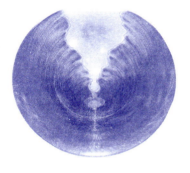

Spiritualität

Polarität kontra göttliche Einheit

Die Polarität überwinden

Die Erde ist ein Planet, auf dem das Prinzip der Polarität vorherrscht. Sie können sie überall sehen. Sie existiert in der Natur in Form eines stillen Sees auf der einen und zerstörerischer Erdbeben auf der anderen Seite. Sie existiert in den Jahreszyklen, in der Fruchtbarkeit des Sommers und im Schlafzustand des Winters. Sie existiert in den männlichen und weiblichen Eigenschaften, wobei die männliche Energie als aggressiv und aktiv und die weibliche als sanft und passiv charakterisiert wird. Als Ihre Seele beschloß, die Polarität auf der Erde zu erleben und daraus zu lernen, verfolgte sie zwei Ziele. Ein Ziel war es, inmitten der Dualität zu leben und zu lernen, sie zu überwinden, indem man unter diesen scheinbar widersprüchlichen Voraussetzungen die göttliche Einheit findet. Die Seelen sind oft übereifrig, wenn es darum geht, Erfahrungen zu wählen, aus denen sie lernen können, und die Einheit auf einem Planeten der Dualität zu finden erschien wahrscheinlich als eine gute Herausforderung.

Für die meisten von Ihnen ist es wahrscheinlich nicht leicht und deshalb frustrierend, Einheit in einer polaren Welt zu finden, und auf diese Weise ist Ihnen klar geworden, daß dieses Ziel etwas hoch gesteckt war! Sie haben mehrere Leben damit verbracht, sich mit Konflikten zu befassen, die sich aus dieser Dualität von Gut und Schlecht oder Richtig und Falsch ergeben. Endlich überwinden Sie dieses Yin-Yang-Prinzip und beginnen zu akzeptieren, statt zu bewerten. Jetzt, da Sie erkennen, daß es darum geht, „ausgewogen" oder „neutral" inmitten der Polarität zu leben, sind Sie bereit, Ihr zweites Ziel in Angriff zu nehmen, nämlich anderen Seelen das Prinzip der göttlichen Einheit vor Augen zu führen. Das erreichen Sie, indem Sie es den anderen vorleben.

Ihr eigener Weg zur göttlichen Einheit war voller Frustration und ist noch weiterhin voller Herausforderungen. Das ist in erster Linie darauf zurückzuführen, daß im Bauplan der Erde die Polarität enthalten ist, so daß dieses Konzept tief im

Massenbewußtsein verwurzelt ist. Sie sind mit der schwierigen Aufgabe konfrontiert, sich über das Massenbewußtsein hinwegzusetzen, das heißt, Sie müssen gewisse Konzepte aus Ihrem Denken verbannen, um zur Einheit zu finden.

Es gibt da zum Beispiel einen Bestseller mit dem Titel *Männer sind anders. Frauen auch.* Dieses Buch schwelgt in den Unterschieden zwischen Männern und Frauen. Statt den Menschen dabei zu helfen, die männliche und weibliche Energie ins Gleichgewicht zu bringen, treibt es einen Keil zwischen die Geschlechter, indem es die Unterschiede betont. Um Ausgewogenheit und Harmonie zu erreichen, müssen Sie die Unterschiede *würdigen, anerkennen,* statt sie zu *überbrücken.* Die Unterschiede zu würdigen bedeutet, die männliche und die weibliche Energie in jedem Menschen ins Gleichgewicht zu bringen. Erst wenn sie diese polaren Energien ins Gleichgewicht bringen, können Paare sich in göttlicher Einheit verbinden. Wenn man die Unterschiede nur *toleriert,* kommt es nie zur Einheit, selbst wenn dies dazu führt, daß man konfliktfrei lebt. Zur göttlichen Einheit kommt es nur, wenn man die Unterschiede *würdigt.*

Seelenverträge und Polarität

Neben dem Massenbewußtsein gibt es noch einen anderen Einfluß, der die Trennung, sei es zwischen Ihnen und Ihrem Partner oder einem Freund oder Arbeitskollegen, unterstützt. Es handelt sich dabei um Seelenverträge oder Gelübde. Bevor Sie auf der Erde reinkarnierten, verpflichtete Ihre Seele sich dazu, bestimmte Verträge zu erfüllen, um sich weiterzuentwickeln. Diese Verträge basierten auf dem Prinzip der Polarität, denn dieses herrscht auf Ihrem Planeten vor. Damit Sie Ihre Verträge, die von Seelengruppen ausgearbeitet wurden, denen die Einheit wichtig ist, erfolgreich erfüllen können, müssen diese Verträge den Werten des Planeten entsprechen, auf dem Sie inkarnierten. Deshalb erhielten Sie Verträge, die auf der Polarität beruhen, da ein Konzept der Einheit für die Erde nicht geeignet wäre.

Auf Ihrer derzeitigen Entwicklungsstufe haben jedoch einige von Ihnen das Konzept der Polarität überwunden und verstehen, daß Harmonie darauf zurückzuführen ist, daß man

Spiritualität

sowohl Unterschiede als auch Ähnlichkeiten würdigt. Sie streben danach, die Unterschiede auszugleichen, indem Sie akzeptieren und lieben, statt die Unterschiede durch Toleranz und Trennung zu erhöhen. Sie versuchen, die Einheit in Ihrem täglichen Leben aufrechtzuerhalten, ob es nun darum geht, mit Ihrem Ehepartner, Ihrem Nachbarn oder Ihrem Vorgesetzten auszukommen. Doch obwohl Sie die Einheit anstreben, zerrt die Trennung noch immer an Ihnen, weil Ihre Seelenverträge auf dem Prinzip der Polarität statt auf dem der Einheit beruhen.

Sobald Sie das im Massenbewußtsein verankerte Prinzip der Polarität überwinden und den Weg der Einheit wählen, stehen Ihnen Ihre früheren Seelenverträge eher im Wege, als daß sie Sie in Ihrer neuen Realität unterstützen. Die Mentalität *Männer sind anders. Frauen auch* liegt Ihnen nicht mehr, denn Ihr Leitprinzip ist die Einheit. Sie erkennen den gemeinsamen Nenner, der Sie alle verbindet. Es gibt keine Trennung mehr.

Polaritätsverträge auflösen

Sie müssen Ihre früheren Gelübde auflösen, oder Sie arbeiten gegen sich selbst. Das kann manchmal sehr unangenehm werden, denn je mehr Sie sich der Einheit nähern, desto mehr erleben Sie das extreme Gegenteil, weil Ihr Gelübde auf dem Prinzip der Polarität beruht. Ein Paar, das beispielsweise die maskulinen und femininen Aspekte in beiden würdigt, statt Ihre Beziehung auf traditionelle Werte, das heißt, auf die Unterschiede zwischen Männern und Frauen zu gründen, wird dennoch Konflikte erleben. Je mehr Sie sich der göttlichen Einheit nähern, indem Sie Unterschiede anerkennen und akzeptieren, desto mehr ziehen Sie die Energie der Trennung an, weil Sie Ihren Seelenvertrag verletzen. Das kann sehr verwirrend sein, denn das Paar versteht und praktiziert die Einheit, und trotzdem überkommen es immer wieder Gefühle der Trennung. Es ist beinahe so, als ob sie es mit einer Macht zu tun hätten, die stärker ist als Ihr Wunsch nach Einheit. In Ihrem Herzen wünschen sie sich, ganz zu sein, während Ihre Handlungen dem widersprechen. Jene, die diese Dichotomie erlebten, meinten verrückt zu werden, weil sie das Gefühl hatten, entgegen ihren eigenen Wünschen zu handeln.

Ritual, mit dem Sie Polaritätsgelübde auflösen können

Das folgende Ritual dient dazu, Verträge, die auf Polarität basieren, aufzulösen, und Ihre Seelengelübde auf das Prinzip der Einheit abzustimmen. Es kann einzeln oder von Paaren ausgeführt werden. Dieses Ritual sollte nur vollzogen werden, wenn Sie Ihr Polaritätsdenken bereits minimiert haben und Ihre Realität von Einheit statt von Trennung geprägt ist. Andernfalls lösen Sie Gelübde auf, die noch gemäß dem Polaritätsprinzip zu erfüllen sind, was die beabsichtigten seelischen Erfahrungen, die Sie in diesem Leben machen möchten, behindert. Führen Sie das folgende Ritual bitte im Freien auf einer Terrasse oder im Haus auf sicherem Untergrund aus. Es handelt sich um ein sehr mächtiges Ritual, und einige, die es durchführten, stellten fest, daß sich kräftige Flammen entwickeln oder die intensive Hitze sich durch Topfuntersetzer frißt.

- *Legen Sie Aluminiumfolie in eine feuerfeste Schüssel oder einen tiefen Topf, und stellen Sie eine blaue Kerze hinein. Wenn Sie sich im Haus befinden, spielen Sie eine Musik, die Sie spirituell erbaut. Wenn Sie sich im Freien befinden, können Sie ein Klangspiel anstimmen, dem Gesang der Vögel lauschen oder den Wind in Ihrem Gesicht wahrnehmen, um dieses erbauliche Gefühl zu verspüren.*
- *Zünden Sie die blaue Kerze an.*
- *Sie brauchen eine Kopie des folgenden Gesuchs, da Sie es in Ihrer Schüssel oder Ihrem Topf verbrennen.*
- *Wenn Sie Ihre Gelübde alleine auflösen möchten: Unterzeichnen Sie das nachfolgend beschriebene Gesuch, und schneiden Sie es horizontal in zwei Hälften. Lesen Sie die erste Hälfte laut vor, dann legen Sie sie beiseite. Lesen Sie die zweite Hälfte laut vor. Entzünden Sie die erste Hälfte an der Flamme der Kerze, und verbrennen Sie sie in der Schüssel. Entzünden sie die zweite Hälfte an der Kerze, und verbrennen Sie sie ebenfalls. Wundern Sie sich nicht, wenn die Kerze vor Ihren*

Spiritualität

Augen verschwindet. Das Wachs der Kerze wird häufig von der Macht der Worte verzehrt.

■ *Wenn Sie Gelübde gemeinsam mit einem Partner auflösen möchten: Beide Partner unterzeichnen das folgende Gesuch und schneiden es horizontal in zwei Hälften. Die beiden Partner vollführen das Ritual wie folgt: Partner Nr. 1 liest die erste Hälfte laut vor, während Partner Nr. 2 die zweite Hälfte hält. Partner Nr. 1 übergibt Partner Nr. 2 die erste Hälfte, nimmt die zweite Hälfte und liest sie laut vor. Dann liest Partner Nr. 2 die erste Hälfte laut vor, während Partner Nr. 1 die zweite Hälfte hält. Partner Nr. 2 übergibt Partner Nr. 1 die erste Hälfte, nimmt die zweite Hälfte und liest sie laut vor. Partner Nr. 1 entzündet die erste Hälfte an der blauen Kerze und verbrennt sie in der Schüssel. Partner Nr. 2 entzündet die zweite Hälfte an der blauen Kerze und verbrennt sie in der Schüssel.*

■ *Lassen Sie die Kerze ganz zu Ende brennen. Werfen Sie die Rückstände weg. Wenn nur Asche übrigbleibt, können Sie diese im Freien verstreuen.*

Gesuch zur Auflösung des Polaritätsgelübdes
(horizontal in zwei Hälften schneiden und verbrennen)

■ *Sagen Sie dreimal: „Schöpfer aller Lebewesen, meine persönlichen Führer und Lehrer, mein hohes Selbst, mein mittleres Selbst, mein niederes Selbst."*

■ *Sagen Sie: „Ich rufe mein hohes Selbst auf, mich in weißes Licht zu hüllen. Ich rufe meine persönlichen Führer und Lehrer auf, mich mit ihrer Liebe und ihrem Schutz zu umgeben. Ich ersuche den planetarischen Rat, der die Erde weg von der Polarität und hin zur Einfachheit und Einheit führen möchte, mir beizustehen. Ich bitte darum, mich vor jenen zu schützen und zu bewahren, welche die Polarität unterstützen, während ich alle derartigen Gelübde und Vereinbarungen aufhebe, und zwar sowohl jene, die meinem höchsten Wohle dienen sollten, als auch jene, die absichtlich und unabsichtlich mit dunklen Mächten getroffen wurden. Diese Gelübde sind mir bei meinem Streben nach göttlicher Liebe nicht mehr dienlich. Ich löse hiermit jedes Gelübde und jede Vereinbarung formell auf, die nach den Gesetzen der Polarität erfüllt werden sollten und die ich jemals in diesem oder*

165

SCHÖPFERISCHE MACHT

*anderen Leben, in meinem physischen und meinen feinstoff-
lichen Körpern, in dieser Zeit oder in einer anderen Art von
Zeit, einschließlich jener Arten von Zeit, die über mein Vor-
stellungsvermögen hinausgehen, abgeschlossen habe. Dazu
gehören sowohl positive wie auch negative Verträge, da kei-
ner davon das Prinzip der Einfachheit und Einheit fördert.
Diese Verträge sollen durch Verträge ersetzt werden, die Einfachheit und Einheit unterstützen und Wachstum und Wissen fördern. Deshalb löse ich alle Gelübde und Vereinbarungen, die ich jemals abgeschlossen habe und die die Polarität
fördern, auf. Ich bitte darum, daß mein hohes Selbst von
weißem Licht umgeben wird und daß ich eine neue Vorstellung von der Realität bekomme, die auf den Prinzipien der
Einheit und Integration beruht. Ich verlange danach, wieder
ganz zu sein, sowohl als Einzelperson als auch als Teil des
größeren Ganzen. Ich ersuche mein hohes Selbst, mich alles,
worum ich gebeten habe, bestmöglich integrieren zu lassen,
so daß dessen Kraft in meinen Erfahrungen voll und ganz
zum Ausdruck kommen kann. Ich danke meinem hohen
Selbst, meinen Führern und Lehrern und dem planetarischen
Rat für die Heilung, die mir gerade zuteil wurde."*

■ *Sagen Sie dreimal: „Danke. So sei es!"*

Unterschrift(en):

Die Gelübde der Einheit vereinigen

Jene, die ihre Polaritätsverträge gemeinsam *mit einem Partner*
aufgelöst haben, müssen noch einen letzten Schritt ausführen. Damit Sie im Einklang mit Ihrer Bestimmung sind und
die Arbeit, für die Sie und Ihr Lebenspartner sich auf der Erde
verpflichtet haben, vollenden können, müssen Sie Ihre Gelübde nach den Prinzipien der Einheit neu vereinigen oder verschmelzen.

Spiritualität

- *Jeder der Partner schneidet sich eine kleine Haarlocke ab und legt sie in eine Schale. Vermischen Sie die Haare gut miteinander.*
- *Beide Partner unterzeichnen das folgende Gesuch. Partner Nr. 1 liest das Gesuch laut vor und übergibt es Partner Nr. 2. Partner Nr. 2 liest das Gesuch laut vor. Dann schneiden Sie das Gesuch in zwei Teile. Legen Sie die beiden Hälften in die feuerfeste Schüssel oder den Topf mit dem Haar. Jeder Partner nimmt eine weiße Kerze und zündet sie mit einem Streichholz oder einem Feuerzeug an. Jeder verwendet seine Kerze, um seine Hälfte des Gesuchs zu entzünden. Sorgen Sie dafür, daß der Inhalt der Schale völlig verbrennt. Zünden Sie das Papier oder das Haar noch einmal an, falls es vorzeitig erlöschen sollte.*
- *Sie brauchen eine Kopie des folgenden Gesuchs, da Sie es in einer feuerfesten Schüssel oder einem Topf verbrennen.*

Gesuch zur Vereinigung der Gelübde
(in zwei Hälften schneiden und verbrennen)

- *Sagen Sie dreimal: „Schöpfer aller Lebewesen, Erzengel Zophkiel aus dem Reich der Harmonie, meine persönlichen Führer und Lehrer, mein hohes Selbst, mein mittleres Selbst, mein niederes Selbst."*
- *Sagen Sie: „Ich rufe mein hohes Selbst an, mich in weißes Licht zu hüllen. Ich rufe meine persönlichen Führer und Lehrer an, mich mit ihrer Liebe und ihrem Schutz zu umgeben. Ich ersuche den planetarischen Rat, der die Erde weg von der Polarität und hin zur Einfachheit und Einheit führen möchte, mir beizustehen. Ich bitte darum, meine Verträge mit meinem Lebenspartner nach den Prinzipien der Einheit und Integration neu zu schließen und zu vereinigen. Ich verlange danach, in dieser Einheit individuell und ganz zu sein. Ich bin eins mit dem Universum."*
- *Sagen Sie dreimal: „Danke. So sei es!"*

Unterschriften:

Spirituell korrekt

Eine neutrale Sprache benutzen

Der Begriff „politisch korrekt" wurde vor einigen Jahren in Ihr Massenbewußtsein eingeführt. Dabei geht es darum, daß Menschen aus unterschiedlichem Milieu sich bei der Besprechung heikler Themen eines Vokabulars bedienen, das niemanden beleidigt. Wenn Sie sich also „politisch korrekt" ausdrücken, signalisieren Sie damit im Grunde genommen, daß Sie sich die Zeit genommen haben, Fingerspitzengefühl aufzubringen und nichtprovokative Ausdrücke zu suchen, um positiv zu kommunizieren. Man sagt jetzt zum Beispiel, jemand habe „Lernschwierigkeiten", während er früher als „geistig behindert" galt; oder jemand habe einen „finanziellen Engpaß", während er früher „arm" war. Mit dieser Terminologie beschreibt man jemanden auf neutrale Weise. Die Ausdrucksweise beschreibt die Situation einer Person, ohne ihr einen Stempel aufzudrücken, der sie entweder bewertet oder eine Situation als negativ darstellt, die, wenn man sie aus der universellen Perspektive betrachtet, ohnehin perfekt ist.

Wenn man politisch korrekt ist, kehrt man nichts unter den Teppich. Man versucht nicht, angesichts einer mißlichen Lage den Schein zu wahren. Es geht viel mehr darum, unvoreingenommen zu sein, indem man eine neutrale Sprache benutzt – das verändert die Energie der Situation. Worte erzeugen Energie. Allein dadurch, daß man ein Wort ausspricht, löst man eine Schwingung im Universum aus und erzeugt noch in großer Entfernung einen Widerhall. Sie meinen vielleicht, wenn man politisch korrekt sei, versuche man eine Situation zu beschönigen. Das ist jedoch ganz und gar nicht der Fall. Wenn man ein Wort oder einen Ton durch einen anderen ersetzt, verändert man die ausgesendete Energie sehr stark. Eine neutrale Wortwahl erzeugt einen versöhnlichen Ton zwischen zwei Parteien, die unterschiedlicher Meinung sind, was sich auf diese Beziehung und alle anderen Beziehungen, die mit dieser Situation zusammenhängen, auswirkt.

Spiritualität

Sich spirituell korrekt verhalten

Der Begriff der politischen Korrektheit ist jetzt in den spirituellen Bereich vorgedrungen. Gespräche über Spiritualität sind noch immer angespannt statt erbaulich und harmonisch, wegen der Polarität, die durch die Worte, mit denen Sie Spirituelles beschreiben, erzeugt wird. Das ist vielleicht nicht Ihre Absicht. Aufgrund der jahrelangen Konditionierung durch traditionelle Religionen haben die Menschen jedoch ein sehr spezielles (statt eines universellen) Vokabular entwickelt, was ihre spirituelle Einstellung betrifft. So weichen zum Beispiel die Terminologien der Buddhisten, Katholiken und Juden weit voneinander ab, weil jeder Glaube seine ganz eigenen Definitionen verwendet. Das beginnt schon damit, daß Sie unterschiedliche Namen für Ihre Religionen sowie für den Gott jeder einzelnen Glaubensgemeinschaft haben. Verfolgen nicht alle dasselbe Ziel? Geht es nicht darum, dem göttlichen Erbe näherzukommen, indem Sie einen Weg befolgen, der von Ethik und Disziplin gekennzeichnet ist? Wenn die Sprache, die Sie benutzen, universell und spirituell korrekt wäre, vielleicht gäbe es dann keinen Krieg im Nahen Osten. Und vielleicht gäbe es dann in Amerika nicht vier verschiedene Religionen in einer Straße, die ihren Glauben in vier verschiedenen Gebäuden ausüben.

Es ist an der Zeit, daß Sie eine spirituell korrekte Sprache suchen, um eine einheitliche Grundlage für Ihre Gespräche über die nichtphysischen Aspekte Ihrer Realität zu finden. Wählen Sie für die Quelle der Schöpfung eine Bezeichnung, die *jenseits* von Namen wie Allah oder Buddha oder Christus liegt und somit eine neutrale Grundlage schafft, statt Kontroversen auszulösen. In der alten Terminologie steckt zuviel Besitzdenken und Abgrenzung, als daß sie eine Verständigung der unterschiedlichen religiösen Gruppen zuließe. Solange Sie keine universelle Sprache verwenden, die ausdrückt, daß Sie alle einer einzigen Quelle entstammen, daß Sie alle miteinander verbunden sind, daß Sie alle in Ihrem spirituellen Wachstum karmisch aneinander gebunden sind, so lange werden Sie weiterhin die Trennung fördern.

SCHÖPFERISCHE MACHT

Worte sind sehr mächtig

In Gestalt der Sprache steht Ihnen eine sehr mächtige Energie zur Verfügung. Wie die Musik ist sie die Brücke zwischen der materiellen Welt, die Sie primär als Ihre Realität betrachten, und der immateriellen Welt der Energie, die als gleich real anzuerkennen Sie sich bemühen. Obwohl Sie sie nicht sehen oder berühren können, wird die Sprache als „real" betrachtet. Ironischerweise ist sie nicht realer als die unsichtbaren Astralebenen, auf denen unzählige Wesen leben, die aber für gewöhnlich außer acht gelassen werden, weil sie für die meisten Menschen unsichtbar sind. Warum wird die unsichtbare Macht der *Sprache* von den dreidimensionalen Wesen anerkannt? Weil sie als wirksames Druckmittel gilt, um das gewünschte Verhalten zu erwirken. Politische Führer verstehen das, und sie verbreiten in den Medien täglich Worte, die ihrer eigenen Sache dienlich sind.

Die durch das spirituelle Vokabular verursachte Spannung reduzieren

Verwenden Sie ein spirituell korrektes Vokabular, und unterstützen Sie mit dieser neutralen Sprache die Einheit. Vermeiden Sie zum Beispiel polarisierende Begriffe wie „Religion", und benutzen Sie statt dessen allgemeine Ausdrücke wie „spirituelle Lehren". Mit „Religion" verbindet man immer eine bestimmte Glaubensgemeinschaft, der man entweder angehört oder nicht. „Spirituelle Lehren" umfaßt jedermanns Beziehungen zum göttlichen Geist. Sagen Sie „Haus des Gebets" statt „Kirche" oder „religiöse Institution". „Haus des Gebets" ist viel allgemeiner, weil es jeden möglichen Ort, an dem man seine Spiritualität ausübt, mit einschließt, egal ob es sich um eine Kirche oder um eine Schwitzhütte handelt. Ein weiteres Beispiel, das neutrale statt gegensätzlicher Energie erzeugt, ist „verehren" statt „anbeten". Mit Anbetung verbindet man sofort eine Form von Sonntagsgottesdienst, an dem man teilnehmen muß, um als fromm zu gelten. Verehrung oder Ehrfurcht dagegen umfaßt sowohl die herkömmliche Form des Betens als auch weniger traditionelle Praktiken wie Meditieren, in der Natur spazieren gehen, an einem

170

Spiritualität

Energiekreis teilnehmen. Bei diesen Tätigkeiten verbringt man ebenfalls Zeit damit, dem göttlichen Geist Respekt zu erweisen. Jetzt, da Ihnen der Unterschied zwischen neutralem und polarisierendem Vokabular klar ist, können Sie sich auch überlegen, was Sie anstatt des Begriffs „Gott" verwenden möchten. (Vorschlag: Versuchen Sie es mit „Schöpfer" oder „Quelle" oder „Geist".)

Reduzieren Sie die Spannung innerhalb Ihres spirituellen Vokabulars. Verwenden Sie Begriffe universeller Art statt solcher, die sich auf eine bestimmte Glaubensgemeinschaft beziehen. Indem Sie eine spirituell korrekte Sprache verwenden, fördern Sie eine Schwingung, die Ähnlichkeiten statt Unterschiede begünstigt. Sie werden sowohl persönlich als auch als Gruppe erfolgreich sein, wenn Sie jede Handlung neutralisieren, die Trennung schafft.

Die Freiheit, Sie selbst oder nur ein Abbild Ihrer selbst zu sein

Erkennen Sie Ihr wahres Selbst

Wir beobachten, daß manche von Ihnen viel Aufhebens darum machen, Ihre DNS-Stränge zu erweitern oder Ihre Merkaba zu aktivieren, um die nächste Bewußtseinsebene zu erreichen, das heißt aufzusteigen. Wenn Sie sich mit diesen und anderen Techniken beschäftigen, die Ihnen dabei helfen sollen, eine neue Oktave in Ihrer Evolution zu erlangen, denken Sie daran, daß Sie Ihre gegenwärtige Identität in diese neue Phase mitnehmen. Anders ausgedrückt, Sie können entweder als Sie selbst oder als ein „Abbild" Ihrer selbst aufsteigen. Die Qualität Ihres Selbst, das aufsteigt, hat nichts mit der Anzahl der aktivierten DNS-Stränge zu tun. Egal ob Sie zwei oder zwölf haben, Sie sind in dieser Phase entweder im Einklang mit sich selbst, oder Sie sind nur ein Spiegelbild Ihrer selbst. Wenn Sie allerdings Ihr Abbild durch Ihr wahres Selbst ersetzen, wird sich die Qualität dieses Entwicklungsprozesses erhöhen.

Was meinen wir mit Ihrem „wahren" Selbst und Ihrem „Abbild"? Die meisten von Ihnen sind nur ein Spiegelbild ihrer wahren Identität. Sie sind noch nicht ganz und gar sie selbst. Wenn wir sagen, Sie sind nur ein Spiegelbild Ihrer wahren Identität, wollen wir damit sagen, daß Sie die idealen Vorstellungen Ihrer Gesellschaft über die Realität übernommen haben und versuchen, diese widerzuspiegeln. Ihre Modemagazine gaukeln Ihnen ein Spiegelbild der idealen Realität vor. Ihre Unternehmen tun dasselbe, indem sie so etwas wie einen Musterangestellten propagieren. Selbst die amerikanische Regierung fördert dieses Verhalten, indem sie den Patriotismus als Synonym für Mutterschaft und Apfelkuchen preist.

Diese Ideale entstammen einer externen Quelle. Eine Person oder eine Organisation beschloß, daß dieses Ideal ein Verhalten hervorbringen würde, das entweder leicht zu kontrollieren, leicht auszubeuten oder ihren eigenen Zielen dienlich sei. Niemand hält sich selbst gern für einen Roboter, der nicht für sich selbst denken kann. Aber in dem Augenblick, in dem Sie ein von der Gesellschaft angepriesenes Ziel verfolgen, das erfordert, daß Sie Ihre Intuition und Ihre persönlichen Wertvorstellungen beiseite legen, sind Sie nur mehr ein „Abbild" Ihrer selbst.

Seien Sie wahrhaftig und kein Spiegelbild

Jetzt ist die richtige Zeit dafür, den wahrhaftigen Teil Ihres Selbst an die Oberfläche zu bringen, statt ein Schattendasein zu führen. Wir sagen nicht, daß Sie unpatriotisch sein oder sich den Werten an Ihrem Arbeitsplatz widersetzen sollen. Wir sagen nur, daß Sie sich dann wirklich selbst verwirklichen, wenn Sie Ihren Wesenskern fördern, wenn Sie das, was aus Ihrem Inneren kommt, würdigen und zur Geltung bringen und nicht einfach etwas Äußerliches reflektieren. Leider paßt die vollständige Selbstverwirklichung nicht zu den Zielen der meisten politischen oder wirtschaftlichen Organisationen, denn sie wird als Bedrohung empfunden und nicht als die von den meisten Organisationen benötigte Unterstützung.

Wie können Sie also zu vollständiger Selbstverwirklichung gelangen und wirklich „Sie" werden, wenn der Lärmpegel von außerhalb so hoch und penetrant ist, daß er Ihre innere Stimme

Spiritualität

übertönt? Die Antwort ist einfach: Sie machen Ihre innere Stimme lauter. Ihre Stimme spricht in gewissen Situationen und zu bestimmten Zeiten des Tages am deutlichsten zu Ihnen. Die Stimme spricht zum Beispiel zwischen 2 und 5 Uhr morgens (Ihrer Zeitzone) am deutlichsten. Dann ist die Erde am ruhigsten, und Sie können den Kontakt zu Ihrem hohen Selbst am leichtesten herstellen, indem Sie sich in den Alphazustand versetzen. Leider schlafen die meisten von Ihnen zu dieser Zeit, und wenn Sie nicht schlafen können, konzentrieren Sie sich wahrscheinlich mehr darauf, doch einzuschlafen, als wach zu bleiben und zuzuhören. Jene, die auf ihre innere Stimme hören, stellen fest, daß sie immer häufiger während dieser Zeit aufwachen. Beeilen Sie sich nicht damit, wieder einzuschlafen. Hören Sie zu, und Sie werden viele Informationen erhalten.

Ihr hohes Selbst spricht zu Ihnen

Wenn Sie in den frühen Morgenstunden aus dem Schlaf erwachen, befinden Sie sich für kurze Zeit in einer anderen Frequenz als im normalen Wachzustand. Im Wachzustand schwingen Sie in Betawellen mit vierzehn bis vierzig Zyklen pro Sekunde. Diese Schwingung ist mit der Ihres hohen Selbst oder ihres alles sehenden und allwissenden Aspekts nicht im Einklang. Im Halbschlaf oder im meditativen Zustand schwingen Sie mit sieben bis vierzehn Zyklen pro Sekunde. Das ist die perfekte Schwingungsfrequenz, um Informationen vom hohen Selbst zu erhalten. Zwischen sieben und vierzehn Zyklen pro Sekunde sind ideal, um sich mit dem hohen Selbst zu verbinden. In diesem Zustand haben Sie Zugriff auf die Erfahrungen all Ihrer Leben sowie auf jegliche universelle Informationen. Wenn Sie diese Frequenz aufrechterhalten können, haben Sie Zugang zu einer Unmenge an Daten. Sobald Sie jedoch zu aufgeregt sind, weichen Sie wieder von der Frequenz Ihres hohen Selbst ab.

Wir schlagen Ihnen nicht vor, schlaflose Nächte zu verbringen, um Informationen von Ihrem hohen Selbst zu erhalten. Wir bieten nur eine Alternative für jene, denen es während des Tages schwerfällt, Zugang zu ihrem Inneren zu finden. Eine weitere Möglichkeit ist, Ihren Traumzustand, in dem Sie zwischen einem und acht Zyklen pro Sekunden schwingen, zu programmieren, um Informationen von Ihrem hohen Selbst zu erhalten. Geben Sie vor dem Schlafengehen Ihrem hohen Selbst den Auftrag, über Ihre Träume Informationen „herunterzuladen". Programmieren Sie Ihr hohes Selbst, mit Ihrem bewußten Selbst durch Ihre Träume zu sprechen, indem Sie geistig diese Absicht zum Ausdruck bringen. Ihr hohes Selbst wird die Botschaft erhalten. Vergessen Sie nicht, Ihr bewußtes Selbst darauf zu programmieren, daß Sie sich am Morgen an die Träume erinnern können. Bewahren Sie neben Ihrem Bett einen Notizblock oder einen Kassettenrecorder auf, um die Informationen sofort festzuhalten, bevor das hektische Tagesgeschehen Ihre Erinnerung beeinträchtigt.

Vielleicht sagen Sie Ihrem hohen Selbst auch, daß es Ihnen die Informationen in für Sie verständlichen Bildern liefern möge. Manchen von Ihnen fällt es schwer, die Archetypen oder Symbole aus alten Zeiten, wie sie für solche Informationen typisch sind, zu interpretieren. Ein Grund dafür ist, daß Sie nicht bewußt mit früheren Leben, in denen diese Symbole benutzt wurden, verbunden sind. Da Ihre Gesellschaft mehr auf Worte als auf Symbole ausgerichtet ist, sind viele der Archetypen in der heutigen Realität unverständlich. Bitten Sie Ihr hohes Selbst darum, die Informationen in Worten und Bildern zu liefern, die Sie leicht interpretieren können. Wenn Sie lieber nicht in Ihren Traumzustand eingreifen möchten, können Sie eine andere Methode anwenden, um Ihr wahres Selbst zu hören. Verbinden Sie sich sofort am Morgen mit Ihrem hohen Selbst. Springen Sie nicht gleich aus dem Bett, wenn Sie aufwachen. Rufen Sie Ihr hohes Selbst, und ersuchen Sie es, Ihnen bei der Interpretation Ihrer Träume zu helfen. Rufen Sie die Bilder der vergangenen Nacht bewußt wach, bevor Ihr Geist sich mit dem Tagesgeschehen befaßt, und bitten Sie Ihr hohes Selbst um eine leicht verständliche Übersetzung. Das funktioniert allerdings nur, wenn Sie keinen Wecker verwenden, denn der Schock des Weckers versetzt Ihr hohes Selbst sofort in den Betazustand.

Elektromagnetische Störungen

Natürlich empfehlen wir Ihnen auch, zu meditieren. Die meisten von Ihnen können jedoch die notwendige Energiefrequenz nicht lange genug aufrechterhalten, um Informationen vom hohen Selbst zu empfangen. Das ist vorwiegend auf die

Spiritualität

energetischen Störungen, denen Sie ausgesetzt sind, zurückzuführen, denn die meisten von Ihnen meditieren in einem Stadtgebiet zu einer Zeit mit starker elektromagnetischer Tätigkeit. Diese elektromagnetische Strahlung stammt primär von Elektrogeräten und Telefonen. Das hohe Ausmaß an elektromagnetischer Strahlung beeinträchtigt Ihre Fähigkeit, den Alphazustand beizubehalten. Lassen Sie sich nicht entmutigen, wenn Sie sich nicht konzentrieren können, denn während des Tages sind Sie einer Menge Störungen ausgesetzt. Wenn Sie frustriert darüber sind, daß Sie sich beim Meditieren nicht konzentrieren können, versuchen Sie es entweder gleich am Morgen, wenn die elektromagnetische Strahlung niedriger ist, meditieren Sie außerhalb des Stadtgebiets oder in den frühen Morgenstunden.

Wenn alles andere versagt, kaufen Sie sich königsblaues Markierungsband (in den USA bei der Landvermessung verwendet), und schaffen Sie sich einen Bereich, der mit Streifen dieses blauen Bandes abgegrenzt ist. Sie können zum Beispiel eine bestimmte Ecke eines Raumes als Meditationsbereich festlegen. Befestigen Sie (mit Hilfe eines doppelseitigen Klebestreifens) Streifen dieses blauen Bandes am nördlichen, östlichen, südlichen und westlichen Rand dieses Meditationsbereichs. Kleben Sie auch einen Streifen oberhalb und unterhalb des Stuhls, auf dem Sie sitzen, fest. Die königsblaue Farbe erzeugt eine Barriere für die elektromagnetische Energie, so daß Sie damit einen ungestörten Bereich schaffen.

Sie werden feststellen, daß es Ihnen im Laufe der Zeit immer leichter fällt, Ihr hohes Selbst anzuzapfen. Es ist so, als ob man einen Hund abrichtet. Sobald Sie ein Energiemuster für ein gewünschtes Resultat erzeugen, können Sie dieses Energiemuster viel leichter replizieren. Sie schaffen eine Energiespur, die sich immer denselben Weg zur selben Tür bahnt. Allmählich werden Sie imstande sein, Ihr hohes Selbst unabhängig von Zeit und Ort anzuzapfen, weil Sie Ihren Geist darauf trainiert haben, im optimalen Zyklus für diese Kommunikation zu schwingen.

Seien Sie all das, was Sie sein können

Die Idee, Ihr hohes Selbst anzuzapfen, um Informationen aus Ihrem Inneren zu erhalten, ist gewiß nicht neu. Aber nur wenige von Ihnen machen sich die Mühe, dies zu tun. Wir möchten Sie nur sachte daran erinnern, daß der Weg zum vollen Bewußtsein nicht darin liegt, die Werte der anderen widerspiegeln zu wollen. Egal wie oft man Ihnen gesagt hat, nach innen und nicht nach außen zu blicken, Sie spiegeln auch weiterhin die Ansichten der anderen wider, statt Ihren eigenen Standpunkt einzunehmen. Denken Sie daran, daß Sie in diesem Zustand nicht zu einem eigenverantwortlichen Individuum werden können.

Jene, die ihr „Abbild" zugunsten ihres wahren Selbst aufgeben, werden sich weiterentwickeln. Sobald Sie damit aufhören, ein „Abbild" Ihrer selbst widerzuspiegeln, passen Sie sich nicht mehr an die Vorgaben Ihrer Gesellschaft an, weil Sie auf Ihrem Weg von sich selbst und nicht von der Masse angetrieben werden. Das bedeutet nicht, daß Sie aufmüpfig sind, aber es bedeutet, daß Sie häufig als Neinsager empfunden werden, weil Ihre Werte jenen, die anderweitige Motive verfolgen, nicht immer richtig erscheinen. Können Sie damit umgehen? Denn das wird passieren, wenn Sie beschließen, Ihr wahres Selbst zu reflektieren.

Wie schon erwähnt, geben Sie Ihre gegenwärtige Identität nicht auf, wenn Sie sich auf die nächste Entwicklungsstufe begeben. Die Qualität Ihres „Selbst", das sich weiterentwickelt, hängt von der Arbeit ab, die Sie an sich vollziehen. Anders ausgedrückt: „Seien Sie all das, was Sie sein können", um das Maximum aus dem zu machen, was Sie morgen sein werden. So wie es heute Menschen gibt, die führen (die im Einklang mit ihrer eigenen Wahrheit sind) und Menschen, die folgen (die die Wahrheit der anderen reflektieren), wird es auch in Zukunft ähnliche Ebenen der Erfahrung geben. Werden Sie Sie selbst und nicht ein Abbild Ihres Selbst. Vertrauen Sie sich selbst, und Sie werden dorthin gelangen, wo Sie sein sollten.

Spiritualität

Sexualität als kreativer Ausdruck

Das Verlangen über Gebühr strapazieren

Die Sexualität ist eine der am meisten mißverstandenen Aktivitäten auf diesem Planeten. Sexualität sollte ein Ausdruck der Kreativität sein, die vom Gefühl des Verlangens herrührt, das im zweiten oder Sexualchakra entsteht. Das Verlangen ist der Vorbote der Kreativität, da Sie etwas begehren müssen, bevor Sie die Energie haben, es zu erzeugen. Es motiviert Sie. Das Verlangen sollte Ihre geistige Energie mit Ihrer physischen Erfahrung in Einklang bringen, da das Gefühl des Verlangens nicht greifbar ist. Es ist jedoch der Vorläufer dafür, greifbare Ergebnisse hervorzubringen, und zwar in der Form, daß Sie einen Partner anziehen, einen neuen Job finden, in eine neue Gegend ziehen oder was Sie sich auch wünschen. Statt dessen ist sie häufig ein wilder physischer Akt, der von negativen Emotionen wie Schuld, Kontrolle oder Lüsternheit gekennzeichnet ist. Wie konnte die Energie, die dazu bestimmt war, eine Seele wieder mit ihrer Quelle zu vereinen, so fehlgeleitet werden?

Vor Äonen kamen die Götter und Göttinnen auf die Erde, um an den Vergnügungen, denen man in physischer Gestalt nachkommen kann, teilzunehmen. Sie hatten die Absicht, das Physische als Teil ihrer seelischen Evolution zu erleben, und dann wieder zu den höheren Schwingungen anderer Dimensionen zurückzukehren. Sie paarten sich mit Erdenbürgern und waren schließlich so angetan vom physischen Liebesakt, daß sie beschlossen zu bleiben. Nach und nach vergaßen sie ihre Herkunft und ihre Pläne, wieder abzureisen. Statt wegzugehen, brachten sie ihre Frequenz auf die Erde.

Diese Götter und Göttinnen existierten in physischer Form, doch sie waren frustriert, weil sie sich von ihrer eigenen Macht abgetrennt fühlten. Letztendlich entdeckten sie, daß sie die Erdenbewohner mit der Sexualität manipulieren und einen Teil der Macht, die sie durch ihren Übergang verloren hatten, wiedererlangen konnten. Sie erkannten nicht, daß sie ihre innere Macht durch einen trügerischen Überrest externer Macht ersetzt hatten. Sie fühlten sich einfach zu der Energie

177

hingezogen, die imstande war, die Massen zu kontrollieren. Sie wußten, daß in jedem menschlichen Körper der Wunsch nach sexuellem Ausdruck vorhanden war, denn das war der Weg zurück zur Quelle. Diese Götter und Göttinnen erkannten, daß sie die Gefühle des Verlangens dazu nutzen konnten, die Bevölkerung zu kontrollieren.

Es gibt viele Geschichten über die Priester und Priesterinnen von Babylon, Ägypten, Griechenland und vieler anderer alter Zivilisationen, in denen es um diesen Machtmißbrauch geht. Die Tempelaktivitäten, die man heute als Sexorgien oder rituelle Vergewaltigungen bezeichnet, bestanden in Zeremonien, bei denen Jungfrauen entjungfert und junge, kräftige Männer und Frauen für ihre „priesterlichen Pflichten" zum Wohle der Gemeinschaft versklavt wurden. Man behauptete, es würde regnen, und man könnte mit einer guten Ernte rechnen, wenn die sexuellen Riten vollzogen würden, die dem Universum Lebenskraft schenkten. In einer Welt der freien Wahl und des freien Willens wurden Menschen „freiwillig" zum Wohle aller gefangengehalten.

Schließlich lernten die Priester sogar noch mehr Kontrolle über die Bevölkerung zu erlangen, indem sie Jungfrauen vergewaltigten und opferten. Nur wenige widersetzten sich diesen Praktiken, nicht einmal die Eltern der damit „geehrten" Opfer, denn alle glaubten, daß das Wohlergehen der Gesellschaft von der Energie oder Lebenskraft abhänge, die man während dieser Zeremonien den Göttern sandte, um sie gnädig zu stimmen. Später kam die Kirche ins Spiel, und eine neue Generation von Priestern übte Kontrolle aus, indem sie behauptete, daß man nur durch das Zölibat Anteil an der Göttlichkeit erlangen könne. Wenn man sich mit Gott in einer spirituellen Ehe verbinde, werde man Erleuchtung finden. Wiederum wurde der allgemeinen Bevölkerung der Weg zurück zur Quelle versperrt, denn die meisten konnten ihr körperliches Verlangen nicht „kontrollieren", um diesen angeblich „heiligen" Pfad zu beschreiten.

Überreste von Schuld

Heute blickt man auf diese uralten Gebräuche zurück und betrachtet sie im Gegensatz zum offenen Ausdruck der Sexualität in unserer modernen Gesellschaft als primitiv.

Spiritualität

Viele von Ihnen tragen jedoch die Schuld an dem Verlangen in ihrem Emotionalkörper mit sich, entweder weil es Ihnen nicht erlaubt war, die kreative Energie, die mit dem Sexualakt verbunden ist, zu erleben, oder weil Sie in früheren Leben bewußt an einem Glaubenssystem beteiligt waren, das auf Lügen beruhte. Das ist wie ein Computervirus, das sich in Ihr Programm eingeschlichen hat und Ihre Vorstellung von der Wahrheit verzerrt. Diese Programmierung geht sehr tief. Ihre Ansichten über die Sexualität wirken sich psychisch und emotional so stark auf Sie aus, daß Sie Krankheiten hervorgebracht haben, die Sie für den Sexualakt bestrafen. In früheren Zeiten entwickelten Sie Krankheiten wie Syphilis oder Gonorrhöe, an denen Sie starben. Nachdem die moderne Medizin die Gefahr, an Geschlechtskrankheiten zu sterben, durch Antibiotika praktisch eliminiert hatte, erschufen Sie eine noch unbarmherzigere, tödliche Strafe in Form des AIDS-Virus.

Natürlich gibt es auch Krankheiten wie Herpes und Brustkrebs, mit denen Sie für Ihre Sexualität bestraft werden. Sie sterben vielleicht nicht daran, aber sie machen Ihr Leben ganz gewiß ungemütlich. Und es gibt moderne Tabus, die Sie davon abhalten, Sex zu haben, sooft Sie möchten. So vermeiden Sie es zum Beispiel, Sex zu haben, wenn eine Frau ihre Periode, ihre „Tage" hat. Sie haben auch unterschwellige Botschaften, die sexuelle Verhaltensmuster für „nette" Frauen und Männer festlegen. Wie oft haben Sie sich gewünscht, mit Ihrem Partner etwas Neues auszuprobieren, haben sich aber zurückgehalten, weil es sich falsch anfühlte, weil es Sie verwundbar machte? Statt Ihre Sexualität voller Freude mit einem Partner zu entdecken, dem man als Freund und gleichgesinnten Forscher vertrauen kann, haben sich manche der Lüsternheit verschrieben und sich diesem Bereich der Verwundbarkeit versperrt. Pornographie, Prostitution und Sexsucht haben sich als Mittel zur Befriedigung sexueller Wünsche, die zu Hause nicht erfüllt werden, durchgesetzt. Leider tragen diese nicht zum Wachstum der Seele bei und befriedigen das Verlangen nie zur Gänze, denn sie basieren auf Lüsternheit statt auf Liebe.

Der Weg zurück zum Geist

Es ist besonders wichtig zu verstehen, daß die Sexualität diesem Planeten nicht gegeben wurde, damit der Fortbestand der Spezies garantiert sei. Sie war auch nicht als Versuchung des Teufels gedacht, die Sie von Ihrem spirituellen Weg abbringen sollte. Sexualität, verantwortungsvoll, ernsthaft und voller Freude als ein Mittel des kreativen Selbstausdrucks eingesetzt, war als Teil des Weges zurück zum göttlichen Schöpfer gedacht. Ein Orgasmus versorgt den menschlichen Körper mit den Mitteln dafür, kreative Energie zu erleben. So fühlt sich die Energie des kreativen Aktes an. Zwar können *Sie* nicht dauernd in einem orgasmusartigen Zustand herumlaufen, aber dies ist der natürliche Daseinszustand für höherdimensionale Wesen. Aufgrund unserer höheren Schwingungsfrequenz erleben wir nicht ständig die sexuelle Erregung, wie Sie sie kennen. Doch wir spüren jederzeit den „Auftrieb", den Sie durch einen Orgasmus erleben. Dieser Auftrieb oder diese erhöhte Energie kurbelt unsere kreativen Bemühungen an. Deshalb wird in den höheren Dimensionen so viel erreicht, während Sie auf der Erde sitzen und ein Leben nach dem anderen brauchen, um dieselben Lektionen durchzuarbeiten.

Wenn Sie Ihr sexuelles Verlangen und Ihre Kreativität wieder verschmelzen, können Sie Ihre kreativen Energien durch eine ausgewogene Form der Sexualität wiedererlangen. Sie werden während des Sexualaktes keine Gefühle von Impotenz (Machtlosigkeit) mehr haben. Sie *können* den wunderschönen Punkt zwischen den beiden Extremen von roher Lüsternheit und bedrückenden, von der Kirche auferlegten Schuldgefühlen finden und Ihre Sexualität wieder mit spirituellem Ausdruck und Kreativität verbinden! Sobald Sie diese Verbindung wiederhergestellt haben, sind Sie wie ein Schnellball, der einen Hügel hinunter immer schneller in Richtung Selbstverwirklichung rollt. Schließlich sind Sie alle Nachfahren jener Götter und Göttinnen, die in jenem kritischen Augenblick von ihrem Weg abgekommen sind, als sie der Macht gegenüber der Selbstverwirklichung den Vorzug gaben. Sie können Ihren Weg nach Hause finden.

Spiritualität

Wie man sexuelles Verlangen mit Kreativität verschmilzt

Das folgende Gesuch kann Ihnen dabei helfen, das sexuelle Verlangen mit der Kreativität zu verbinden. Sprechen Sie diese Worte an einem Ort, der ein Gefühl der Erhabenheit in Ihnen hervorruft, entweder in der freien Natur oder an einem bestimmten Platz in Ihrem Zuhause.

■ *Sagen Sie dreimal: „Schöpfer aller Lebewesen, Erzengel Raphael aus dem Reich der göttlichen Liebe, Erzengel Zadkiel aus dem Reich der kreativen Visualisierung und Manifestation, mein hohes Selbst, mein mittleres Selbst, mein niederes Selbst."*

■ *Sagen Sie: „Während vieler Leben war ich von meiner kreativen Quelle getrennt. Dadurch wurde mein sexuelles Gleichgewicht gestört. Ich möchte jetzt die Energie, die von meinem zweiten Chakra getrennt wurde, wieder damit verbinden, um die wahre Quelle meines kreativen Ausdrucks wiederzufinden. Mir ist klar, daß dieser kreative Ausdruck die höchste Form der göttlichen Energie ist. Ich werde diesen kreativen Ausdruck dazu nutzen, um mich der Quelle anzunähern, und nicht, um andere auszubeuten, wie dies in der Vergangenheit geschehen ist. Mein kreativer Ausdruck in physischer Form soll dem höchsten Wohle aller dienen. Mir ist bewußt, daß die spirituelle Verbindung, um die ich gebeten habe, verlorengehen wird, wenn ich versuche, durch diese Macht Kontrolle über andere auszuüben. Mir ist auch bewußt, daß diese Energie grenzenlos ist, und ich werde sie mit Mutter Erde teilen und dem Planeten heilende Energie in Form meiner Lebenskraft senden. Meine Energie wird dazu beitragen, das Ökosystem ins Gleichgewicht zu bringen, damit der kreative Ausdruck der Erde in völliger Harmonie mit allen Wesen ist."*

■ *Als ein Zeichen der Harmonie zwischen göttlicher Energie (Weiß) und Ihrer sexuellen Energie, dem Verlangen (Orange) zünden Sie mit der Flamme einer weißen Kerze eine orangefarbene Kerze an. Sagen Sie: „Die orangefarbene Kerze symbolisiert die Energie meines zweiten Chakras. Die weiße Kerze symbolisiert die Energie des göttlichen Schöpfers. Indem ich die orangefarbene Kerze mit der weißen anzünde, bestätige und.akzeptiere ich die mächtige Quelle der Schöpferkraft, von der ich abstamme."*

- *Lassen Sie die Kerzen nebeneinander zu Ende brennen. Wenn Sie das Haus verlassen oder schlafen gehen, löschen Sie die Kerzen aus, um ein Feuer zu verhindern. Beenden Sie das Ritual, indem Sie, nachdem Sie die Kerzen gelöscht haben, sagen: „So sei es."*
- *Sagen Sie dreimal: „Danke."*

Schönheit, Weisheit oder beides?

Spirituelles und physisches Altern

Die Menschen sind besessen von Abwehr gegenüber dem physischen Alterungsprozeß. Sie essen etwas, das sie nicht mögen, trainieren, obwohl es ihnen keinen Spaß macht, geben eine Menge Geld für Schönheitspflege aus und gehen manchmal sogar zum plastischen Chirurgen, um das Altern hinauszuzögern. Den Frauenmagazinen gingen die Themen aus, wenn sie nicht über das Altern (und wie man es verhindern kann) schreiben könnten. Das Hauptthema jener über vierzig ist das Älterwerden: ... wie man sich dabei fühlt, wie schnell es vorangeht und wie man es verzögern kann. Wir hören Sie jedoch kaum darüber sprechen, daß Sie sich Sorgen um Ihr *spirituelles* Altern machen. War jemals irgend jemand von Ihnen über das zunehmende Alter seiner Seele beunruhigt? Haben Sie jemals gehört, daß sich jemand gefragt hat, wie er seine spirituelle Jugend verlängern könne? Ganz im Gegenteil. Viele von Ihnen sind beeindruckt von der Weisheit, die Menschen während vieler Leben erlangt haben, und sagen voller Respekt und Ehrfurcht, daß sie oder er angesichts von so viel Einsicht wohl eine „alte Seele" sein müsse.

Welche Ironie, daß physische Wesen Komplimente dafür erhalten, wenn sie sich ihre Jugend bewahren, während spirituelle Wesen für die Weisheit gerühmt werden, die mit dem Alter kommt. Schließlich sind Menschen doch spirituelle Wesen, die eine physische Erfahrung machen. Sie sind ein und dasselbe! Wie ist es zu diesem Bruch gekommen? Was macht das physische Altern verhaßt und das spirituelle Altern wünschenswert? Diese

Einstellung ist auf den Reklamerummel im Fernsehen zurückzuführen, der die Jugend bewundert und Cremes und Make-up
anbietet, die Sie jünger erscheinen lassen, als Sie sind. Die Werbung bliebe allerdings unbeachtet, wenn das Publikum für diese
Botschaften nicht empfänglich wäre. Wo also ist der Haken?

Alter bedeutet Weisheit

Diese Dichotomie zwischen spirituellem und physischem
Altern war beabsichtigt und wurde vor Äonen von Jahren
erzeugt, damit die spirituellen Lehrer von der Masse abgeson-
dert würden. Dies führte zu dem Klischee, daß Seher und Propheten alt sein müßten, was als Synonym für Weisheit galt. Das
war jedoch für die Masse, die mehr mit ihren irdischen Anliegen
wie etwa ihrer physischen Erscheinung beschäftigt war, nicht
erstrebenswert. Für die Masse bedeutete das Alter eine Verrin-
gerung der Produktivität. Die Weisen trugen das Alter wie ein
Ehrenabzeichen, denn es besagte, daß sie an oberflächlichen
Dingen wie physischer Schönheit nicht interessiert waren. Diesen Menschen gebührte allein für ihre Informationen und ihren
Rat Aufmerksamkeit, denn es gab keinerlei Ablenkungen.

In vielen alten Zivilisationen trugen die Weisen stilisierte
Masken, um die Verbindung zu ihrem Publikum noch zu minimieren, indem sie jegliche physische Gemeinsamkeiten aus-
schalteten. Manche saßen während solcher Sitzungen hinter
einem Vorhang, um eine Trennung vom Physischen zu erwirken. Woher, glauben Sie, stammt das Vorbild für den *Zauberer
von Oz*? Die Bevölkerung respektierte die Weisen, und es kam
ihr nie in den Sinn, deren physische Erscheinung zu beurteilen.
Ganz im Gegenteil, die Weisen waren oft physisch uninteres-
sant oder wenig reizvoll, um nicht nach den Maßstäben der
breiten Öffentlichkeit bewertet zu werden.

Schönheit kontra Weisheit

Obwohl diese Dichotomie nicht mehr notwendig ist, um
Aufmerksamkeit zu erlangen, besteht sie doch weiterhin.
Jene, deren Erbe es ist, Lehrer und Propheten zu sein, die im
Reiche des Erzengels Gabriel ausgebildet wurden, um als Teil

SCHÖPFERISCHE MACHT

ihres Weges und ihrer Bestimmung Wissen zu verbreiten, übernehmen in einem Leben nach dem anderen ähnliche Rollen. Viele haben eine karmische Prägung oder ein Energiemuster in ihren Seelenaufzeichnungen, wonach Alter und Weisheit vor jugendlichem Erscheinen der Vorzug gegeben wird, denn diese Prägung ermöglicht es ihnen, ihre Seelenverträge zu erfüllen.

Weil ihnen ihre physische Erscheinung wenig bedeutet, konzentrieren sie sich auf spirituelle Erfüllung und haben keinerlei Bedürfnis, sich um physische Anliegen zu kümmern, die ihnen zu jugendlicherem Aussehen verhelfen würden. Für gewöhnlich kann man spirituelle Lehrer nicht dabei beobachten, wie sie im Fitneß-Center am Laufband trainieren, um ihre Muskulatur zu straffen, oder wie sie sich beim Friseur ihre grauen Haare abdecken lassen. Sie neigen eher dazu, ihr Äußeres zugunsten ihrer spirituellen Seite zu vernachlässigen, und widmen ihrem physischen Wohlergehen nur wenig Zeit und Aufmerksamkeit. Oft erscheinen sie älter, als sie sind, weil sie sich nicht um ihr Äußeres kümmern.

Die Prägung oder das Muster, wonach physische Schönheit und spirituelle Weisheit einander ausschließen, ist im Massenbewußtsein verankert. Ob diese Prägung in Ihren persönlichen Seelenaufzeichnungen vorhanden ist oder nicht, in Ihrem Bewußtsein ist dieses Entweder-oder existent. Es ist jetzt an der Zeit, die zwei Aspekte (physisches und spirituelles Altern) zu verschmelzen und diese uralte Prägung aufzuheben. Sie leben in einer Zeit, in der Sie lernen, Ihre Schöpferkraft wiederzuerlangen und das zu manifestieren, was Sie sich vom Leben wünschen. Während in der Vergangenheit Alter für Weisheit stand, sollten jetzt Jugend und Schönheit ebenfalls Weisheit repräsentieren dürfen. Durch diese veränderte Perspektive wird es dann möglich sein, auch das Alter als schön zu empfinden. Jugend sollte Weisheit nicht von vornherein ausschließen, zumal jetzt viele ganz besondere Seelengruppen diese physische Ebene betreten und Ihre Kinder eine Weisheit in sich tragen, die weit über ihr physisches Alter hinausgeht. Auch sollte die Weisheit die Jugend nicht verneinen, denn Ihre spirituellen Lehrer sollten das für Sie repräsentieren, was Sie erreichen möchten, um als glaubwürdige Quellen des Wissens zu gelten. Sie sollten sich dazu imstande fühlen, beide Merkmale zu entwickeln und auch die Weisheit und Schönheit der anderen zu honorieren.

Neue Erkenntnisse und Einsichten im Bereich Lichtarbeit

Die Prägung, daß Weisheit Schönheit ausschließt, entfernen

Jene von Ihnen, die eine seelische Prägung mit sich tragen, die Weisheit vor Schönheit den Vorzug gibt, können wie folgt darum bitten, diese Prägung aufzuheben:

- *Sagen Sie dreimal: „Schöpfer aller Lebewesen, Erzengel Zophkiel aus dem Reich der Harmonie, Erzengel Zadkiel aus dem Reich der Manifestation, planetarischer Rat der Erde, heilige Mutter Erde, hohes Selbst, mittleres Selbst, niederes Selbst."*
- *Sagen Sie: „Ich habe meine karmischen Pflichten gegenüber meiner Prägung über Schönheit/Weisheit erfüllt und ersuche offiziell darum, von dieser Prägung befreit zu werden. Ich verstehe, daß ich nach dem Loslassen dieser Prägung für ein ausgewogenes Verhältnis zwischen Schönheit und Weisheit verantwortlich bin, denn ein Übermaß an einem dieser Dinge sorgt für ein Ungleichgewicht in meinen Werten. Mein Wunsch nach dieser Ausgewogenheit wird dafür sorgen, daß ich im Gleichgewicht bleibe, da ich nach einer neutralen Position strebe, statt nach Extremen. Bitte helft mir dabei, dieses Energiemuster aufzuheben, damit es mich nicht mehr einschränkt. Ich ersuche euch außerdem darum, mich dabei zu unterstützen, mich diesem im Gruppenbewußtsein verankerten Muster zu entziehen, damit ich völlig im Einklang mit meinem ganzen Potential bin. Ich bitte euch darum, dieses Anliegen auf die Massen auszudehnen, die ihre Einstellung gegenüber Schönheit und Weisheit neu überdenken müssen."*
- *Stellen Sie sich vor, daß diese Prägung, die jetzt nicht mehr nützlich ist, eine Gestalt (Form, Farbe, Symbol) annimmt. Vielleicht ist es ein gebückter, alter Mann oder eine runzlige Frau. Es kann auch ein Gegenstand, wie etwa ein zersprungener Spiegel, sein. Es ist wichtig, daß Sie Ihr eigenes Symbol visualisieren, denn dieses hat Ihr Unterbewußtsein angenommen. Akzeptieren Sie die Vision, die mühelos in Ihrem Geist auftaucht.*

185

SCHÖPFERISCHE MACHT

- *Stellen Sie diese Vision in eine Seifenblase. Stellen Sie sich vor, Sie strecken Ihre Hand aus, um die Blase zum Platzen zu bringen, so daß sich die Energie der Prägung verflüchtigt. Erfüllen Sie die Stelle, an der die Seifenblase war, mit weißem Licht oder einer anderen Vision, welche die neue Energie repräsentiert, die Sie in sich tragen möchten.*
- *Sagen Sie dreimal: „Zum höchsten Wohle aller, danke."*

Konzentrieren Sie sich sowohl auf Ihre physische als auch auf Ihre spirituelle Seite, um im Gleichgewicht zu bleiben. Und denken Sie daran, Schüler strömen zu jenen Lehrern hin, die das, was sie sich selbst wünschen, am besten repräsentieren. Jene von Ihnen, die diese Prägung in Ihrem Bewußtsein unterstützen, sollten ihrem hohen Selbst sagen, daß sie nicht mehr bereit sind, dieses Konzept zu befürworten. Machen Sie sich klar, daß Sie Ihr eigenes physisches und spirituelles Wohlergehen einschränken, wenn Sie dieses Konzept vertreten. Lassen Sie es los, und ernten Sie die Früchte dafür, daß Sie das Altern sowohl in der physischen als auch in der spirituellen Dimension respektieren.

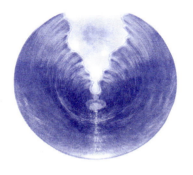

Neue Erkenntnisse und Einsichten im Bereich Lichtarbeit

Hoppla! Wann war der Übergang?

Unheilvolle Prophezeiungen

Viele von Ihnen sind mit den Prophezeiungen zum Übergang Ihres planetarischen Bewußtseins von seinem jetzigen Zustand in die fünfte Dimension im Jahr 2012 vertraut. Informationen darüber erscheinen seit Jahrhunderten. Alte Zivilisationen wie jene der Maya beendeten ihren Kalender mit diesem Jahr, als Zeichen dafür, daß der Zyklus der Erde, in dem Sie jetzt leben, dann abgeschlossen sein wird. Hurtaks *Das Buch des Wissens: Die Schlüssel des Enoch* zeigt eine Karte der „neuen" Welt, das Ergebnis einer kataklystischen polaren Verschiebung, während die Erde auf die höhere Energiefrequenz der fünften Dimension angehoben wird. Channel wie Nostradamus und Edgar Cayce sprachen von Katastrophen gegen Ende des 20. Jahrhunderts, welche die bestehenden Kontinente umformen und ein paar neue hervorbringen würden. Aktuelle Channel wie Barbara Marciniak (Plejadier) und populäre Autoren wie Gregg Bearden und Virginia Essene sprechen von massiven planetarischen Veränderungen und beschreiben Zustände wie etwa drei Tage der Dunkelheit, während der der endgültige Übergang in die fünfte Dimension erfolgt, in der sich alle Gegenstände, die aus synthetischen oder nichtnatürlichen Materialien hergestellt sind, auflösen und in der ein Wechsel von elektrischer Energie zu Photonenenergie erfolgt. Und um noch weiter zu bekräftigen, daß das große Ereignis unmittelbar bevorsteht, sind die *Aborigines* dabei zu „verschwinden". Sie kehren durch ein Dimensionsportal zu ihrem himmlischen Ursprung zurück und bestätigen damit auf ihre Art, daß die „Endzeit" bevorsteht.

Die Auswirkungen der linearen Zeit auf Prophezeiungen

Diese unheilverkündenden Autoritäten wissen ganz gewiß, wovon sie sprechen! „Auf jeden Fall", können wir dazu nur sagen! Wenn sie diese Vorhersagen treffen, gehen sie allerdings vom Grundsatz der linearen Zeit aus. Ihre Informationen beruhen daher auf deren Prinzipien. In der linearen Zeit gibt es eine vergangene, gegenwärtige und zukünftige Reihe von Ereignissen, die auftreten, um den Eindruck zu vermitteln, daß die Zeit progressiv voranschreite. Für diese Bedingungen haben Sie sich entschieden, als Sie beschlossen, auf der Erde zu inkarnieren. Die lineare Zeit ist sehr hilfreich, denn sie führt dazu, daß Sie jedes Ereignis, das Sie erleben, aus einem eingeschränkten Blickwinkel betrachten. Durch die lineare Zeit können Sie sich völlig auf eine einzelne Situation konzentrieren. Sie arbeiten hart an den Ergebnissen einer bestimmten Situation, weil Sie von folgendem Grundsatz ausgehen: Ereignisse einer *vergangenen* Situation schaffen bestimmte Bedingungen für eine *aktuelle* Situation, die sich schließlich auf das Ergebnis einer bestimmten *zukünftigen* Situation auswirken wird. Die lineare Zeit schafft einen logischen Ablauf der Ereignisse, der es Ihnen ermöglicht, Ergebnisse aufgrund des kumulativen Effekts Ihrer Handlungen vorherzusagen.

Der Zweck der linearen Zeit

Nach dem Grundsatz der linearen Zeit schaffen Sie sich zum Beispiel eine positive Zukunft, indem Sie in der Schule gute Noten erstreben. Diese ermöglichen Ihnen die Aufnahme eines begehrten Studiums, das Sie mit Auszeichnung absolvieren, so daß Sie in einem Spitzenunternehmen eine Anstellung finden. Wenn Sie nach den Prinzipien der nichtlinearen Zeit lebten, in der Vergangenheit, Gegenwart und Zukunft simultan ablaufen, könnten Sie die Schule schwänzen, während Sie trotzdem gute Noten erhielten, oder Sie könnten faulenzen, während Sie als Anwalt Karriere machten. Sie würden sich nicht auf eine einzelne Situation konzentrieren, weil Sie wüßten, daß Sie viele Situationen gleichzeitig erleben können.

Außerdem würden Sie sich nicht ernsthaft um ein bestimmtes Ergebnis bemühen, weil Sie die Früchte Ihrer Anstrengungen in so vielen verschiedenen Varianten ernten könnten, daß ein einzelnes Ergebnis unbedeutend wäre. Anders ausge-

drückt: Sie würden die Früchte Ihrer Arbeit oder Ihre angestrebten Ziele nicht ernst nehmen. Es wäre egal, ob Ihre
Anwaltskanzlei Ihnen eine Partnerschaft anbietet oder nicht.
In einer anderen (gleichzeitigen) Existenz wären Sie vielleicht
der politische Führer einer dem linken Flügel angehörenden
Organisation, was Ihren Wunsch nach Autorität befriedigen
würde! Wenn Sie die Prinzipien der linearen Zeit mit Ihren
Glaubenssätzen über den Tod kombinieren, wird die Sache
noch ernster. Die Entscheidungen, die Sie in Ihrem Leben treffen, werden noch wichtiger, weil Sie der Auffassung sind, daß
Sie nur *einmal* jung seien!

Die lineare Zeit dient noch einem anderen Zweck. Sie trägt
wesentlich zum Konzept des irdischen Karma bei. Das irdische
Karma beruht auf einem System von Soll und Haben. Einfach
gesagt, erzeugen Sie negatives Karma, wenn Sie andere aus-
nützen, und Sie erschaffen positives Karma, wenn Sie anderen
dienen. Allmählich entspricht das positive Karma (Haben) dem
negativen Karma (Soll) oder übertrifft dieses, und Sie befinden
sich in einer neutralen Position. Das ist der Augenblick, in dem
Ihre Seele aus dem irdischen Reinkarnationszyklus befreit
wird, denn Sie müssen kein negatives Karma mehr aufarbeiten. Sie haben die Polarität der Erde kennengelernt, denn Sie
haben viele Leben damit verbracht, „Täter" zu sein, und viele
Leben, in denen Sie „Opfer" waren.

Wenn Sie außerhalb der Grundsätze der linearen Zeit lebten, könnten Sie innerhalb eines Lebens so rasch negatives
Karma ansammeln, wie Sie es in einem anderen Leben aufar-
beiteten. Sie würden sich für das Gleichgewicht zwischen
negativ und positiv nicht verantwortlich fühlen. Die lineare
Zeit ermöglicht es Ihnen, in *einem* Leben negatives Karma zu
sammeln und es in den darauffolgenden Jahren desselben
Lebens (oder nachfolgender Leben) durch positives Karma
auszugleichen. Sie brauchen die lineare Zeit, um zu erkennen,
wie wichtig es ist, vergangene negative Erfahrungen zu neutralisieren, denn Sie gehen davon aus, daß sich alles, was Sie
in der Vergangenheit erschaffen haben, auf Ihre gegenwärtige
oder zukünftige Situation auswirkt, sei es in diesem Leben
oder in zukünftigen Inkarnationen.

Ergebnisse gleichzeitiger
Ereignisse miteinander verschmelzen

Kehren wir jetzt zu den Prophezeiungen bezüglich einer kataklystischen polaren Verschiebung zurück, die Ihren Planeten auf die fünfte Dimension anheben soll. Auf der Grundlage der linearen Zeit ergeben diese Prophezeiungen einen Sinn. Wenn Ihre Zukunft auf der Kulmination vergangener Taten beruhte, dann wäre eine polare Verschiebung notwendig, um die dissonante Energie, die sich angesammelt hat, zu neutralisieren. Um die fünfte Dimension zu erreichen, muß sich die Energiefrequenz der Erde (und jener, die auf ihr leben) allerdings bedeutend erhöhen. Sie spüren gegenwärtig, daß sich der Herzschlag der Erde (Hertz) erhöht. Wenn die Energie zunimmt, ist die lineare Zeit nicht mehr gültig. Die Maske, die es Ihnen ermöglicht, in der linearen Zeit zu leben, kann nicht mehr aufrechterhalten werden, wenn sich Ihr Herzschlag erhöht. Die Zeit wird dann simultan, und die Ereignisse verschmelzen in einer Mischung aus Vergangenheit, Gegenwart und Zukunft. Es gibt einige Bücher, die dieses schwierige Thema auf äußerst unterhaltsame Weise beschreiben, wie etwa Jane Roberts, *The Education of Oversoul Seven* und Richard Bachs *EinsSein: Eine kosmische Reise*. Wir wissen, daß das Konzept der simultanen Zeit jenen verwirrend erscheint, die die Illusion eines geordneten Zeitablaufs genießen. Vertrauen Sie uns, wenn wir sagen, daß Sie imstande sein werden, mit dieser neuen Art von Realität umzugehen, da Ihre Energiefrequenz sich ebenso rasch erhöht wie die der Erde.

Sobald die Erde das Prinzip der simultanen Zeit übernommen hat, verbinden sich die Energien, so daß der lineare Verlauf von Ereignissen sich ändert. Anders ausgedrückt: Ein kataklystischer Vorfall ist nicht notwendig, um die dissonante Energie zu neutralisieren und den Übergang in eine neue Frequenz zu ermöglichen. Der Grund dafür ist der, daß die angesammelte Energie nicht mehr existiert, weil es keine lineare Zeit gibt. Bedenken Sie, daß die lineare Zeit die Illusion erzeugt, daß eine Reihe von Ereignissen stattfindet, der weitere und wieder weitere folgen. Innerhalb der simultanen Zeit gibt es keine Aufeinanderfolge. Alles passiert gleichzeitig! Es erfolgt daher eine ständige Verschmelzung. Wenn Sie bereits in *der* Form existieren, zu der Sie *werden*, worauf sollen Sie dann übergehen?

Neue Erkenntnisse und Einsichten im Bereich Lichtarbeit

Schöpfung findet ständig statt

Gehen Sie davon aus, daß ein Ereignis, das Sie erhoffen, bereits im Gange ist! Einige von Ihnen machen Pläne dafür, wie sie diesen Übergang in die neue Energie bewältigen werden, in der Annahme, daß Sie die vermutlich stattfindenden kataklystischen Ereignisse überleben. Sie ziehen vielleicht aus potentiellen Katastrophengebieten wie der Ost- oder Westküste der USA in vermeintlich sicherere Gebiete wie die Mitte des Kontinents um. Oder Sie tauschen eventuell Ihr Papiergeld in Sachvermögen wie Gold oder Grundbesitz um, weil Sie einen Zusammenbruch des Finanzsystems erwarten. Wir empfehlen Ihnen jedoch, sich darauf zu konzentrieren, das zu erschaffen, was Sie *jetzt* zu erleben wünschen. Wenn Sie wegen des Wetters oder des Lebensstils lieber in Idaho als in Kalifornien leben möchten, dann tun Sie das. Doch wenn Sie Ihr Leben nur deshalb ändern, weil Sie auf Nummer Sicher gehen möchten, dann verstricken Sie sich darin, sich ein Leben zu gestalten, für das Sie keine Herzenergie aufbringen können. Sind Sie sicher, daß Sie das Heute in Erwartung des Morgen einfach übergehen wollen? Das Ganze wird noch lächerlicher, wenn Sie sich klar machen, daß das Heute und das Morgen nach und nach zu einer einzigen, simultanen Erfahrung verschmelzen werden.

Wir möchten Sie darüber informieren, daß der Übergang in die fünfte Dimension wie das Älterwerden ist: Eines Tages wachen Sie auf, schauen in den Spiegel und stellen fest, daß Sie nicht mehr jung sind. Sie starren auf dieses in die Jahre gekommene Gesicht und fragen sich, wie das eigentlich passiert ist. Eines Tages werden Sie aufwachen und erkennen, daß Sie sich irgendwie zu etwas Neuem entwickelt haben. Sie werden zugeben, daß Sie die Welt anders wahrnehmen, und Sie werden eine neue Realität dadurch zum Ausdruck bringen, wie Sie sich selbst und die Erfahrungen, die Sie erschaffen, empfinden. Rückblickend werden Sie sagen: Wie konnte ich übersehen, daß ich in einen neuen Daseinszustand übergegangen bin? Wie konnte ich übersehen, daß ich bereits angekommen bin? Sie verändern sich genau in diesem Augenblick auf subtile, jedoch radikale Weise. Jede Zelle Ihres Körpers entwickelt sich zu etwas Neuem und anderen, das schließlich mit allen vergangenen, gegenwärtigen und zukünftigen Aspekten Ihres

Selbst verschmelzen wird. Das *ist* der Prozeß. Sie befinden sich bereits im Übergang. Genießen Sie es, und erkennen Sie, was aus Ihnen wird.

Astralreisen - die Verbindung zwischen Physischem und Spirituellem

Nächtliche Astralreisen

Der Mensch besteht aus einem physischen und vier energetischen oder feinstofflichen Körpern: dem ätherischen Körper, dem emotionalen Körper, dem mentalen Körper und dem Astralkörper. Jeder feinstoffliche Körper spielt eine bestimmte Rolle darin, dem physischen Körper Informationen aus nichtphysischen Ebenen zuzuführen. Ihr Astralkörper hat die Aufgabe, die Kluft zwischen den Erfahrungen, die Sie auf den Astralebenen machen, und Ihrer physischen Realität zu überbrücken. Obwohl dies den meisten von Ihnen nicht bewußt ist, besuchen Sie Nacht für Nacht die Astralebenen der Erde. Ihre Absicht ist es, von Ihren Führern und Lehrern zu lernen, während Sie in physischer Form existieren, da viele von Ihnen sich in der Vergangenheit diesen Informationen versperrt haben, weil Ihnen deren Existenz gar nicht bewußt war.

Ihre nächtlichen Studienreisen sollen für einen ständigen Strom an spirituellen Informationen sorgen. Obwohl Sie sich für gewöhnlich nicht an Ihre nächtlichen Reisen erinnern, weil Sie lieber dort blieben, als hierher zurückzukehren (besonders jene von Ihnen, die schwierige Lektionen zu lernen haben), möchten Sie die ätherischen Lehren mit Hilfe Ihrer Intuition in Ihre physische Existenz integrieren. Manche von Ihnen nennen diese nächtlichen Reisen „außerkörperliche Erfahrungen", und manche nennen sie „Astralreisen". Egal, welche Bezeichnung Sie wählen und ob Sie sich bewußt an diese Reisen erinnern, jeder Mensch reist während des Schlafes zu den Astralebenen.

Jene von Ihnen, die frustriert sind, weil sie glauben, keine Informationen von ihren geistigen Helfern zu erhalten, oder nicht wissen, wie sie nichtphysische Wesen kontaktieren können, werden angenehm überrascht sein, daß sie dies regelmäßig tun! Sind Sie jemals aufgewacht und haben versucht, Ihre Augen zu öffnen oder Ihre Arme und Beine zu bewegen, konnten Ihren physischen Körper jedoch nicht bewegen? Sie hatten vielleicht sogar Angst, weil Sie sich in einem unbeweglichen Körper wie erstarrt fühlten. Das ist ein Fall, in dem Ihr physischer Körper aufwachte, bevor Ihr Astralkörper zurückgekehrt war. Oder haben Sie jemals davon geträumt, durch Ihr Haus zu fliegen, über Ihrem schlafenden Körper zu schweben oder auf Ihren Hund im Garten hinunterzublicken? In diesem Fall unternimmt Ihr Astralkörper eine „Spritztour", bevor er in Ihr physisches Feld zurückkehrt. Weil Sie Ihrem physischen Körper so nahe sind, können Sie sich manchmal an die letzten Augenblicke vor dem „Wiedereintritt" erinnern.

Positive und negative Astralebenen

Mit der Erde sind sieben positive und sieben negative Astralebenen verbunden. Welche Astralebenen Sie besuchen, hängt in erster Linie von Ihrer Seelengruppe und Ihrem Fortschritt in spirituellen Lehren ab. Jene Seelen, die zum Beispiel in höher entwickelten Gesellschaften wie den Plejaden oder Sirius lebten, bevor Sie auf der Erde inkarnierten, besuchen vielleicht die *eine* Astralebene, während die jüngeren Seelen, die ihren Ursprung auf der irdischen Ebene und noch keine anderen Dimensionen erlebt haben, eine *andere* besuchen. Wie bei Ihrem Schulsystem versucht man, jene mit ähnlichem Wissen zu einer Gruppe zusammenzufassen, um den Lernprozeß zu beschleunigen. Jene, die dunkle Energien als ihre Machtquelle gewählt haben, besuchen vielleicht eine der negativen Astralebenen, weil sie an diesen Lehren interessiert sind.

Lichtarbeiter besuchen jedoch nicht automatisch positive Ebenen und dunkle Wesen nicht unbedingt negative Regionen. Es gibt viele Ausnahmen. Was passiert, wenn Sie in einem früheren Leben eine intime Beziehung mit einem positiven Wesen hatten, das aufgrund einiger unglücklicher Entscheidungen in einer negativen Astralebene festsitzt? Auf bewußter

Ebene erinnern Sie sich wahrscheinlich gar nicht an die frühere Partnerschaft, aber Ihre Seele erinnert sich sehr wohl. Ihre Seele leidet unter dem Gedanken, daß ein geliebtes Wesen von dunklen Mächten festgehalten wird, und Ihre Astralreisen führen Sie Nacht für Nacht auf die negativen Ebenen, um es zu befreien.

Astralreisen auf negative Ebenen sind natürlich nicht zu empfehlen, weil Sie dadurch angreifbar werden. Sie sind vielleicht ausreichend durch Licht geschützt, wenn Sie die negativen Ebenen besuchen, aber dieser Schutz hält möglicherweise nicht an, weil Sie sofort medial attackiert werden, da sich die Dunkelheit zu Ihrem Licht hingezogen fühlt. Außerdem kämpfen Sie gegen negative Wesenheiten, wenn Sie sich auf die negative Astralebene begeben, was auch nicht gerade eine angenehme Erfahrung ist. Lichtarbeiter, die auf negative Astralebenen reisen, erleben vielleicht wiederkehrende Alpträume, die versuchen, ihre Erfahrungen widerzuspiegeln, oder sie wachen schweißgebadet oder erschöpft aus ihrem Schlaf auf.

Jeder befindet sich auf einem Weg

Der Astralkörper ist der Schlüssel zu Ihrem Seelenwachstum, denn er bildet die Brücke zwischen Ihrer physischen Existenz und Ihrer spirituellen Arbeit in der nicht physischen Welt. Oft beurteilen Sie jemanden nach dessen Alltagsleben und verurteilen jemanden für sein anscheinend schlichtes Dasein. Sie haben jedoch keine Vorstellung davon, welche Art von Arbeit diese Menschen eventuell während der Nacht mit ihren Führern und Lehrern auf der Astralebene vollführen. Sie haben keine Ahnung davon, welche Seelenverträge sie abgeschlossen haben und welche Rolle sie in ihrem gegenwärtigen Leben übernehmen sollen. Sie wissen nicht, woher sie kommen, welche Hindernisse sie absichtlich geschaffen haben, um ihre Lektionen zu lernen, oder wohin sie gehen. Bedenken Sie, daß jeder auf der Seelenebene lernt, egal wie gut oder schlecht er diese Lehren anscheinend in seine irdischen Erfahrungen integriert. Wenn Sie andere nach deren Fortschritt beurteilen, anstatt ihre Bemühungen zu akzeptieren, schaffen Sie damit nur Blockaden für Ihre eigene seelische Evolution.

Neue Erkenntnisse und Einsichten im Bereich Lichtarbeit

Das Astralleben nach dem Tod

Wenn Sie am Ende Ihrer physischen Existenz die irdische Ebene verlassen, ziehen Sie Ihren Astralkörper aus Ihrem physischen Körper heraus. Im Grunde genommen agiert der Astralkörper als Bindeglied zwischen den einzelnen Leben, auch wenn die meisten von Ihnen diese Energie als „Seele" bezeichnen. Zwischen den einzelnen Inkarnationen besuchen Sie die „astrale Schule", halten Rückschau über vergangene Erfahrungen und lernen die Lehren verschiedener mystischer Schulen und Seelengesellschaften. Jene, die Nah-Tod-Erfahrungen machen und beschreiben, daß sie auf das Licht zugingen, führten genau genommen ihren Astralkörper auf die erste Astralebene. Wenn die Person dann plötzlich beschließt, daß sie noch nicht bereit ist, auf die andere Seite zu wechseln, weist sie ihren Astralkörper an, zum physischen Körper zurückzukehren.

Bedenken Sie, daß Ihr Astralkörper die Energie des Lebensstils aufnimmt, den Sie während Ihrer physischen Inkarnation gepflegt haben. Beim Übergang begibt sich der Astralkörper auf die niedrigeren Astralebenen, um sich von eventuellen Rückständen, die sich auf zukünftige Leben auswirken könnten, zu reinigen. Wenn Sie beispielsweise während Ihres physischen Lebens von Alkohol, Nikotin oder Kokain abhängig waren, muß sich der Astralkörper von diesen Rückständen befreien. Andernfalls würden Sie in einer nachfolgenden Inkarnation wieder dieselbe Sucht entwickeln und somit Lektionen wiederholen, die Sie bereits bestanden haben. Je mehr Sie in Ihrem Leben von Ihrem Weg abkommen, desto länger bleiben Sie in einem komaähnlichen Zustand auf den niederen Astralebenen, um die Rückstände dieses Verhaltens loszuwerden. Je reiner Ihr Lebensstil ist, desto schneller gehen Sie auf die höheren Astralebenen über, um weitere spirituelle Lehren aufzunehmen. Da Sie Ihren Astralkörper behalten, nachdem Sie die physische Ebene verlassen haben, ist es wichtig, ihn durch einen möglichst reinen Lebensstil bei guter Gesundheit zu halten.

Manchmal befreit sich der Astralkörper jedoch nicht von all dem Schaden, den er in vergangenen Leben erlitten hat. Wenn Sie zum Beispiel auf eine negative Astralebene gereist sind oder dort gefangen waren, tragen Sie wahrscheinlich noch die

Rückstände dieser Erfahrung in sich. Oder Sie wurden vielleicht von einer Alkoholsucht befreit, sind aber immer noch dafür anfällig. Dieser Schaden kann eventuell eine Blockade zwischen Ihren spirituellen Lehren und deren Integration in Ihr physisches Dasein bilden. Diese Blockaden hindern Sie daran, Ihre nächtlichen Erkenntnisse leicht in Ihr Alltagsleben zu übertragen.

Den Astralkörper reinigen

Wenn Sie sich von der Schöpferkraft abgetrennt oder häufig frustriert oder wütend fühlen, weil Sie anscheinend Ihre spirituellen Ansichten nicht auf Ihren Alltag anwenden können, dann hat Ihr Astralkörper wahrscheinlich einen Schaden erlitten, der behoben werden muß. Das heißt, Sie sind ein Kandidat für die folgende Übung:

- *Nehmen Sie ein warmes Bad, oder lassen Sie sich in einem Swimmingpool treiben.*
- *Lösen Ihren Astralkörper bewußt aus Ihrem physischen Körper, aber verbinden Sie beide mit einer Silberschnur, die sich von Ihrem physischen Nabel zum Nabel des Astralkörpers erstreckt. Stellen Sie sich das Loslösen des Astralkörpers auf eine beliebige Weise vor, die Ihnen sinnvoll erscheint. Das Wesentliche dabei ist, daß Sie zwei getrennte Körper sehen, Ihren festeren physischen Körper und Ihren leichteren Energiekörper. Lassen Sie Ihren Astralkörper über sich schweben. Schicken Sie Ihrem Astralkörper Lebenskraft, indem Sie sehr langsam und tief atmen und sich dabei vorstellen, daß Ihr Atem über die Silberschnur zu Ihrem Astralkörper gelangt.*
- *Tauchen Sie Ihren Astralkörper in weiches, blaues Licht. Wenn er in blauem Licht erstrahlt, lassen Sie ihn im Wasser neben sich treiben, bis er sich lebhaft und gesund anfühlt. Stellen Sie sich vor, wie Ihre beiden Körper sich vom Wasser tragen lassen, während das blaue Licht seine heilenden Schwingungen aussendet.*
- *Wenn Sie das Gefühl haben, daß Sie sich lange genug haben treiben lassen, rufen Sie Ihre heilenden Führer, wie folgt: Sagen Sie dreimal: „Meine persönlichen heilenden Führer, mein hohes Selbst, mein mittleres Selbst, mein niederes Selbst."*

Neue Erkenntnisse und Einsichten im Bereich Lichtarbeit

■ Sagen Sie: „Bitte helft mir, indem Ihr mir heilende Kräfte
schickt, um die energetischen Risse, Brüche, Blockaden oder
Rückstände zu reparieren, die möglicherweise in meinem
Astralkörper vorhanden sind."

■ Nach einer Weile, wenn Sie das Gefühl haben, daß Ihre heilenden Führer ihre Heilungsarbeit abgeschlossen haben, stellen Sie sich vor, daß Ihr Astralkörper über die Silberschnur
wieder in Ihren physischen Körper gezogen wird. Spüren Sie
die Wärme in Ihrem physischen Körper, wenn er sich wieder
mit dem neu belebten Astralkörper verbindet.

■ Danken Sie Ihren heilenden Führern und Lehrern und tupfen
Sie sich sanft trocken. Verwöhnen Sie Ihren neu belebten Körper mit einer Duftessenz oder einem Öl.

Mit Hilfe dieser Übung können Sie die Energie aus den spirituellen Ebenen besser in Ihr physisches Leben integrieren,
weil dadurch Schäden geheilt werden, die eventuell Blockaden
verursacht haben, als die Informationen Ihrer Astralreisen in
Ihr Unterbewußtsein „heruntergeladen" wurden. Das Wasser
ist ein Medium, das die unterschiedlichen Schwingungen des
physischen und des Astralkörpers überbrückt, so daß diese als
Team zusammenarbeiten können. Die Silberschnur nimmt
Lebensenergie in Form Ihres Atems auf und überträgt sie in
den Astralkörper, der selbst nur wenig Lebensenergie hat. Aufgrund dieses Energieschubs kann der Astralkörper schneller
heilen. Das Wasser dient außerdem als Brücke, wenn Sie die
unterschiedlichen Schwingungen der beiden Körper am Ende
der Übung verschmelzen.

Formulieren Sie Ihre Erwartungen neu

Wenn Ihr Astralkörper beschädigt war, haben Sie sich vielleicht daran gewöhnt, keine oder verzerrte Informationen von Ihren Führern und Lehrern zu erhalten, was dazu
geführt hat, daß Sie Ihrer Intuition nicht trauen. Nachdem Sie
die heilende Übung durchgeführt haben, müssen Sie sich neu
programmieren und zur Kenntnis nehmen, daß Ihr spiritueller
Kanal verändert wurde und Sie den empfangenen Informationen trauen können. Bekennen Sie sich zu Ihrer neuen Macht,
und hören Sie sorgfältig darauf, was Ihnen Ihre Intuition zu

sagen hat. Sehr wahrscheinlich sind die Informationen das Ergebnis Ihrer nächtlichen Sitzungen mit Ihren Führern und Lehrern.

Channeln: Wer sind wir?

Eine Fülle an gechannelten Informationen

Noch nie hat es mehr gechannelte Informationen gegeben als während der letzten Jahre des 20. Jahrhunderts. Viele von Ihnen glauben, daß die gechannelten Botschaften wegen des bedeutsamen Übergangs vom 20. zum 21. Jahrhundert zunehmen. Manche meinten, dies sei ihre letzte Chance gewesen, vor dem Jahr 2000 Erlösung zu finden, für das viele kataklystische Ereignisse wie ein großes Erdbeben voraussagten, das Kalifornien vernichte oder das dazu führe, daß die Ostküste im Atlantik versinke. Dann gibt es noch die Theorie, die den Übergang in eine Ära der Glückseligkeit voraussagt, in der die Menschen erkennen, daß Integration mächtiger ist als Trennung und in der die Liebe den Haß überwindet, denn der Friede hat die Vorherrschaft. Abgesehen von der positiven oder negativen Einstellung im Hinblick auf die „letzte Chance" ist man übereinstimmend der Meinung, daß es deshalb so viele gechannelte Informationen gebe, weil diese Sie während der letzten Tage des Lebens, wie Sie es kennen, wachrütteln sollen.

Die Rolle des ätherischen Körpers

Diese „Endzeittheorien" sind interessant. Sie sind allerdings nicht der Grund für die Zunahme der gechannelten Botschaften. Um zu verstehen, warum es so viele gechannelte Informationen gibt, muß man verstehen, wie es zum Channeln kommt. Beim Channeln benutzt eine Energie, die keine dreidimensionale, physische Form hat, den Körper einer Energie, die in dreidimensionaler, physischer Form besteht (sozusagen einen „Wirt"), um auf der irdischen Ebene zu kommunizieren. Die

Neue Erkenntnisse und Einsichten im Bereich Lichtarbeit

nichtphysische oder gechannelte Energie dringt aber nicht wirklich in den physischen Körper des Wirtes ein. Die gechannelte Energie tritt vielmehr in den *ätherischen* Körper des Wirtes ein.

Den ätherischen Körper können Sie zu sehen versuchen, indem Sie Ihren Blick etwas trüben, entspannen und an jemandem sozusagen vorbeischauen, nur auf die Körperumrisse schauen bzw. auf die unmittelbare Umgebung des Körpers. Es ist der etwa zwei bis drei Zentimeter breite, oft leicht blaugrau aussehende Streifen, der den physischen Körper umgibt. Der ätherische Körper ist sozusagen der Bauplan für den physischen Körper. Alles, was im ätherischen Körper passiert, spiegelt sich allmählich im physischen Körper wider. Der ätherische Körper ist der Körper, an dem energetische Therapien wie Reiki oder Kraniosakraltherapie ansetzen. Er ist auch der Körper, der auf homöopathische Behandlung reagiert. Die Energie bewegt sich im (leichteren) ätherischen Körper rascher und müheloser, deshalb sind diese Arten der Behandlung so wirksam. Außerdem: Nachdem der Bauplan eine neue Struktur, eine neue Gestalt, eine neue Qualität angenommen hat, muß diese nach und nach in eine neue physische Form übertragen werden, so wie aus dem Bauplan für ein Haus schließlich ein bewohnbares Gebäude entsteht.

Da der ätherische Körper sehr leicht verschiedene Arten von Energie aufnimmt und sich aneignet, nutzt die gechannelte Energie seine Fähigkeiten des „Herunterladens für ihre Kommunikation. Der ätherische Körper kann mit „fremder" Energie leichter umgehen und sie verarbeiten, da er nicht so dicht ist wie der physische Körper und deshalb neuen Arten von Energie weniger Widerstand entgegenbringt. Letztendlich fällt es ihm damit auch leichter, sich neue, noch unvertraute Muster anzueignen. Der ätherische Körper enthält auch die Chakren oder Energiezentren für den physischen Körper. Die Chakren sind dafür verantwortlich, daß Energie zum und vom physischen Körper fließt. Sie sehen aus wie sich drehende Räder, die Informationen aus der Umgebung erhalten und diese auf den Körper übertragen und die Energie vom Körper erhalten und diese in die Umgebung übertragen. Wenn ein Mensch channelt, erlauben sie einer externen Energie, sich des ätherischen Körpers zu bedienen. Sobald diese Energien verschmolzen sind, hat das gechannelte Wesen vollen Zugang zum Wissen und zu den Sprachmustern des physischen Wirtes.

Die drei Methoden des Channelns

Das Channeln durch den ätherischen Körper erfolgt hauptsächlich auf drei Arten: Die gechannelte Energie oder Wesenheit kann sich des Halschakras des Wirtes bedienen und die Informationen über die Stimme *aussprechen*. Die gechannelten Informationen können durch das Stirnchakra das Wirtes übertragen werden, so daß über das dritte Auge *Bilder* entstehen, die das physische Wesen interpretieren kann. Schließlich kann die gechannelte Energie noch durch das Kronenchakra übertragen werden, so daß sowohl geistige als auch visuelle Informationen erzeugt werden, die der Wirt beschreiben kann. Diese Methoden können, je nach medialer Entwicklungsstufe des Wirtes, auch kombiniert werden.

Die Chakren sind die Hauptübertragungspunkte für gechannelte Informationen. Da die Erde ihre Schwingungsfrequenz während der letzten zwanzig Jahre erhöht hat, haben die Chakren sich vergrößert und drehen sich schneller, um diese erweiterte Energie aufzunehmen. Im Endeffekt heißt dies, daß die Menschen mehr Informationen verarbeiten können. Das ist so, als ob man einen 60-Megahertz-Computer der Vergangenheit auf 200 Megahertz oder mehr aufrüstet so daß er mehr Daten schneller verarbeiten kann.

Es sind mehr Channeling-Leitungen offen

Menschen, die channeln, übertragen Informationen eines Wesens der fünften oder sechsten Dimension, das auf einer viel höheren Frequenz schwingt als sie selbst. Aufgrund der Veränderung der Chakren ist der Wirt jedoch imstande, die schnellere Energie eines höherdimensionalen Wesens zu bewältigen. Der Grund dafür, daß jetzt mehr gechannelte Informationen verfügbar sind als je zuvor, ist der, *daß so viele von Ihnen imstande sind, zu channeln*! Es fällt Ihnen jetzt viel leichter, die unterschiedlichen Energien zu verschmelzen. Durch die erhöhte Leistungsfähigkeit der Chakren stehen eine Unmenge von Wirten zur Verfügung.

Sie erhalten mehr Informationen, weil mehr Wirte offen sind, und die Wirte, die offen sind, verfügen über mehr Fähigkeiten. Das ist mit digitalen und analogen Telefonleitungen zu

Neue Erkenntnisse und Einsichten im Bereich Lichtarbeit

vergleichen. Die Technologie der Analogtelefone war verantwortlich für langsame Übertragungen und begrenzte Funktionen. Die digitale Technologie führte zu einer rascheren Übertragung und einer Fülle neuer Funktionen, wie etwa Rufumleitung und Makeln. Die Zunahme der gechannelten Informationen hat nichts mit den Prophezeiungen zur Jahrtausendwende zu tun. Es kam deshalb zu dieser Zunahme, weil es einfach *mehr Leitungen* gibt.

Hören Sie sorgfältig hin

Natürlich hat das große „Angebot" an Wirten auch „Nebenwirkungen". Es gibt viele nichtverkörperte Wesen, die der Erde Informationen mitteilen möchten, *weil sie dies können.* Einigen liegt Ihr höheres Wohl am Herzen, während andere sich einfach einer Gruppe von Wesen gegenüber äußern möchten, die bereit ist zuzuhören (denn in ihrem eigenen Reich schenkt man ihnen nicht so viel Aufmerksamkeit). Leider verfolgen manche ihre eigene Mission, die Ihrem höchsten Wohle vielleicht widerspricht, und sie bedienen sich eines beliebigen Wirtes, der ihnen zur Verfügung steht, um ihre Weisheiten zu verbreiten.

Eine Faustregel für kritische Beurteilung gechannelter Informationen ist, sich den Lebensstil des Wirtes anzuschauen. Jene, die höchst niveauvolle Informationen channeln, haben meist einen sehr vernünftigen Lebensstil. Sie ernähren sich ausgewogen und haben auch sonst eine gesunde Lebensweise. Ihr Leben ist eher von positiven als von negativen Ereignissen gekennzeichnet, und ihre Beziehungen zu Freunden und Familie sind sehr harmonisch. Sie wurden als Wirte gewählt, weil sie reine Energie verkörpern und deshalb ein leichteres Energiefeld haben.

Beachten Sie auch das allgemeine Verhalten des Wirtes. Vertritt er eine positive Einstellung und spricht er in wohltuender Weise, wenn er nicht channelt? Fällt es ihm persönlich leicht, Gesundheit, Wohlstand und liebevolle Beziehungen zu manifestieren? Diese Hinweise können Ihnen als Anhaltspunkte für die Beurteilung der Qualität der gechannelten Energie dienen. Höherdimensionale Energien, die Informationen übertragen, die zu Ihrem höchsten Wohle sind, wählen ihre Wirte sehr sorgfältig aus. Ihnen ist klar, daß die *Vermischung* der Energien der gechannelten Wesenheit und des Wirtes sich auf die Qualität der weitergegebenen Informationen auswirkt, weil diese natürlich vom Ego und den Ansichten des Wirtes gefärbt sind.

Gechannelte Informationen können Ihr Leben verbessern, denn sie enthalten Erkenntnisse von nichtphysischen Wesen, die ganz andere Erfahrungen machen als Sie selbst. Das ist so ähnlich, wie wenn ein Amerikaner Europa besucht und neue Ideen und Bräuche mit nach Hause bringt, die seinen Lebensstil bereichern. Bei gechannelten Informationen geht es allerdings nie darum, Ihnen die Erlösung zu bringen. Integrieren Sie, was nützlich ist, und verwerfen Sie, was Sie nicht brauchen können. Erlösung können Sie nur in sich selbst finden. Sie kann nicht durch Informationen von außerhalb übertragen werden.

Ein neues Millennium bricht an

Die Zeit verändert sich

Wenn wir vom neuen Millennium sprechen, dann meinen wir damit ein neues Bewußtsein und nicht nur eine neue historische Etappe wie etwa die Steinzeit oder die Bronzezeit. Zeit an sich ist immateriell und belanglos, außer auf der Erde, denn in anderen Realitäten sind Vergangenheit, Gegenwart und Zukunft gleichzeitig. Die Erde hat sich für eine lineare Zeit entschieden, um die Illusion von Anfang und Ende für die Entwicklung der physischen Materie zu erzeugen, egal ob es sich um einen Embryo handelt, aus dem ein Kind, dann ein Erwachsener und schließlich ein Leichnam wird, oder um einen Lavastrom, aus dem Sediment und dann harter Stein wird. Dies erlaubt Ihnen, die Realität zu interpretieren, indem Sie sich zu einem bestimmten „Zeitpunkt" auf *einen* Aspekt eines Zyklus konzentrieren, statt alle Zyklen gleichzeitig zu durchlaufen. Der lineare Verlauf ist für die Dichte Ihres Planeten besser geeignet, weil sich die Materie nicht so rasch bewegt, da sie an die Schwerkraft gebunden ist. Wir möchten, daß Sie diese Zusammenhänge verstehen, denn das neue Millennium verwandelt durch Veränderungen in Ihrem Bewußtsein die Art und Weise, wie Sie Zeit wahrnehmen.

Kommen wir jetzt zum Bewußtsein der fünften Dimension, das Sie derzeit auf der Erde anstreben. Wie geht jemand, der daran gewöhnt ist, sich sequentiell durch die Zeit zu bewegen, plötzlich auf eine simultane Zeit über? Glauben Sie, daß Sie eines Tages auf Ihre Uhr schauen und die Zeiger bewegen sich vorwärts, von Minute zu Minute, bis es Mittag wird, dann 13 Uhr, dann 14 Uhr, und dann plötzlich ist es vorige Woche, dann wieder heute und gleich nächstes Jahr? Das wäre für die meisten von Ihnen sehr verwirrend und beunruhigend. Teile der Bevölkerung, wie etwa Börsenmakler, würden es sicherlich genießen, ihr Geld für neue Wertpapiere auszugeben, während sie gleichzeitig frühere mißglückte Transaktionen rückgängig machen, um so wieder Ihr Vertrauen zu gewinnen. Nein, ernsthaft: Der Übergang von der sequentiellen zur simultanen Zeit wird nicht so unmittelbar oder drastisch sein, denn wie Sie sich denken können, würde Chaos ausbrechen, was nicht gerade hilfreich wäre für das Ziel, Ihr Bewußtsein auf die nächste Dimension anzuheben.

Mehrere Programme

Statt dessen werden Sie *nach und nach* in die simultane Zeit eingeführt. Das beginnt damit, daß Sie sich für mediale Informationen öffnen, die Ihnen mitteilen, was demnächst passieren wird oder was passiert ist, egal ob Sie dabei waren oder nicht. Sie werden sich allmählich an diese medialen Botschaften gewöhnen können, denn Sie befinden sich immer noch in der Gegenwart, während Sie einen flüchtigen Blick auf vergangene oder zukünftige Ereignisse werfen. Das ist so wie bei einer ganzen „Wand" aus lauter Fernsehgeräten, viele Programme *gleichzeitig* zeigen. Sie sind sich all dessen, was simultan geschieht, voll bewußt und haben einen vagen Eindruck von diesen Ereignissen, wobei Ihnen aber nur die Ereignisse jenes Films klarer sind, auf den Sie sich *konzentrieren*. Das ist eine gute Analogie, aber ein schlechtes Beispiel, denn wenn Sie Vergangenheit, Gegenwart und Zukunft betrachten, sind

Ihnen all diese Ereignisse viel klarer, als wenn Sie auf mehrere Fernsehschirme gleichzeitig schauen. Sie müssen verstehen, daß wir dies in Ihrer Sprache zu beschreiben versuchen, die eigentlich keine Wörter für das hat, was Sie erleben werden. Auch gibt es in Ihrer Realität kein Beispiel für diese Erfahrung. Es muß genügen, wenn wir sagen, daß dieser Übergang Ihnen ganz natürlich vorkommen wird, wie der Übergang von einer Nahaufnahme zu einer Aufnahme mit Weitwinkelobjektiv beim Fotografieren.

Ein sanfter Übergang

Wir wissen, daß manche von Ihnen glauben, daß dieser großartige Übergang im Handumdrehen erfolgen werde. In gewissem Maße stimmt das, denn die Zeit beschleunigt sich, um die Frequenz auf Ihrem Planeten zu erhöhen, so daß es zwischen einzelnen Ereignissen kürzere Intervalle gibt. Die Hauptarbeit wird aber in kleineren Schritten erfolgen, um Sie angemessen darauf vorzubereiten. Sie können nicht einfach eines Tages mit dem Eislaufen beginnen und am nächsten Tag schon eine Medaille im Eiskunstlaufen gewinnen. Wenn Sie auf die Ereignisse in Ihrem Leben zurückblicken, wird Ihnen klar, daß Sie in der Vergangenheit manchmal vermutlich das Gefühl hatten, eine Veränderung nicht durchführen zu können oder mit bestimmten Vorfällen nicht fertig zu werden. Doch Sie waren imstande, große Hürden erfolgreich zu bewältigen, als diese sich als weniger traumatisch darstellten, als Sie angenommen hatten. Glauben Sie, daß Sie plötzlich zu Supermann wurden? Nein, Ihre Führer haben Ihnen bei kleinen Ereignissen beigestanden, um Sie so gut wie möglich auf den „Übergang" vorzubereiten.

Manche von Ihnen meinen, das stimme nicht. Da war dieses eine Mal, als Sie wirklich einen schweren Schlag versetzt bekamen und sich am Boden zerstört fühlten. Sie konnten kaum noch weitermachen, und es erforderte Ihre letzten Kräfte, um den „Übergang" zu schaffen. Das waren jene Zeiten, in denen Sie sich weigerten, Ratschläge anzunehmen, so daß wir Ihnen schließlich einen kräftigen Schlag verpassen mußten, um Ihre Aufmerksamkeit zu erregen. Denken Sie an diese beiden Arten von Übergängen in der Vergangenheit, und fragen

Sie sich selbst, ob Sie sich den endgültigen Übergang schwer oder leicht machen wollen. Sie haben die Wahl. Wenn Sie den kleinen Entscheidungen und Lektionen auf Ihrem Weg weiterhin Aufmerksamkeit schenken, wird der große Schritt für Sie so einfach wie möglich sein. Wenn Sie sich neuen Gelegenheiten, die wir Ihnen präsentieren, widersetzen, um an alten Verhaltensweisen festzuhalten, dann wird sich dieser Schritt für Sie etwas traumatischer anfühlen.

Lassen Sie sich vom Strom treiben

Indem Sie lernen, mehrere Realitäten gleichzeitig wahrzunehmen, erleichtern Sie sich selbst den Übergang. Das bedeutet, daß Sie Ihren Hang zur Routine aufgeben, Ihre Vorliebe dafür, daß der Tag wie am Schnürchen abläuft, und Ihren Wunsch, sich immer nur *einer* Sache zu widmen. Werden Sie flexibler, indem Sie sich neuen Wegen öffnen. Öffnen Sie sich der Möglichkeit, daß Ihr Leben wie ein Zwei-Kanal-Stereogerät ist, das heißt, Sie erleben Ihre physische Realität, während Sie gleichzeitig noch ein anderes Programm sehen und hören. Sobald Sie sich dabei wohl fühlen, werden wir Ihnen nach und nach weitere Programme zukommen lassen, bis Sie völlig mit dieser Möglichkeit vertraut sind. Bitten Sie Ihre Führer, Sie dabei zu unterstützen. Nein, Sie werden nicht verrückt werden. Die anderen werden sogar sehr von Ihnen beeindruckt sein, weil Sie eine Menge Informationen aus unerschöpflichen Quellen empfangen. Ihre Kreativität wird zunehmen, weil Sie wie beim Kabelfernsehen viele verschiedene Programme empfangen können und nicht nur auf *ein* staatliches Fernsehprogramm angewiesen sind.

Wenn wir vom Eintritt in das neue Millennium sprechen, dann meinen wir damit, daß dieser Eintritt *heute* stattfindet und nicht an irgendeinem magischen Datum wie dem Jahr 2001 oder 2012 oder 2022. Es handelt sich dabei um einen kontinuierlichen Prozeß und nicht um ein kataklystisches Ereignis, das Sie von einer Realität in eine andere transportiert. Unternehmen Sie *heute* Schritte, um emotional und physisch ins Gleichgewicht zu kommen, damit Sie imstande sind, auf Ihre zusätzlichen Kanäle zu hören, wenn Sie diese öffnen. Wir lieben Sie, und bitten Sie darum, es sich selbst so einfach wie möglich zu machen.

Was hatten Sie vor,
als Sie hierher kamen?

Sterngeborene

Viele von Ihnen fragen sich, ob ihre Seele ihren Ursprung auf der Erde hatte. Unsere Antwort lautet: „Wahrscheinlich nicht", wenn Sie an dieser Art von Informationen interessiert sind. Die Mehrheit der Erdenbürger stammt von diesem Planeten und hat nie irgendwo anders gelebt. Ihr Seelenplan beruht auf ihrem Ursprung in einem dreidimensionalen Reich. Jene, die nur auf der irdischen Ebene gelebt haben, neigen dazu, sich mehr auf ihren täglichen Lebensunterhalt zu konzentrieren. Ihnen behagt es für gewöhnlich mehr, sich eher an traditionellen Religionen zu orientieren, als gechannelte Informationen zu lesen oder nach alternativen Glaubenssystemen zu suchen. Ein Teil von Ihnen lebte allerdings als himmlische Wesen in anderen Gesellschaften und Universen. Sie stammen von Seelengruppen wie den Sirianern, Plejadiern, Arkturianern, Artuvianern usw. Man nennt Sie „Sterngeborene".

Als Sterngeborene haben Sie sich höchstwahrscheinlich nie so richtig in Ihre Umgebung eingefügt. Obwohl Sie sich mit den physischen, emotionalen und mentalen Anliegen der Erdbewohner auseinandersetzen, ist Ihnen Ihre Gesellschaft innerlich auf unerklärliche Weise fremd. Sie fragen sich oft, warum Sie über eine bestimmte Situation beunruhigt sind, während niemand sonst darüber besorgt erscheint. Oder Sie sind über eine Situation nur verdutzt, über die jeder andere schwer betroffen ist. Sie haben versucht, auf die Menschen einzugehen, aber selbst unter Menschen fühlen Sie sich einsam und mißverstanden.

Die Insidergruppe

Trotz Ihrer Einsamkeit haben viele von Ihnen erkannt, daß Sie aus einem bestimmten Grund auf die Erde gekommen sind. Sie fühlen sich dazu angetrieben herauszufinden, was dieser Grund ist. Sie sind sich nicht ganz sicher darüber, warum Sie so sehr am Übergang der Erde von der vierten zur fünften Dimension interessiert sind, aber Sie haben das Gefühl, dabei eine entscheidende Rolle zu spielen. Sie haben beschlossen, das irdische Dasein in diesem physisch dichten Körper zu erleben. Als Erdbewohner konnten Sie diese Art von Existenz aus erster Hand kennenlernen. Ursprünglich hatten Sie den Vorteil, sich daran zu erinnern, wer Sie waren. Einige von Ihnen wurden jedoch habgierig und beschlossen, die Erdbewohner, die Ihre Fähigkeiten nicht besaßen, auszunutzen. Immer wieder wurden florierende Gesellschaften vernichtet, weil Sie sich nicht zu benehmen wußten. Dieses letzte Mal willigten Sie ein, vorübergehend zu vergessen, wer Sie sind, um das vermeintlich eingeschränkte Dasein der Erdbewohner zu erleben. Sie meinten, verantwortungsvoller zu handeln, wenn Sie aufgrund Ihrer ähnlichen Eigenschaften Mitgefühl entwickelten.

Verlieren Sie nicht den Mut

Jetzt, da viele der Sterngeborenen erwacht sind, stehen Sie am Rande der Verzweiflung. Die Ironie dabei ist, daß dies unmittelbar vor Ihrer großartigsten Stunde passiert. Sie haben den Mut verloren, weil es bis zum Übergang in die fünfte Dimension so viele Jahre gedauert hat. Sie sind mittlerweile so eng mit jenen verbunden, denen Sie gesandt wurden, um ihnen zu helfen, daß es Ihnen schwerfällt, sich auf Ihren Ursprung zu besinnen. Das irdische Dasein fühlte sich häufig wie ein „Irrenhaus" an. Sie wußten genau, was Sie vorhatten, als Sie neu auf der Erde ankamen. Sie hatten gerade Ihre Ausbildung als intergalaktische Wesen hinter sich, die dazu beitragen würden, die Energie des Planeten zu halten, während die Menschen auf eine höhere Lebensform übergehen. Jetzt fragen Sie sich häufig: Wußte ich, was ich vorhatte? Hatte ich einen Plan? Habe ich mein Ziel erreicht? Ja, ja, ja lautet die Antwort auf all diese Fragen.

Das Ziel ist das Hier und Jetzt! Sie haben aber Ihre Straßenkarte verloren und haben nun Probleme damit, den Weg zu finden. Jetzt ist es an der Zeit, Ihre Erinnerungen wachzurufen, indem Sie beschließen, sich zu erinnern. 144.000 von Ihnen wurden hierher auf eine Mission geschickt. Je 12.000 wurden auf die zwölf Stämme Israels verteilt, damit Sie bis zum Übergang der Erde gleichmäßig auf dem Planeten verteilt wären. Seit damals haben weitere 144.000 sogenannte „Walk-ins" den Platz mit Menschen getauscht, die ihre physischen Erfahrungen abgeschlossen und ihren Körper einer anderen Seele zur Verfügung gestellt haben. Jeden Tag kommen weitere an. Ende 1998 gab es 2.430.000 Sterngeborene auf der Erde.

Die „Walk-ins" füllen die Reihen

Die Mehrzahl der „Walk-ins" ist in den letzten einundzwanzig Jahren angekommen, um Wesen auf die Erde zu bringen, die sich noch gut an ihr höherdimensionales Dasein erinnern können. Obwohl sie einwilligten, ihre Erinnerungen bei ihrer Ankunft auf der Erde zu vergessen, bereitet es ihnen weniger Schwierigkeiten, sie wiederzuerlangen, weil sie vor kurzem noch in höheren Dimensionen weilten. Den Neuankömmlingen fällt es viel leichter, sich ihres Ursprungs zu entsinnen, als jenen ursprünglichen 144.000, die während der letzten fünfzigtausend Jahre auf der irdischen Ebene reinkarnierten.

Die „Walk-ins" sind hier, um Informationen über ihre wiederentdeckten Erinnerungen mit Hilfe von Büchern, Musik, Filmen und Medien zu verbreiten, um Erinnerungen in jenen ursprünglichen 144.000 auszulösen, die aufgrund der Auswirkungen der dichten, dreidimensionalen Realität aufgegeben haben. Die Arbeit der „Walk-ins" wird dazu beitragen, diese Amnesie zu überwinden, und die Codes, die so viele Jahre in den Körpern der Sterngeborenen geschlummert haben, wieder wachzurufen. Die neuesten „Walk-ins" werden den ursprünglichen 144.000 Sterngeborenen dabei helfen, ihr Bewußtsein wiederzuerlangen. Alle „Erwachten" werden die Erde dabei unterstützen, sich über ihren gegenwärtigen Wissensstand hinauszuentwickeln. Sie sollten sich darüber im klaren sein, daß dieses hochgesteckte Ziel mit Schwierigkeiten verbunden ist. Sterngeborene und „Walk-ins" gehen von der vierdimensionalen Realität auf eine wiederentdeckte fünfdimensionale, höhere Ebene über. Jene, die *immer* auf der Erde wohnten, können sich nicht erinnern – sie haben niemals eine andere Denkweise kennengelernt. Für sie ist es der erste Übergang dieser Art.

Neue Erkenntnisse und Einsichten im Bereich Lichtarbeit

Bleiben Sie bescheiden

Denken Sie daran, daß Sie eine Mission zu erfüllen haben, wenn Sie daran teilhaben möchten. Lassen Sie sich die Sache jedoch nicht zu Kopf steigen. Sie sind nichts Besonderes – zumindest nicht mehr als jeder andere, der auf der Erde lebt. Sie sind nur etwas erfahrener als andere. Ironischerweise haben Ihre reicheren Erfahrungen Ihr irdisches Dasein nicht gerade einfacher gemacht. Sie kämpfen mit denselben emotionalen Problemen wie jeder andere auf Ihrem Planeten. Damit ist intendiert, daß Sie bescheiden bleiben, während Sie Ihre volle Macht wiedererlangen. Die Erde braucht keine übermächtigen Führer, die andere dazu zwingen, sich weiterzuentwickeln. Es ist vielmehr Ihre Aufgabe, den anderen ein bescheidenes Vorbild zu sein.

Statt frustriert und ungeduldig zu sein, sollten Sie sich darauf konzentrieren, Ihre irdischen Erfahrungen zu perfektionieren. Das größte Geschenk, das Sie dem Planeten machen können, ist, Ihr eigenes Leben auf die Reihe zu bringen. Übernehmen Sie die Verantwortung für jede Erfahrung, die Sie anziehen. Lernen Sie jede Lektion rasch, und gehen Sie dann zur nächsten über. Je mehr Sie mit sich selbst im reinen sind, desto weniger müssen Sie sich mit sich selbst beschäftigen. Auf diese Weise können Sie anderen besser beistehen, weil Sie weniger von Ihren persönlichen Problemen beherrscht werden. Setzen Sie sich ein Ziel, und bleiben Sie so Ihrer „Mission" treu. Das bedeutet, daß Sie den größten Teil Ihrer eigenen Lebenslektionen abgeschlossen haben und dem Planeten dienen können. Schließlich wurden Sie als Botschafter der fünfdimensionalen Energiefrequenzen auf die Erde gesandt. Erinnern Sie sich an Ihre Rolle als Mitglied der interplanetarischen „Vereinten Nationen".

Begriffs- und Namenserklärungen

▣ Akasha-Chronik:
Ist vom Sanskrit-Wort „Akasha" abgeleitet, das soviel wie alles durchdringende materielle Manifestation bedeutet. Die Akasha-Chronik enthält Aufzeichnungen über alles, was eine Seele in der materiellen Welt erlebt hat. Informationen über Gelübde und Seelenverträge, Ausbildungen im Reich der Engel sind darin enthalten.

▣ Alphazustand
Eine der vier grundlegenden Gehirnfrequenzen. Gehirnwellenmuster, das mit 7 bis 14 Zyklen pro Sekunde pulsiert. Man befindet sich in einem entspannten, aber dennoch wachen Zustand, wie etwa beim Tagträumen oder wenn man sich zwischen Wach- und Schlafzustand befindet.

▣ Archetyp
Gemäß dem Psychoanalytiker Carl Gustav Jung handelt es sich dabei um eine unbewußte, präexistente Form, Gestalt, Prägung in der Psyche, die sich persönlich oder kollektiv in durch die Zeit geprägten Formen, sogenannten Prototypen, ausdrücken kann. Der Held ist zum Beispiel ein Archetyp für beispielhaftes Verhalten unter schwierigen Bedingungen. Die Göttin ist ein Archetyp, der mächtige Weiblichkeit repräsentiert.

▣ Arkturus
Der vierthellste Stern am Himmel, der sich in der Alpha-Bootis-Konstellation befindet, die 36 Lichtjahre von der Erde entfernt ist. Die Wesen, die man mit Arkturus in Verbindung bringt, sind die Arkturianer. Die Arkturianer sind weiter fortgeschritten als die Bewohner der Erde, und gelegentlich schicken sie Abgesandte auf die Erde, um den Menschen bei ihrer Entwicklung beizustehen.

▣ Astralebene
Feinstoffliches Reich jenseits des Physischen. In Verbindung mit der Erde gibt es sieben positive und sieben negative Astralebenen. Der Archetyp für die positiven Astralebenen ist der Himmel und der Archetyp für die negativen Astralebenen ist die Hölle.

▣ Astralkörper
Einer der vier feinstofflichen Körper (ätherischer, astraler, mentaler, emotionaler Körper), die Bestandteile physischer Wesens sind. Dieser Energiekörper löst sich während des Schlafes oder beim Tod, um auf die Astralebenen zu reisen. Ihr Astralkörper kann Erfahrungen

aufzeichnen, die von einem Leben zum nächsten mitgenommen werden, je nachdem wie nachhaltig die Erfahrungen aus dem Astralkörper gelöscht wurden, während er sich zwischen den physischen Inkarnationen auf den Astralebenen aufhielt.

■ Ätherischer Körper

Einer der vier feinstofflichen Körper (ätherischer, astraler, mentaler, emotionaler Körper), die Bestandteile physischer Wesens sind. In diesem Energiekörper ist der Bauplan für den physischen Körper enthalten, weshalb Amputierte fehlende Gliedmaßen spüren können. Die Chakren oder Energiezentren befinden sich im ätherischen Körper.

■ Atlantis

Kontinent im atlantischen Ozean, der wegen des Mißbrauchs von Kristalltechnologie versank. Er versank schätzungsweise um 10.000 bis 16.000 vor Christus. Manche bringen das Versinken von Atlantis mit der Sintflut des Alten Testaments in Zusammenhang.

■ Aufstieg

Der bewußte Übergang von unserer gegenwärtigen Evolutionsstufe auf die nächste Ebene. Statt alles zu vergessen, was sie in diesem und früheren Leben gelernt haben, bleiben aufgestiegene Wesen sich ihrer selbst und ihrer Erfahrungen voll bewußt, wenn sie von einem Daseinszustand in einen anderen übergehen.

■ Aura

Auch Energiefeld genannt. Das zarte Licht, das einen Menschen oder ein Objekt umgibt. Die Aura eines Menschen ist ein Energiefeld, das sich über den physischen Körper hinaus erstreckt, weil die nichtphysischen Körper, nämlich der ätherische Körper, der Emotionalkörper, der Mentalkörper und der Astralkörper, elektromagnetische Energie aussenden. Menschen, die sowohl physisch als auch emotional gesund sind, haben eine große und kräftige Aura. Mit Techniken wie der Kirlian-Fotografie kann man die Aura in einem Bild festhalten.

■ Automatisch schreiben

Dazu kann es kommen, wenn man sich in den Alphazustand begibt oder entspannt ist und dem Überbewußtsein oder einem Geistwesen erlaubt, sich seiner Schreibhand zu bedienen, um sich schriftlich mitzuteilen.

■ Bauplan

Muster, die im feinstofflichen oder unsichtbaren Energiefeld eines lebenden Organismus eingeprägt sind und Parameter, nach denen der Organismus funktioniert, definieren. Menschen haben einen physischen Bauplan in Form ihrer Gene und einen spirituellen Bauplan in Form universeller Gesetze, die auf göttlicher Liebe, Licht und Wahrheit

Begriffs- und Namenserklärungen

beruhen. Für die Erde gibt es ebenfalls einen Bauplan oder Parameter. So ist im Bauplan der Erde zum Beispiel die Polarität oder Dualität enthalten, wonach jene, die auf der irdischen Ebene inkarnieren, Kontraste erleben.

■ *Betazustand*
Eine der vier grundlegenden Gehirnfrequenzen. Gehirnwellenmuster, das mit 14 bis 40 Zyklen pro Sekunde pulsiert. Man befindet sich in einem aufmerksamen, wachen und bewußten Zustand.

■ *Chakra*
Sanskrit-Wort, das „Rad" bedeutet. Die Chakren befinden sich im ätherischen Körper. An diesen Stellen fließt Energie vom und zum physischen Körper. Weil die Energie wie ein sich drehendes Rad aussieht, erhielten diese Energiezentren die Bezeichnung Chakra. In Verbindung mit dem physischen Körper gibt es sieben primäre Chakren und eine Unzahl sekundärer Chakren. Zu den sieben primären Chakren gehören das Wurzelchakra am Ende der Wirbelsäule, das Sexualchakra etwas unterhalb des Nabels, der Solarplexus an der Magengrube, das Herzchakra rechts vom Herzen, das Kehlkopfchakra im Halsbereich, das Stirnchakra in der Mitte der Stirn und das Kronenchakra am Scheitel.

■ *Deltazustand*
Eine der vier grundlegenden Gehirnfrequenzen. Gehirnwellenmuster, das mit 1 bis 4 Zyklen pro Sekunde pulsiert. Man befindet sich in einem tief meditativen, friedlichen, überbewußten Zustand, jenseits der Schmerzgrenze.

■ *Elektromagnetismus*
Magnetismus, der durch elektrischen Strom erzeugt wird. Das elektromagnetische Spektrum besteht aus kosmischen Strahlen, Gammastrahlen, Röntgenstrahlen, ultraviolettem, sichtbarem Licht, Infrarotstrahlung, Mikrowellen, Radar, Radio und Fernsehen und ELF (extreme Niederfrequenz). Umfangreiche Forschungen haben ergeben, daß der menschliche Körper aus einem biomagnetischen und einem bioelektrischen Energiesystem besteht.

■ *Emotionalkörper*
Einer der vier feinstofflichen Körper (ätherischer, astraler, mentaler, emotionaler Körper), die Bestandteile physischer Wesen sind. Dieser Energiekörper speichert unsere Emotionen.

■ *Engel der vereinigenden Energie des Planeten Erde*
Eine Gruppe von Engeln, die den Menschen dabei helfen, sich trotz der sie umgebenden Trennung ihrer Verbundenheit bewußter zu werden. Sobald die Menschen das Prinzip der Einheit erfaßt haben und andere akzeptieren, statt sie zu beurteilen, können sie die göttliche Liebe

erfahren. Liebe ist die wahre Energie der Einheit, weil sie alles, was ist, akzeptiert.

■ *Erzengel Gabriel*

Einer der sieben primären Erzengel, die sich der Aufgabe widmen, der Erde Liebe, Licht und Wahrheit zu bringen. Seinem Reich geht es um die Selbstermächtigung durch die Anwendung weißer Lichtenergie (Geist). Er bildet die Brücke zwischen unserem physischen und unserem energetischen Selbst.

■ *Erzengel Michael*

Einer der sieben primären Erzengel, die sich der Aufgabe widmen, der Erde Liebe, Licht und Wahrheit zu bringen. Seinem Reich geht es darum, die universelle Wahrheit zu enthüllen, statt die von der Gesellschaft geprägten Grundsätze der Wahrheit aufrechtzuerhalten. Der Erzengel Michael ist als der kosmische Krieger bekannt, denn sein Reich verteidigt die Wahrheit um jeden Preis.

■ *Erzengel Raphael*

Einer der sieben primären Erzengel, die sich der Aufgabe widmen, der Erde Liebe, Licht und Wahrheit zu bringen. Seinem Reich geht es um Heilung auf physischer, emotionaler, mentaler und spiritueller Ebene, damit wir uns völlig mit unserer Göttlichkeit verbinden können. Er steht für die Verbindung unserer Herzenergie mit dem Schöpfer.

■ *Erzengel Zadkiel*

Einer der sieben primären Erzengel, die sich der Aufgabe widmen, der Erde Liebe, Licht und Wahrheit zu bringen. Seinem Reich geht es darum, Wünsche zu manifestieren. Er repräsentiert die Schöpferkraft, indem er uns ermöglicht, unseren Wünschen eine physische Form zu geben.

■ *Erzengel Zophkiel*

Einer der sieben primären Erzengel, die sich der Aufgabe widmen, der Erde Liebe, Licht und Wahrheit zu bringen. Seinem Reich geht es darum, Extreme wie Richtig und Falsch oder Gut und Böse im richtigen Verhältnis zu sehen. Er bringt die rechte und linke Gehirnhälfte in Einklang, indem er uns dazu ermutigt, sowohl kreativ oder intuitiv (rechte Gehirnhälfte) als auch linear oder analytisch (linke Gehirnhälfte) zu denken.

■ *Fünfte Dimension*

Auch als Wassermannzeitalter, neues Millennium, Übergang usw. bekannt. Die nächste Evolutionsstufe der Erde. Die Erde wird von dreidimensionalen Wesen (Länge, Breite, Tiefe) bewohnt, die eine vierdimensionale Erfahrung (Länge, Breite, Tiefe, Zeit) machen. Die fünfte Dimension umfaßt neben Länge, Breite, Tiefe und Zeit noch den

Begriffs- und Namenserklärungen

Aspekt der Spiritualität. Manche bezeichnen die fünfte Dimension als vierte Dimension, weil wir als dreidimensionale Wesen existieren.

■ *Große Weiße Bruderschaft*

Eine Seelengemeinschaft von männlichen und weiblichen Wesen, die sich dazu verpflichtet haben, Liebe, Licht und Wahrheit in allen Galaxien und Universen aufrechtzuerhalten. Jene, die in dieser Seelenschule ausgebildet wurden, können in physischer (Menschen) oder nichtphysischer Form (geistige Führer) existieren. Jene in physischer Gestalt können sich bewußt wahrscheinlich nicht daran erinnern, daß Sie Mitglied dieser Seelengemeinschaft sind. Sie fühlen für gewöhnlich jedoch einen starken Drang, der Erde und ihren Bewohnern zu dienen. Jene in nichtphysischer Form kommunizieren manchmal über Lehrer und Propheten wie zum Beispiel Helena Blavatsky.

■ *Haus der Göttin*

Eine Seelengemeinschaft von männlichen und weiblichen Wesen, welche die weibliche Energie, die erschafft, ernährt, erhält usw., verehren. Dabei kann es sich um die weibliche Energie der heiligen Mutter Erde handeln, den femininen Zauber eines weiblichen Wesens oder die weibliche Seite eines männlichen Wesens. Jene, die in dieser Seelenschule ausgebildet wurden, können in physischer (Menschen) oder nichtphysischer Form (geistige Führer, Engel) existieren. Jene in physischer Gestalt können sich bewußt wahrscheinlich nicht daran erinnern, daß sie Mitglied dieser Seelengemeinschaft sind. Sie fühlen sich für gewöhnlich jedoch mit ihrer femininen Seite sehr wohl und verehren die weibliche Energie.

■ *Hohes Selbst*

Wird auch als Überbewußtsein bezeichnet. Der meisterhafte Lehrer in uns. Unser hohes Selbst sieht und weiß alles. Es hat Zugang zu allen unseren Erfahrungen und Aspekten unseres Selbst und ist von Liebe, Freude, Intuition und Inspiration gekennzeichnet.

■ *Karma*

Der Begriff Karma hat seinen Ursprung im Hinduismus und Buddhismus und beruht auf dem Prinzip der Reinkarnation und den Auswirkungen unserer Taten auf zukünftige Leben. Karma bedeutet „Arbeit" oder „Werk" und beruht auf der Vorstellung von Ursache und Wirkung. Im wesentlichen handelt es sich dabei um ein System von Soll und Haben für das Seelenwachstum. Gütige und liebevolle Taten erzeugen positives Karma. Die Ausübung von Macht und Manipulation erzeugt negatives Karma. Wenn man in seinem Leben all seine Taten aufrechnet, erhält man ein positives oder negatives Ergebnis, das die Konsequenzen aller Gedanken, Worte und Taten in diesem und früheren Leben darstellt.

SCHÖPFERISCHE MACHT

■ Kinesiologie

Mit Hilfe des Muskeltests stellt man fest, ob jemand mit einem bestimmten Zustand in Resonanz ist oder nicht. Wenn ein Muskel stark reagiert, sind wir in Resonanz. Wenn der Muskel schwach reagiert, sind wir nicht in Resonanz. Einige Chiropraktiker verwenden die Kinesiologie statt Röntgenaufnahmen, um festzustellen, ob die Knochen richtig ausgerichtet sind. Sie legen zum Beispiel einen Finger auf die einzelnen Wirbel und drücken dann den Arm des Patienten nach unten. Wenn der Arm dem Druck nachgibt, weiß der Chiropraktiker, daß dieser bestimmte Knochen angepaßt werden muß. Wenn der Arm dem Druck standhält, ist der Knochen richtig ausgerichtet.

■ Kirlian-Fotografie

Methode, mit der man das feinstoffliche Energiefeld oder die Aura einer Person oder eines Objektes sichtbar macht. Von Semjon und Valentina Kirlian 1939 in Rußland entwickelt.

■ Kritische Masse

Wenn genügend Menschen ein bestimmtes Verhalten angenommen haben, verändert sich das Gruppenverhalten, unabhängig davon, ob jeder das neue Verhalten übernommen hat. Dies bezeichnet man auch als das Phänomen des hundertsten Affen. Das geht darauf zurück, daß man entdeckte, daß sich das Verhalten von Affen auf einer Insel im Südpazifik, die ihre Süßkartoffeln wuschen, auf das Verhalten von Affen auf benachbarten Inseln übertrug, ohne daß diese Kontakt miteinander hatten.

■ Lebenskraft

Auch *Prana* (Sanskrit-Wort für Lebensenergie) oder *Chi* (chinesischer Begriff für universelle Lebensenergie) genannt. Eine Form der Energie, die durch physische Funktionen von Lebewesen erzeugt wird. Die Atmung erzeugt zum Beispiel genügend Lebenskraft. Der Sauerstoff ist die Grundlage der Oxydation, wodurch Wärme oder Feuerenergie entsteht. Die Luft ist der Träger der Lebenskraft. Wir atmen intuitiv tief durch, wenn wir uns entspannen wollen. Frühere Zivilisationen boten den Göttern häufig Lebenskraft in Form von tierischen und menschlichen Opfern an, im Austausch für angenehme Lebensbedingungen.

■ Lichtarbeiter

Physische oder nichtphysische Wesen, die mit der Frequenz der Liebe spirituelle Arbeit verrichten. Lichtarbeiter dienen anderen als Vorbild, weil ihr Bewußtsein in spirituellen Prinzipien besonders ausgeprägt ist.

■ Manifestieren

Seine Wünsche bewußt darauf ausrichten, daß sie Gesundheit, Wohlstand und Glück in der materiellen Welt erzeugen.

Begriffs- und Namenserklärungen

■ Mentalkörper

Einer der vier feinstofflichen Körper (ätherischer, astraler, mentaler, emotionaler Körper), die Bestandteile physischer Wesen sind. Dieser Energiekörper erzeugt unsere Gedankenformen, die festlegen, wer wir sind und welche Erfahrungen wir machen. Der Mentalkörper speichert die Energie der Angst, der Schuld und des Stolzes, die als Reaktion auf Verzerrungen der universellen Wahrheit auf der Erde entsteht.

■ Merkaba

Hebräisches Wort für „Streitwagen". Eine bewußt erzeugte Manipulation von sich gegeneinander drehenden geometrischen Formen, die es einem Organismus ermöglichen, in einen höherdimensionalen Daseinszustand überzugehen, das heißt aufzusteigen. Drunvalo Melchizidek unterrichtet in seinen Workshops *Flower of Life*, wie man die Merkaba als Mittel zum Aufstieg aktiviert.

■ Pendel

Wird für radiästhetische und sonstige Abfragen verwendet. Ein Gewicht, das an einem Faden oder einer Kette hängt, die man zwischen den Fingern hält. Die Kette ist für gewöhnlich zwischen 8 und 13 Zentimeter lang.

■ Planetarische Hierarchie

Eine Gruppe nichtphysischer Wesen, die sich dazu verpflichtet hat, die Evolution eines bestimmten Planeten zu überwachen. Die planetarische Hierarchie sorgt dafür, daß der Bauplan für den Planeten eingehalten wird. Die Hierarchie besteht aus Wesen niedrigerer Ebenen, wie etwa geistige Führer, bis hin zu solchen höherer Ebenen, wie etwa Meister und Erzengel.

■ Planetarischer Rat der Erde

Eine Gruppe nichtphysischer Seelen, die elterlichen Einfluß auf die Erde ausüben. Der planetarische Rat beschließt, was für die Evolution der Erdbewohner am besten ist, wobei er sich nach den Richtlinien universeller Gesetze richtet. Die Erde ist zum Beispiel ein Bereich mit freier Wahl und freiem Willen, das heißt, man muß um etwas ersuchen, damit es passiert. Der planetarische Rat sorgt dafür, daß die freie Wahl, der freie Wille auf der Erde weiterbesteht, indem er die Energie, die diese Qualität unterstützt, überwacht.

■ Plejaden

Sieben Sterne, auch Sieben Schwestern genannt, die man in unserem Sonnensystem im Sternbild des Stiers sehen kann. El Nath, der abseits der Plejaden gelegene Stern, ist 200 Lichtjahre von der Erde entfernt. Die mit den Plejaden in Zusammenhang gebrachten Wesen nennt man Plejadier. Die vor kurzem in Verbindung mit alten sumerischen und babylonischen Aufzeichnungen gechannelten Informationen weisen darauf hin, daß die plejadische Zivilisation an der Evolution der Menschen beteiligt ist. Der Hauptgrund für die Zunahme gechannelter Botschaften aus dieser Dimension liegt darin, daß sie karmisch mit der Entwicklung der Menschen verknüpft ist. Weitere Informationen finden Sie in *The Twelfth Planet* aus der Reihe *The Earth Chronicles* von Zecharia Sitchin.

■ *Polarität*

Das Prinzip der Gegensätze, die einen Kontrast erzeugen, zum Beispiel den Kontrast zwischen männlich und weiblich als den extremen Aspekten oder Endpunkten eines Spektrums. Der männliche und der weibliche Aspekt ermöglichen es uns, unzählige Verhaltensweisen aufgrund geschlechtlicher Unterschiede zu erforschen. Ziel der Polarität ist es, Gegensätze hervorzuheben, damit es Ihnen leichter fällt zu entscheiden, was Sie wollen. Viele verwenden die Polarität jedoch, um zu urteilen und zu sagen, daß sie recht haben, während jemand anderer unrecht habe. Deshalb hat die Polarität zur Trennung geführt, indem jene, die andere Glaubenssätze vertreten, verurteilt werden. Zu einem Ausgleich der Polarität kommt es, wenn die Menschen beide Enden des Spektrums erleben (zum Beispiel dunkel und hell, männlich und weiblich, unterdrückt sein und Diktator sein) und beschließen, eine neutrale Position einzunehmen, die auf Akzeptanz und Liebe beruht.

■ *Radiästhesie (Rutengehen)*

Die alte Kunst, Objekte aufzufinden, die ein natürliches elektromagnetisches Feld besitzen. Die Suche nach unterirdischen Wasseradern bzw. -quellen ist wahrscheinlich der älteste Bereich der Radiästhesie. Die verwendeten Hilfsmittel sind die Y-Rute, Winkelruten und das Pendel. Die Radiästhesie ist Kommunikation via elektromagnetischer Energie. Alles ist von einem elektromagnetischen Feld umgeben. Dieses elektromagnetische Feld erzeugt einen Energiestrom, der physische Objekte wie Wünschelruten oder Pendel bewegen kann, wenn man sich darauf programmiert. Wahrgenommen werden die gesuchten Objekte eigentlich vom Menschen, dessen eigenes elektromagnetisches Feld mit dem Unterbewußtsein zusammenarbeitet. Die Hilfsmittel dienen nur zur Anzeige.

■ *Resonanz*

Ein zwischen zwei unterschiedlichen Organismen übereinstimmendes Muster molekularer Schwingungen. Bei Musikinstrumenten kommt es, ohne daß die Saiten sich berühren, sofort zur Resonanz, wenn eine Saite gleicher Länge und Spannung neben einer ähnlichen Saite angeschlagen wird. Die nicht berührte Saite ist in Resonanz mit der schwingenden, einfach weil sie sich in deren Nähe befindet.

Begriffs- und Namenserklärungen

■ **Sanskrit**
Klassische Sprache Indiens.

■ **Sirius**
Ein Stern der Alpha-Canis-Majoris-Konstellation, die beinahe neun Lichtjahre von der Erde entfernt ist. Die mit Sirius in Verbindung gebrachten Wesen nennt man Sirianer. Die Sirianer haben für die Erde immer eine elterliche Rolle gespielt und darauf geachtet, daß jene, die auf die Erde kamen, wachsen und gedeihen. Der Stamm der Dogon in Timbuktu erzählt alte Geschichten, in denen es um Kontakte zu den Sternenmenschen von Sirius geht und um die Existenz zweier Sirius-Sterne, wobei der zweite für das bloße Auge unsichtbar ist. Die Existenz des zweiten Sternes wurde bestätigt, als Sirius B mit Hilfe von Hochleistungsteleskopen entdeckt wurde.

■ **Thetazustand**
Eine der vier grundlegenden Gehirnfrequenzen. Gehirnwellenmuster, das mit 4 bis 7 Zyklen pro Sekunde pulsiert. Man befindet sich dabei im Tiefschlaf oder im Zustand der Trance.

■ **Vierte Dimension**
Ein Daseinszustand, in dem die Prinzipien von Länge, Breite, Tiefe und Zeit gelten.

■ **Wassermannzeitalter**
Eine 2.160 Jahre dauernde Ära, die auf die gegenwärtige 2.160 Jahre dauernde Periode des Fischezeitalters (auch Zeitalter der Vernunft genannt) folgt. Gegenwärtig befinden wir uns nahe dem Übergang zwischen diesen beiden Zeitalter. Das Wassermannzeitalter gilt als eine Zeit des Friedens, der Weisheit und der Verbundenheit. Manchmal wird es auch als Zeitalter der Liebe oder Zeitalter der Harmonie bezeichnet.

■ **Yang**
Nach alter chinesischer Lehre eine der beiden fundamentalen Energien im Universum. Yang ist das aktive Prinzip und wird für gewöhnlich mit der männlichen Energie in Verbindung gebracht. Die Yang-Energie ist wie das Feuer, das heißt stark, vital.

■ **Yin**
Nach alter chinesischer Lehre die andere der beiden fundamentalen Energien im Universum. Yin ist das empfangende oder passive Prinzip und wird für gewöhnlich mit der weiblichen Energie in Verbindung gebracht. Die Yin-Energie ist wie das Wasser, das heißt weich, sanft.

Über die Autorin

Anne Brewer schreibt und hält Seminare darüber, wie man Blockaden erkennt und beseitigt, die das persönliche Wachstum behindern. Über ihr Unternehmen *InterLink* arbeitet sie mit Menschen aus der ganzen Welt zusammen, die mehr Gesundheit, Wohlstand und Glück erlangen möchten. Sie ist weiterhin Leiterin ihrer früher gegründeten Firma für Marketingberatung, die eine Vielzahl von *Fortune500*-Unternehmen durch Absatz- und Marketingstrategien berät. Wenn sie gerade nicht auf Geschäftsreisen ist, genießt sie ihr Leben in Prairie Village, Kansas, zusammen mit ihrem Partner David und ihrem Sohn Drew.

Anne Brewers gechannelte Artikel erscheinen häufig in esoterischen Zeitschriften wie *The Sedona Journal of Emergence*, *Pathfinder* und *The Edge*. Ihr erstes Buch, *Zwölfstrang-DNS. Erbe des Lichts* erschien 1996 in den USA und 1999 in deutscher Übersetzung beim Hans-Nietsch-Verlag in der Edition Sternenprinz. Es enthält Anleitungen dazu, wie Sie Ihre persönliche Stärke durch ein erweitertes Bewußtsein erhöhen. Sie ist Schülerin bekannter Heiler und erweitert ständig ihr Wissen mit Hilfe spiritueller Lehrer und ihrer eigenen Führer.

Wenn Sie persönlich mit Anne Brewer Kontakt aufnehmen oder an einem ihrer Seminare teilnehmen möchten, wenden Sie sich an:

InterLink
5252 W. 67th Street
Prairie Village, KS 66208
USA
Tel.: 001 - 913 - 722 - 5498
Fax: 001 - 913 - 722 - 5497
Internet: www.interlnk.com

Bitte beachten Sie dabei: Anne Brewer spricht nur Englisch.

Edition Sternenprinz

ISBN 3-929475-88-X

Anne Brewer
Zwölfstrang-DNS

Anne Brewer beschreibt erstmals die Neuordnung der DNS sowie die notwendigen Rituale und Klärungsübungen, mit denen wir wieder Zugang zu zwölf statt nur zu zwei Ebenen der Information bekommen.

240 Seiten, gebunden
DM 34,-; SFr 32,-; ÖS 248,-

ISBN 3-929475-99-5

Cyndi Dale
Licht-Pforten

Heilung und Manifestation durch Energiearbeit mit den 32 Chakren

Das komplette Handbuch zur feinstofflichen Energiearbeit – mit bahnbrechenden neuen Erkenntnissen und kraftvollen Übungen!

4 Farbtafeln, 37 s/w-Illustrationen
340 Seiten, gebunden
DM 39,90; SFr 36,90; ÖS 289,-

ISBN 3-929475-87-1

zho-de-Rah und Zon-O-Ray
Die Lichtkörper-Ernährung

Das erste Kochbuch für Lichtarbeiter mit hochfrequenten Mahlzeiten für köstliche Licht-Infusionen. Denn: Licht geht durch den Magen! Neben Ernährung geht es u.a. auch um Reinigung und Entgiftung.

Großformat, Symbolabbildungen
160 Seiten, gebunden
DM 36,-; SFr 33,-; ÖS 263,-

ISBN 3-929475-89-8

Neale Donald Walsch
Ich bin das Licht!

Die kleine Seele spricht mit Gott

Diese schlichte und dabei so kraftvolle Geschichte vom Autor der „Gespräche mit Gott" möchte den Kindern helfen zu verstehen, warum manchmal „schlimme" Dinge geschehen.

Großformat, durchg. 4-farbig
32 Seiten, gebunden
DM 26,80; SFr 24,80; ÖS 195,-

ISBN 3-929475-90-1

Sherab Chödzin &
Alexandra Kohn
Die Weisheit der Krähen

Buddhistische Märchen

Von buddhistischen Idealen wie Großzügigkeit, Humor, Mitgefühl und vom Leben nach dem Tode handeln diese bezaubernden Geschichten aus Asien.

Großformat, durchg. 4-farbig
80 Seiten, gebunden
DM 32,-; SFr 29,50; ÖS 234,-

ISBN 3-929345-01-3

Shahastra
Der wunderbare
Regenbogenmann

Der Regenbogenmann nimmt drei Kinder mit in sein Farbenland, wo ihnen die Engel die Wirkung der Farben erklären.
„It's the best!" Chris Griscom

Mit Aufklebern
48 Seiten, kartoniert
DM 24,80; SFr 22,80; ÖS 180,-

Weitere Informationen zum Thema Lichtarbeit, zu Seminaren, Lichtkörper-Essenzen u.v.m. bei:

Edition Sternenprinz, Poststraße 3, D-79098 Freiburg

Edition Sternenprinz

Edwin Courtenay
Rituale und Gebete der Aufgestiegenen Meister

Blockaden lösen mit der Kraft unseres Willens und ein wenig Hilfe vom Universum. Aufgestiegene Meister geben Lebenshilfe.

Mit 13 farbigen Symbolkarten
128 Seiten, gebunden
DM 29,80; SFr 27,50; ÖS 218,-

Edwin Courtenay
Reflexionen –
Die Meister erinnern sich

Ein berührendes Buch, in dem die Aufgestiegenen Meister von ihren Erdenleben berichten. Ihre Lernthemen spiegeln sich auch in unseren Leben wider und können Anregungen für unseren Weg bieten.

128 Seiten, gebunden
DM 28,-; SFr 26,-; ÖS 204,-

Tony Stubbs
Handbuch
für den Aufstieg

Das Wissen der Eingeweihten in präziser, aktueller Sprache. Anleitungen, Übungen und Techniken für einen Aufstieg in Freude und Leichtigkeit.

160 Seiten, gebunden
DM 29,80; SFr 27,50; ÖS 218,-

 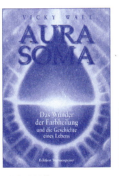 

Diana Cooper
Dein Aufstieg ins Licht

Schlüssel zur Entfaltung deines Meisterpotentials

Dieses Buch gibt Ihnen alles, was Sie brauchen, um Ihre höchsten Ziele erreichen zu können. Die vielen Fallbeispiele machen es zu einem einzigartigen Handbuch für praktizierende Lichtarbeiter.

170 Seiten, gebunden
DM 29,80; SFr 27,50; ÖS 218,-

Vicky Wall
Aura Soma

Das Wunder der Farbheilung

Der zeitlose Klassiker zu Aura-Soma: die Autobiografie der Begründerin! Das Vermächtnis einer höchst inspirierten und seherischen Persönlichkeit.

288 Seiten,
Leinen mit Schutzumschlag
DM 36,-; SFr 33,-; ÖS 263,-

Tashira Tachi-ren
Der Lichtkörper-Prozeß

„Die beste Erklärung des Lichtkörper-Prozesses, und sie kommt direkt von Erzengel Ariel. Eine Pflichtlektüre für jeden Lichtarbeiter."
Tony Stubbs

128 Seiten, gebunden
DM 28,-; SFr 26,-; ÖS 204,-

Weitere Informationen zum Thema Lichtarbeit, zu Seminaren, Lichtkörper-Essenzen u.v.m. bei:
Edition Sternenprinz, Poststraße 3, D-79098 Freiburg